Suzuki Takao

Eine verschlossene Sprache – Die Welt des Japanischen

W0231865

Suzuki Takao

Eine verschlossene Sprache

Die Welt des Japanischen

Eingeleitet
und aus dem Japanischen übersetzt
von
Irmela Hijiya-Kirschnereit

iudicium verlag

Eine Veröffentlichung der Deutschen Gesellschaft für Natur- und Völkerkunde Ostasiens (OAG), Tôkyô, im iudicium verlag

CIP -Titelaufnahme der Deutschen Bibliothek

Takao, Suzuki:
Eine verschlossene Sprache : die Welt des Japanischen ; [eine Veröffentlichung der Deutschen Gesellschaft für Natur- und Völkerkunde Ostasiens (OAG), Tôkyô / Suzuki Takao. Eingeleitet u. aus d. Japan. übers. von Irmela Hijiya-Kirschnereit. – München : Iudicium-Verl., 1990
    ISBN 3-89129-275-9

© iudicium verlag GmbH München 1990
    Alle Rechte vorbehalten
    Titel der Originalausgabe:
    Tozasareta gengo – nihongo no sekai
    © Takao Suzuki, Tôkyô 1975
    Shinchôsha, Tôkyô, Japan
    Umschlaggestaltung: Harald Bauer, München
    Druck: difodruck, Bamberg
    Printed in Germany
    ISBN 3-89129-275-9

Inhalt

Vorwort zur deutschen Ausgabe

Die japanische Originalausgabe dieses Buches erschien im Frühjahr 1975. Seine Niederschrift nahm fünf Jahre in Anspruch. Das heißt, daß die darin dargelegten Beobachtungen zur Einstellung der Japaner zu ihrer Sprache jene innerjapanischen Verhältnisse, die wirtschaftliche Lage sowie die Stellung des Landes im internationalen Kontext zum Ausgangspunkt nehmen, die vor nunmehr rund zwanzig Jahren, nämlich in den späten sechzigern, herrschten. Zu diesem Zeitpunkt gehörten die Kriegszerstörung und der Sturm und Drang der Aufbauphase bereits zur Vergangenheit. Japan schickte sich an, die eigene Stellung als Wirtschaftsmacht zu befestigen. Seit der Kriegsniederlage im Jahre 1945 hatte sich der Blick der Japaner zunächst ausschließlich auf den Wiederaufbau, die Reorganisation der Wirtschaft und die Erhöhung des Lebensstandards gerichtet. Im Zuge der wirtschaftlichen Expansion jedoch, die viele Japaner über die Grenzen des eigenen Landes hinaustrieb, eine rapide Steigerung japanischer Auslandsaktivitäten mit sich brachte und schließlich auch zu wachsenden ökonomischen Konflikten mit anderen Ländern, insbesondere mit den USA, führte, begannen diese, sich der Frage nach den besonderen Eigenschaften des eigenen Landes zuzuwenden, der einzigen hochindustrialisierten Nation außerhalb des abendländischen Zivilisationskreises. Kurzum, es ging unter der Überschrift „Wer sind wir?" um eine bewußte Suche nach der eigenen japanischen Identität.

Die Regale der Buchläden füllten sich mit Titeln, die zur Sparte der sogenannten „Nihonjinron", der Japanerexkurse oder Japanertheorien zählen. So ging man etwa den gesellschaftlichen und kulturellen Bedingungen für die japanische Wirtschaftsentwicklung nach oder man stellte die Frage nach dem Ursprung des japanischen Volkes. Auch die Herkunft der japanischen Sprache war ein Thema, zu dem seinerzeit Sondernummern von Zeitschriften erschienen oder wissenschaftliche Symposien mit internationaler Beteiligung abgehalten wurden, eine Frage, die Gegenstand lebhafter Diskussionen war.

Aus der Rückschau betrachtet, bildete mein Buch wohl einen der Auslöser für diesen Boom, und in einem allgemeinen Sinn könnte man es dem großen Strom jener japanischen Identitätssuche zuordnen.

Anläßlich des Erscheinens der deutschen Übersetzung nahm ich mein Buch wieder zur Hand und mußte feststellen, daß die Entwicklung in einem der angeschnittenen Aspekte offenbar weitergegangen ist: Die von mir dargestellte japanische Haltung, die eigene Sprache als etwas ausschließlich Japanern Zugehöriges zu betrachten, dürfte sich angesichts der mittlerweile rapide gestiegenen Zahl von Ausländern, die Japanisch lernen, doch um einiges gewandelt haben. Ein anderer Aspekt jedoch, nämlich die Haltung der Skepsis gegenüber der Sprache, die man als fundamental Unvollkommenes betrachtet und an deren Fähigkeit zur Übermittlung menschlichen Denkens und Fühlens man grundsätzlich zweifelt, ist meines Erachtens nach wie vor zu beobachten.

In diesem Sinne bin ich überzeugt, daß diese frühere Publikation auch heute ausländischen Lesern einen Einblick in eine ansonsten vielleicht nicht zugängliche Sphäre des geistigen und emotionalen Lebens in Japan vermittelt.

Ich hatte Gelegenheit, die von Frau Professor Hijiya-Kirschnereit angefertigte deutsche Übersetzung gründlich durchzusehen. Sie entspricht so sehr meinen Vorstellungen, daß ich mich kaum einmal zu einer Anmerkung genötigt sah. Daß mein Buch nun in dieser hervorragenden Übersetzung einem deutschsprachigen Publikum vorgestellt wird, erfüllt mich mit großer Freude.

Tôkyô, den 7. Juli 1989   Suzuki Takao

Einleitung

Sehr tief ist bei Japanern die Vorstellung verwurzelt, daß die Sprache zum Wesenskern der eigenen Kultur und Nation gehört. Im Japanischen offenbart sich danach all das, was Japanischsein ausmacht, es ist laut Katori Yasue, dem amtierenden Präsidenten der Japan Stiftung, das „Herzstück der Kultur".[1] Und so hofft man, die Kenntnis des Japanischen und seine Verbreitung in der Welt werde künftig auch zu tieferem Verständnis japanischer Eigenheiten führen. Umgekehrt wird mangelnde Kenntnis des Japanischen sehr häufig für Konflikte im internationalen Verkehr verantwortlich gemacht, und selbst die ökonomischen Spannungen haben in japanischen Augen ihre Ursache darin, daß die Handelspartner sich nicht genügend um die japanische Sprache bemühten.[2]

Aus japanischer Sicht bildet die Sprache eine Barriere zur Außenwelt von oft tragischem Ausmaß. Schicksalhafte Wendungen in der jüngsten Geschichte der Nation werden mit sprachlichen Kommunikationsfehlern assoziiert, so etwa gegen Ende des letzten Weltkriegs die Verweigerung der Annahme der Potsdamer Deklaration durch den damaligen Premierminister Suzuki Kantarô. Seine Äußerung auf einer Pressekonferenz am 27. Juli 1945, er messe der Erklärung keine große Bedeutung bei und nähme ihr gegenüber eine Haltung des „Ignorierens" ein, wurde im Ausland wie auch von der Mehrzahl der Japaner als Zurückweisung derselben aufgefaßt. Eine andere Interpretation jedoch besagt, Suzuki habe mit dem Ausdruck *mokusatsu* (wörtlich: „totschweigen") lediglich einen Kommentar verweigert, ungeachtet seiner Hinhalte-Taktik habe die Regierung jedoch die Annahme der Deklaration bereits beschlossen gehabt. Ergebnis dieser Verwirrung

---

1 Vgl. Neues aus Japan Nr. 318 (Sept./Okt. 1988), S. 13.

2 So äußerte sich etwa Prof. Shiratori Rei in einem Referat des politischen Forums auf dem Dialogkongreß des Österreichischen College in Alpbach im Juli 1985.

war die Verlängerung des Krieges und der Atombombenabwurf auf zwei japanische Städte.[1]

Ein weiteres Beispiel für ein angebliches sprachliches Mißverständnis auf hoher diplomatischer Ebene mit fatalen Folgen waren die Verhandlungen zwischen Premierminister Satô und Präsident Nixon im Weißen Haus im November 1969. Im Gegenzug für die Zusage der Rückgabe Okinawas an Japan zu den von Japan geforderten Bedingungen verlangte Nixon von Satô eine Begrenzung japanischer Textilexporte in die USA. Es ist nicht bekannt, welcher Redewendung Satô sich bediente, fest steht jedoch, daß Nixon überzeugt war, ein solches Versprechen entgegengenommen zu haben, während die japanische Seite dies lediglich als offizielle Floskelsprache verstand, die keine bindende Verpflichtung implizierte. Satô jedenfalls unternahm nichts, Nixon hielt ihn für wortbrüchig, und der Textilstreit zwischen beiden Ländern im Jahre 1970 mündete schließlich in den sogenannten „Nixon Schock".[2]

Da auch bei anderen Verhandlungen japanischerseits oft sprachliche Kommunikationsschwierigkeiten bzw. Mißverständnisse für auftauchende Probleme verantwortlich gemacht werden, mangelt es in der westlichen Presse gelegentlich solcher Fälle nicht an zynischen Anspielungen auf eine gewisse Tendenz, sich hinter der Verschlossenheit der japanischen Sprache zu verschanzen. In Japan hingegen beklagen Intellektuelle aus umgekehrter Perspektive, daß etwas im Lande selbst absolut Unverfängliches, außerhalb von Japans Grenzen ausgesprochen, stets Gefahr läuft, Gegenstand von Fehlinterpretationen zu werden. Toyama Shigehiko etwa, Autor zahlreicher Bücher zur japanischen Sprache, schreibt, möglicherweise noch unter dem Eindruck der Auswirkungen des Nixon-Satô-Gesprächs, über das Risiko japanischer Politiker, die bei einer Reise ins Ausland arglos und leichthin

---

1 Vgl. hierzu im einzelnen Chalmers Johnson: Omote (Explicit) and Ura (Implicit): Translating Japanese Political Terms, in: The Journal of Japanese Studies 6,1 (Winter 1980), S. 89–115, die dort genannten Quellen, sowie Japan's Longest Day. Compiled by The Pacific War Research Society. Tôkyô, New York, San Francisco: Kodansha International 1968, S. 16ff.

2 Vgl. Johnson, a.a.O., S. 90f.

etwas von sich geben, das dort jedoch als Versprechen mißverstanden wird, so daß es anschließend regelmäßig zu peinlichen Situationen komme.[1] Toyamas Klage scheint sich auch in den achtziger Jahren angesichts so mancher Politiker-Aussprüche, die durch die internationale Presse gingen, nur weiter zu bestätigen.

Von dem Zwang, sich auch in akademischen Zusammenhängen viel unmißverständlicher auszudrücken und Irrtümer sorgfältiger auszuschließen, sobald Nichtjapaner auf den Plan treten, handelt auch der Linguist Kindaichi Haruhiko im Vorwort zur englischen Ausgabe seines populären Buchs über das Japanische. Würden sie, so wie sie im Original stehen, übersetzt, so riefen etliche Passagen nur schiefe Interpretationen oder Unverständnis hervor, daher sah sich der Autor genötigt, vieles umzuschreiben oder zu explizieren.[2] Nicht einmal Übersetzungen oder erfahrene Dolmetscher scheinen also die Barrieren durchbrechen zu können, die die Sprecher des Japanischen vom Rest der Welt trennen. Jedenfalls ist die Skepsis allenthalben groß. Andererseits aber dürfte gerade dies die Neugier steigern. Was ist das für eine Sprache, die so geheimnisdurchtränkt daherkommt und deren Sprecher sie ständig selbst für schwierig erklären? Das Japanische, so schrieb erst kürzlich ein amerikanischer Linguist, dürfte gut und gern die Sprache sein, die den größten Wust an falschen populären Vorstellungen auf sich vereint[3] – womit ein weiterer Grund für die Beschäftigung mit ihr genannt wäre.

Interessanterweise scheint die Feststellung des Amerikaners die Sprecher dieser Sprache, die Japaner selbst, miteinzuschließen. Auch sie bedürfen der Aufklärung, und sie sind es denn auch, für die der Autor Suzuki Takao sein Buch mit dem bezeichnenden Titel verfaßte. Die Botschaft wurde aufgenommen, mehr als 150 000 Japaner kauften seit 1975 das Buch, das, für Japan durchaus nicht

---

1 Toyama Shigehiko: Josei no ronri (Weibliche Logik). Tôkyô: Chûô kôrôn 1974, S. 192.

2 Vgl. Author's Preface, in: Kindaichi Haruhiko: The Japanese Language. Translated and annotated by Umeyo Hirano. Rutland, Tôkyô: Tuttle 1978, S. 11ff.

3 James D. McCawley in einer Rezension in: Language 63, 4 (Dez. 1987), S. 904.

die Regel, immer noch im Handel ist, und inzwischen ist die so markante Formel von der „verschlossenen Welt" mitsamt vielen Thesen aus dem Werk ein integraler Bestandteil der öffentlichen Diskussionen des Landes. Offenbar erschien es zur rechten Zeit am rechten Ort. Es geht darin um das Japanische, und es geht um mehr. Doch um dies zu erläutern, muß ein wenig weiter ausgeholt werden.

Weshalb „Japanerdiskurse"?

In den späten sechziger Jahren, nach einer Phase nationalen Wiederaufbaus und hohen Wirtschaftswachstums, in der zugleich die internationalen Kontakte Japans ein bisher nie gekanntes Ausmaß gewannen, rückte ein Thema ins Blickfeld der Öffentlichkeit, das seither die Medien ebenso intensiv wie langanhaltend beschäftigte und das auf breites Interesse in der Bevölkerung stieß: Es ist die Frage nach der nationalen Identität, nach Werten und Wesenszügen der eigenen Kultur, eine Frage, die sich umso dringlicher stellte, da sich angesichts von Japans großen ökonomischen Erfolgen auch kritische Stimmen im Ausland meldeten, die von „Japan Incorporated", einer nur vom Fetisch Wirtschaftswachstum zusammengehaltenen Nation aus lauter „economic animals" sprachen. Erschrocken horchte Japan auf und sah sich nun in der Position dessen, der sich nach innen und außen erklären muß.

Damit war der Boden bereitet für den nun einsetzenden Boom an Publikationen über den sogenannten Nationalcharakter, die versprachen – oder bescheidener: den Versuch ankündigten –, dem Wesen Japans auf die Spur zu kommen und für die der Sammelbegriff „Nihonjinron" (auf Deutsch etwa: Japanerdiskurse, -theorien) geprägt wurde. Die Beiträge kamen aus den verschiedensten Richtungen und Disziplinen, von der Medizin über die Soziologie, die Politologie oder die Kulturanthropologie bis hin zur Linguistik, und so vielfältig wie ihre Methoden und Fragestellungen waren auch intellektueller Anspruch und wissenschaftliches Niveau. Bemerkenswert daran erscheint das Ausmaß, in dem sich bekannte Wissenschaftler, anerkannte Exponenten ihres Fachs, in Form allgemeinverständlich gehaltener Darstellungen an dem „Nihonjinron"-

Diskurs beteiligten. Ihr Bemühen und ihre Fähigkeit, eigene Forschungsergebnisse und Hypothesen in lockerer, leicht faßbarer Form dem interessierten Laien zugänglich zu machen, läßt die Kluft zwischen ihnen und der breiten Öffentlichkeit viel kleiner ausfallen als etwa im deutschsprachigen Raum.

Zu den bekanntesten Werken des Genres gehören zwei Studien, die mittlerweile auch auf Deutsch vorliegen. Die Sozialanthropologin Nakane Chie formulierte ihr 1967 in Japan erschienenes Buch zur „vertikalen" japanischen Gesellschaftsstruktur für westliche Leser noch einmal auf Deutsch als: *Die Struktur der japanischen Gesellschaft* (Frankfurt/M. 1985). Ebenfalls mit Blick auf ein internationales Publikum wurde der andere „Klassiker" verfaßt, das 1971 in der japanischen Originalfassung erschienene Buch des Psychoanalytikers Doi Takeo (Deutsch als: *Amae – Freiheit in Geborgenheit: Zur Struktur japanischer Psyche*, Frankfurt/M. 1982). Suzukis Buch bietet dazu eine reizvolle Ergänzung, indem nun eine soziolinguistische Perspektive hinzukommt, doch es geht in einem für den deutschen Leser wichtigen Punkt über die zuvor genannten hinaus. Suzuki wendet sich nämlich ausschließlich an den japanischen Leser, ohne Seitenblick auf ein internationales Publikum und damit ohne Konzession an westliche Argumentationsstrategien. Es gewährt uns damit unmittelbaren Einblick in die japanische Diskussion, in die zur Debatte stehenden Fragen und den Umgang mit ihnen. Was teilt ein Japaner seinen Landsleuten über ihre Muttersprache mit und was motiviert ihn dazu? Was bezweckt er mit seinem Buch und wie erreicht er sein Ziel? Dieser Aspekt dürfte für den deutschen Leser nicht minder reizvoll sein als die Information, die Suzuki präsentiert. Um dies zu verdeutlichen, muß indes noch einmal in die Geschichte zurückgegriffen werden.

Wider den japanischen Eurozentrismus

Mit der Öffnung des Landes nach außen und der sogenannten Meiji-Restauration des Jahres 1867, die den Übergang vom Feudalismus zu einem konstitutionellen Regierungssystem markiert, setzte ein energisch betriebener Modernisierungsprozeß ein, in dem man dem Vorbild der westlichen Nationen nacheiferte. Nicht nur auf den Sektoren Verwaltung, Militär und Industrie orientierte man sich mit zunehmend sichtbarem Erfolg an Europa und den Vereinigten Staaten, sondern man strebte auch auf geistigem und wissenschaftlichem Gebiet eine Erneuerung durch Übernahme abendländischen Kulturguts an. Die Geschichte der japanischen Literatur der letzten hundert Jahre etwa ist wie die Geschichte der japanischen Philologie eine einzige Auseinandersetzung mit den geistigen Strömungen, die der Westen in dieser Zeit hervorbrachte. Doch auch wenn es nach den Phasen begeisterter Adaption des Fremden immer wieder Perioden der Rückbesinnung auf die eigene Tradition gab, so ist doch die abendländische Kultur und Zivilisation nie hinter dem Horizont verschwunden, sondern warf stets ihren bedrohlich mächtigen Schatten auf das Land. Ein tiefsitzendes Trauma, ein kultureller Minderwertigkeitskomplex gegenüber dem Westen prägte Denken, Fühlen und Handeln. Europa und Amerika galten als fortschrittlicher, moderner und setzten den Maßstab zur Beurteilung eigener Errungenschaften. Japaner wurden somit ungewollt – und oftmals unbewußt – zu Amero-Eurozentristen. Auch heute noch kann man genügend Spuren dieser Einstellung im Alltag der Japaner entdecken.

In den siebziger Jahren läßt sich freilich eine deutliche Gegenströmung beobachten, die bis in die Gegenwart noch an Stärke gewonnen hat. Aufgrund der ökonomischen Expansion und der erfolgreichen Meisterung diverser „Krisen" und „Schocks" entwickelte sich in Japan ein neues Selbstbewußtsein, ja eine Selbstzufriedenheit, die erstmals seit dem Zweiten Weltkrieg deutlich jedes ausländische Vorbild ablehnt. Extreme Vertreter dieser Strömung neigen zu isolationistischen Ideen und sähen Japaner lieber ganz auf sich gestellt als im – aus ihrer Perspektive – oft lästigen Geflecht internationaler Beziehungen. Doch in einem realistischeren, gemäßigten Sinn hat der Gedanke heute in Japan Fuß gefaßt, daß allzu ehrfürchtiges Starren auf das alte Vorbild nicht mehr zeitgemäß ist. Man hat gelernt, vieles als zeit- und kulturgebunden zu durchschauen, was bis vor kurzem noch als universal gültige Orientierung aus dem Westen fraglos angenommen wurde, und man stieß dabei auf den eigenen eingefleischten Eurozentrismus, den es zu überwinden galt, wollte man zu einem neuen Selbstverständnis finden.

Das Erscheinen von Suzukis Buch bezeichnet den Wendepunkt im allgemeinen Boom der Japan-Interpretationen, jene Phase nämlich, in der dieser unbewußte Eurozentrismus offen aufgedeckt und angegriffen wird. So deutlich wie wohl kein Autor vor ihm verschreibt Suzuki sich diesem aufklärerischen Ziel. Bereits sein 1973 erschienenes Buch über „Kultur und Sprache" (Kotoba to bunka, engl. Teilübersetzung als „Japanese and the Japanese: Words in Culture", Tôkyô, New York, San Francisco 1978, vollständige Übersetzung ebenda 1984 als „Words in Context: A Japanese Perspective on Language and Culture") befaßt sich mit der kulturellen Bedingtheit vieler für allgemeinverbindlich gehaltener Wertsetzungen und mit Unterschieden im „Weltbild" einzelner Sprachen, und schon dort lesen wir: „Worauf ich ... hinweisen wollte, ist der häufig von uns Japanern begangene Fehler, westliche Wertnormen, die uns ursprünglich fremd ... sind, anzuwenden, als wären sie ein allgemeingültiger Maßstab."

Im vorliegenden Buch nun rückt diese Absicht noch weiter ins Zentrum. Suzuki deckt am gebrochenen Verhältnis seiner Landsleute zu ihrer Muttersprache den heimlichen Komplex eines Volkes gegenüber einer ihm überlegen erscheinenden Kultur auf, der sich seit mehr als einem Jahrhundert tief in sein Bewußtsein gefressen hat. „Verschlossen" ist die Sprache ihren eigenen Sprechern, die sich ihr gegenüber so gleichgültig verhalten, verschlossen aber auch nach außen, da die Japaner sich nie bemüht hätten, die eigene Kultur dem Rest der Welt näherzubringen.

Die positive Identifikation mit der eigenen Sprache zu stärken, ist Suzukis erklärtes Ziel, doch ganz im Gegensatz zu jenen, die aus ihrem gesteigerten Selbstgefühl heraus auf internationale Kontakte verzichten wollen, betont Suzuki die Notwendigkeit weltweiten Engagements, ja, er fordert sein Land zu einer offensiven Kulturpolitik im Ausland auf. Der Mangel an Erfahrung im direkten Kontakt mit Fremden, dessen historische Hintergründe er in seinem Buch erläutert, ist für ihn die Ursache der auch heute noch zu beobachtenden Ungeschicktheit seiner Landsleute auf internationalem Parkett. Suzuki zählt zu der Generation japanischer Wissenschaftler, die bei Forschungs- und Lehraufenthalten eigene Erfahrungen im Ausland sammeln konnten, und wir gehen sicher nicht fehl in der Annahme, daß sein pädagogischer Impetus, was den Umgang der Japaner mit Fremden betrifft, auch in den dortigen Beobachtungen wurzelt. Was den Soziolinguisten Suzuki auszeichnet, der sein Studium an der Keiô-Universität in der medizinischen Fakultät begann, doch als Anglist graduierte, ist sein breites Interesse an nichteuropäischen Sprachen und Kulturen. Von 1964 bis 1965 war er „Research Associate" am Institut für Islamische Linguistik der McGill-Universität, längere Forschungsaufenthalte verbrachte er in den Vereinigten Staaten, Europa und Australien, und als Gastprofessor lehrte er an den Universitäten Illinois und Yale. Ihm stehen die Mittel zu Gebote, das in japanischen Augen verabsolutierte Bild des Westens durch Vergleiche mit anderen Kulturen zurechtzurücken, was seiner Kritik am Eurozentrismus Gewicht verleiht.

Sprache als öffentliches Thema

Einen Außenstehenden erstaunt es gewiß nicht wenig, zu erfahren, daß Bücher über die japanische Sprache in Japan mit einer breiten, wißbegierigen Leserschaft rechnen können. Berühmte Japanisch-Linguisten wie Fremdsprachenphilologen und zahllose populäre Autoren brachten in den siebziger Jahren Beiträge heraus mit Titeln wie „Das Rätsel der japanischen Sprache des Altertums"[1], „Der Ursprung der japanischen Sprache"[2], „Unterwegs zu den Anfängen des Japanischen" und „Die Welt des Japanischen"[3] oder aber „Die Logik des Japanischen", „Das japanische Sprachgefühl" und „Der Charakter des Japanischen"[4]. Weitere bekannte Titel lauten „Um

---

1 Egami Namio und Ôno Susumu (Hg.): Kodai Nihongo no nazo. Tôkyô: Mainichi shinbunsha 1973.

2 Murayama Shichirô und Ôbayashi Taryô: Nihongo no kigen. Tôkyô: Kôbundô 1973.

3 Ôno Susumu: Nihongo o sakanoboru und Nihongo no sekai. Tôkyô: Asahi shinbunsha 1974 und 1978.

4 Nihongo no ronri, Nihon no kankaku und Nihongo no kosei, alle von Toyama Shigehiko, Tôkyô: Chûô kôron 1973, 1975 und 1976.

der japanischen Sprache willen"[1], „Sprache bzw. Japanisch"[2] und
„Die Seele des Japanischen"[3] und dies ist nur eine kleine Auswahl.
Doch was ist der Grund für die intensive Beschäftigung mit der
eigenen Sprache? Einer der bekanntesten Linguisten des Landes,
Ôno Susumu, schreibt dazu: „Das Interesse am Japanischen übersteigt die bloße Neugier am Spielerisch-Ästhetischen oder an technischen Aspekten der Sprache. Vielmehr geht die Entwicklung gegenwärtig dahin, sie als Mittel zur Kenntnis Japans und zur Selbst-
Vergewisserung des Japaner-Seins aufzufassen."[4]

Die Sprache dient demnach als Mittel zur nationalen Selbstfindung,
und dies erklärt das anhaltend große Interesse der Allgemeinheit
an linguistischen Themen, das Japanische betreffend.

Der amerikanische Linguist Roy A. Miller hat in einer Reihe von
Arbeiten beschrieben, wie das Japanische in der Nachkriegsgesell-
schaft, besonders aber in den siebziger Jahren, zum Lieblingsthema
der Nation avancierte. Nach Miller ist die Landessprache für Japaner heute weit mehr als ein alltägliches Kommunikationsmittel, sie
ist zugleich „Kult und Mythos", und dies in einem sehr grundlegenden, systemerhaltenden Sinne. Jeder Mensch und jede Gesellschaft bedarf solcher Mythen, besitzt sie in der einen oder anderen
Form. Sie sorgen für den geistigen Zusammenhalt und die ideolo-
gische Orientierung einer Gruppe oder Gesellschaft. Das Ungewöhnliche am japanischen Beispiel ist daher nicht etwa die Existenz
des Mythos selbst, als vielmehr die Tatsache, daß er an die japanische Sprache gekoppelt ist. Die einzelnen Mythologeme, die z.T.
in sich widersprüchlichen Elemente des Mythos – sie zeugen von
seiner nahezu unbegrenzten Flexibilität – werden von Miller ausführlich in seiner Studie „Japans moderner Mythos – Die Sprache
und was dahinterliegt"[5] analysiert. Suzukis Buch ordnet sich in

---

1 Maruya Saiichi: Nihongo no tame ni. Tôkyô: Shinchôsha 1974.
2 Maruya u.a.: Kotoba aruiwa Nihongo. Tôkyô: Kôsôsha 1977.
3 Watanabe Shôichi: Nihongo no kokoro. Tôkyô: Kôdansha 1974.
4 „Über den Japanisch-Boom" (Nihongo bûmu ni tsuite), in: Asahi shinbun, Morgenausgabe v. 26.4.1975.
5 Japan's Modern Myth – The Language and Beyond. New York, Tôkyô:
   Weatherhill 1982.

diesen Zusammenhang ein. Auch bei ihm klingen Elemente des Mythos an, zum Teil greift er sie in kritischer Absicht auf. In einem zentralen Punkt aber unterscheidet er sich klar von der Masse der Mythos-Anhänger, deren Kernaussage lautet: Die japanische Sprache ist einzigartig unter allen Sprachen der Welt.

Für die einen beweist sich die Einzigartigkeit des Japanischen an seiner angeblichen besonderen „Reinheit", da es im Laufe der Geschichte weniger als andere Sprachen dem Wandel oder fremden Einfluß unterworfen gewesen sei. Andere sehen sie durch die Schwierigkeit bestätigt, die Ausländer mit dem Erlernen von Sprache und Schrift haben, und wieder andere schließen die Möglichkeit für Nicht-Japaner aus, vollwertige Glieder der Sprachgemeinschaft zu werden, was auf besonderen übersprachlichen Eigenschaften des Japanischen beruhe. Schließlich beruft man sich auf den noch unentschiedenen Disput der Linguisten, ob das Japanische dem Altaischen, dem Mandschu, dem Tamil oder dem Uralischen zugeordnet werden müßte oder etwa keiner dieser Sprachfamilien. Suzuki beteiligt sich nicht an solchen Singularitätsspekulationen, ja, er wendet sich in einem Kapitel auch ausdrücklich gegen „Das Vorurteil, Ausländer könnten kein Japanisch". Nun wäre der Einmaligkeitsmythos auch kaum des Nachdenkens wert – schließlich wird man in jeder Sprache Merkmale oder Eigenschaftskombinationen finden können, die sie von den anderen abhebt –, würde man in Japan nicht bestimmte Folgerungen daraus ableiten, die im Alltag von geistiger und politischer Tragweite sind.

Rasse, Sprache, Kultur

Zu den nicht in Frage gestellten Grundannahmen über das Japanische gehört die Vorstellung von der ethnischen, religiösen, kulturellen, sozialen und linguistischen Homogenität. Es findet mithin eine Gleichsetzung von Rasse, Sprache und Kultur statt. Suzuki erläutert den Japanern, die dazu neigen, das eigene Denkmodell auch auf andere Länder zu übertragen, daß ihr Land aufgrund seiner geographischen Rand- und Insellage und historischpolitischer Bedingungen eine Ausnahme darstellt. Er leitet den

Mythos zwar her, stellt ihn aber nicht – etwa mit dem Hinweis auf die Unterdrückung von ethnischen und sprachlichen Minoritäten – in Frage. Wie verbreitet die unreflektierte Vermengung der disparaten Kategorien ist, zeigt schon ein Zitat aus einer Rezension von Suzukis Buch, verfaßt vom Autor des Bestsellers „Die Seele des Japanischen". Er schreibt, wörtlich übersetzt: „Es gibt wohl nur wenige *Rassen* wie die Japaner, die so ohne Bedauern einfach ihre *Muttersprache* aufgeben."[1]

Zur Problematik des skizzierten Trinitätsgedankens bedarf es keiner weiteren Hinweise, denn vieles liegt auf der Hand. Anderes ist an anderer Stelle ausführlich erörtert worden.[2] Dennoch – oder gerade deswegen – dürfte es wichtig sein, die Koppelung wie die partielle Entflechtung der Komponenten in einem japanischen Text wie dem vorliegenden einmal genauer zu verfolgen. Erst der Nachvollzug der japanischen Assoziationsketten macht uns ja die japanische Reaktion auf Fremdes einsichtig und verständlich. Und gerade auch in diesem Punkte ist Suzukis Buch von weiterhin großer Aktualität, denn mögen sich auch einige der von ihm zitierten Daten und Zahlen geändert haben – die Einwohnerzahl Japans etwa beträgt nach der amtlichen Statistik von 1989 mittlerweile 123 Millionen –, die grundlegende Einstellung zu Fragen der nationalen Identität im Zusammenhang mit Sprache und Kultur dürfte sich nicht wesentlich gewandelt haben. Im Gegenteil – die vorliegende Schrift erfüllte auch hier weitgehend eine Katalysatorfunktion, indem der Autor latent vorhandene und verbreitete Denkmuster aufgriff, sie zueinander in Beziehung setzte und erläuterte. Dies wiederum verlieh dem Buch seine in japanischen Augen große Plausibilität. Es wurde zum Stoff einer breiten öffentlichen Diskussion, und viele seiner Argumente wurden mittlerweile so sehr zum Allgemeingut, daß

---

1 Watanabe Shôichi: „Die Forderung, die Geringschätzung der Landessprache kritisch zu reflektieren" (Kokugo keishi ni hansei semaru), in: Tôkyô shinbun v. 7.4.1974, Hervorhebung von IHK.
2 Vgl. meinen Essay „Sprache und Nation. Zur aktuellen Diskussion um die sozialen Funktionen des Japanischen" in: I. H.-K.: Das Ende der Exotik – Zur japanischen Kultur und Gesellschaft der Gegenwart. Frankfurt/M.: Suhrkamp 1988, S. 62–98.

man nicht umhinkommt, ihnen in japanischen Expertengesprächen oder Politikerreden wiederzubegegnen. Einige aktuelle Beispiele lassen sich an anderer Stelle nachlesen.[1]

Sprache und Schrift

Das umfangreiche zweite Kapitel seines Buches, das „technischste" von allen, widmet Suzuki der Beziehung zwischen Schrift und Sprache. Dieser Aspekt dient ihm nicht nur dazu, den latenten Eurozentrismus japanischer Linguisten aufzudecken, die sich ganz die westliche Perspektive zu eigen gemacht und die für die Erforschung des Japanischen so ergiebigen Zusammenhänge von Sprache und Schrift außer Acht gelassen hätten. Hier will er seine Landsleute auch bei ihrem Patriotismus packen. Das Funktionieren des komplexen Schriftsystems ist auch einem Japaner nicht ohne Weiteres einsichtig. Indem er nacheinander erläutert, weshalb ein Silbenalphabet der japanischen Sprachstruktur besonders angemessen ist und weshalb auf den Gebrauch der (chinesischen) Wortschriftzeichen (Kanji) nicht verzichtet werden kann, appelliert er an den Stolz derjenigen, die – wenn auch unter großen Mühen – sich einer derart komplizierten Schrift zu bedienen gelernt haben.

Um dem deutschen Leser die Komplexität der Kanji-Lesemöglichkeiten in einem japanischen Text vor Augen zu führen, die Suzuki so viel Begeisterung entlockt, sei her ein pointiertes Beispiel aus Florian Coulmas' Abhandlung „Über Schrift" angeführt.[2] Vorausgeschickt werden muß – was bei Suzuki noch detaillierter behandelt wird –, daß die japanische Schrift ein Mischsystem aus Kanji, den Wortschriftzeichen, mit denen die Begriffswörter geschrieben werden, und (zwei parallelen) Silbenschriftalphabeten zur Fixierung morphologischer und syntaktischer Elemente darstellt. Ein Kanji

---

1 Vgl. den Essay „Vexierspiegel – einander gegenübergestellt. Zum Japanbild in neueren deutschsprachigen Publikationen und zur japanischen Perspektive", sowie die Schlußbetrachtung, ebenda.

2 Vgl. Florian Coulmas: Über Schrift. Frankfurt/M.: Suhrkamp 1981, S. 67

verfügt über mindestens zwei Lesungen (originär japanisch und sinojapanisch) und einen oft sehr umfangreichen Satz synonymer oder partiell synonymer Realisierungen (Polylexie).

Im folgenden Beispiel steht die Ziffer „2" zunächst für ein kraft seiner Bedeutung verwendetes und in verschiedenen Kontexten verschieden gelesenes Kanji, im unteren Teil fungiert sie als Lautträger mit variabler Bedeutung. Die Buchstaben werden so verwendet wie die Silbenzeichen (Kana).

		Lesung
Konstante Bedeutung	2fach	zweifach
	2när	binär
	2t	doppelt
	2ett	Duett
	2weise	paarweise
	2licht	Zwielicht
	ver2n	verdoppeln
Konstante Lautung	2fel	Zweifel
	ver2feln	verzweifeln
	2ge	Zweige

Um die praktische Dimension im Alltag japanischer Sprecher wenigstens anzudeuten, sei der seit dem 7. Januar 1989 geltende neue Äraname Heisei 平成 angeführt, der die 64 Kalenderjahre umspannende Ära des „Leuchtenden Friedens" (Shôwa) ablöste. Zwar sind die einzelnen Zeichen, die man bereits in Klasse drei und vier der Grundschule lernt, jedem lesefähigen Japaner geläufig. Neu und im Japanischen bisher nicht lexikalisiert ist allerdings ihre Kombination, die alten chinesischen Schriften entnommen ist. Beim ersten Hören dieses neuen Worts assoziierte man daher verschiedene Homonyme mit recht unterschiedlichem Konnotationswert, am häufigsten wohl *heisei* 平静 im Sinne von „Ruhe", „Stille", „Gelassenheit", aber auch *heisei* 兵制, das „Heerwesen" oder gar *heisei* 弊政, die „schlechte Regierung" oder „Mißwirtschaft". In Eigennamen kommt die besagte Zeichenkombination hingegen durchaus vor, nur wird sie in diesem Falle akustisch anders realisiert. Dieselbe Zeichenkombination, Henari gelesen, ist der Name eines kleinen

Bergdorfs in der Präfektur Gifu, und wieder anders, nämlich Taira Shigeru, lauten die Zeichen 平成 für Familien- und Vornamen eines Geschäftsmannes aus der näheren Umgebung von Tôkyô.[1]

Doch was heißt denn nun eigentlich Heisei als Äraname? Da die beiden Zeichen aufgrund der erwähnten Polylexie über ein außerordentlich breites semantisches Spektrum verfügen, ist die Zahl der möglichen Deutungen groß. Sie reicht von „Frieden schaffen" (*heiwa o nasu*) über „Erfolg des Friedens" (*heiwa no seikô*) über „sich bescheiden" (*taira ni naru*) bis zur sarkastischen „Perfektion im Mittelmaß".[2] Offiziell hat man sich mittlerweile für die Version „Frieden und Eintracht" entschieden.

Der japanische Leser, dem Suzuki das Funktionieren und die spezifischen Leistungen des japanischen Schriftsystems erläutert, nähert sich diesem Komplex natürlich von einer ganz anderen Position her als der europäische, denn er praktiziert im Vorgang der Lektüre bereits jenen Prozeß, den ihm der Autor nun noch einmal ins Bewußtsein ruft.

Fremdes und Vertrautes im Wortschatz des Japanischen

Im Zusammenhang mit seinen Erläuterungen zum spezifisch engen Wechselspiel zwischen Sprache und Schrift im Japanischen geht Suzuki auch auf Fremd- bzw. Lehnwörter ein. Es ist dies eine Kategorie, die besonders schwierig zu bestimmen ist, denn wo sollte man die Grenze ziehen? Suzuki zählt den sinojapanischen Wortschatz, der etwa fünfzig Prozent des Vokabulars im allgemeinsprachlichen Gebrauch ausmacht, nicht dazu, da er über die Kanji fest im japanischen Sprachbewußtsein verwurzelt sei. Andere Autoren, etwa Watanabe Shôichi, betrachten sinojapanische Wörter dagegen als fremde Elemente von tendenziell intellektueller Färbung, die sich seinen Ausfüh-

---

1 Vgl. Michael Cooper: Shôwa 64, Heisei 1, in: Monumenta Nipponica 44,1 (1989), S. 99–100.

2 „The perfection of mediocrity", so der amerikanische Japanologe Edward Seidensticker, vgl. Seidensticker's Love-Hate Relationship, in: Asahi Evening News v. 20.6.1989.

rungen zufolge deutlich von dem stärker emotiv geprägten indigenen Wortschatz abheben.[1] Wieder andere Autoren, etwa der auch von Suzuki verschiedentlich zitierte Umesao Tadao, empfinden nicht einmal mehr die Termini für die chemischen Elemente Selen und Tellur, *seren* und *teruru*, als Lehnwörter, sie seien vielmehr ganz selbstverständlich japanische Wörter.[2]

Nun sollen hier nicht etwa die Autoren gegeneinander ausgespielt werden, und es ist dies auch nicht der Ort, der Frage nachzugehen, welche Auffassung die plausibelste ist. Vielmehr geht es zunächst nur darum, darauf hinzuweisen, daß das Aufgreifen bestimmter Themen für sich genommen bereits einen gewissen Aussagewert hat. Zu solchen vieldiskutierten Themen gehört das Schriftsystem ebenso wie die Frage der Lehnwörter, zu denen Kindaichi in seinem bereits erwähnten Werk vermerkt, ihre optische Hervorhebung im japanischen Text durch Schreibung in der Katakana-Silbenschrift entspringe einem Bedürfnis, sie als etwas gleichsam Feindliches zu kennzeichnen.[3] So findet in der japanischen Sprachdiskussion, hier im Bereich der Lexik, eine Auseinandersetzung mit Fremdem statt, der man einen gewissen Symbolcharakter nicht wird absprechen können.

Die „verschlossene" Welt

Was Suzukis Buch für den deutschen Leser interessant macht, sind also nicht allein die bislang unzugänglichen Fakten und Materialien zur japanischen Sprache und zum japanischen Denken über Sprache, sondern ebenso der Einblick, den es uns in die Modi der öffentlichen Diskussion zu kultur-, sprach- und gesellschaftspoliti-

---

1 Watanabe Shôichi: The Ethnopsychological Aspect Of Native Words And Foreign Words In English And Japanese, in: Allgemeine Sprachtypologie und Textlinguistik: Festschrift für Peter Hartmann, hrsg. v. Manfred Faust u.a., Tübingen: Narr 1983, S. 317–324.
2 Umesao Tadao: Japanese as a Vehicle for Science, in: Japan Echo XVI, Special Issue 1989, S. 43–45.
3 Kindaichi Haruhiko: Nippongo. Tôkyô: Iwanami, 45. Aufl. 1987, S. 122. Vgl. die englische Übersetzung, a.a.O., S. 154.

schen Themen in Japan gibt. Faszinierend erscheinen mir etwa die Auslassungen des Insiders vor Insidern über die Vieldeutigkeit und Vagheit japanischer Schreiber und Sprecher. Die berühmt-berüchtigte japanische Ambiguität ist also keinesfalls eine Erfindung von Ausländern mit ungenügender Kenntnis des sozialen und des Redekontexts. Zwar ist die japanische Rede in der Tat sehr viel stärker kontextabhängig als die deutsche, doch Suzuki macht am Beispiel eines diskursiven Textes in Kapitel I deutlich, daß gerade die Verschwommenheit der Aussage eine starke Wirkung auf den japanischen Rezipienten ausübt. Die Ästhetik der Ambiguität im Japanischen wie auch die mangelnde Entschiedenheit der Rede lassen sich kulturanthropologisch als Ausdruck des Bestrebens deuten, sich an der situativen Atmosphäre zu orientieren, einem für die japanische Persönlichkeit, die man bezeichnenderweise als „kontextualistisch" beschreibt, zentralen Richtwert.[1]

Suzukis pädagogische Absicht gegenüber seinen Landsleuten ist unüberhörbar. Ihm geht es nicht allein ums Erklären – seine Ausführungen gehen oft in Handlungsanweisungen über, wobei sich linguistische und kulturpolitische Aspekte vermischen. Immer bleibt hinter der Argumentation, auch und gerade, wenn sie uns stellenweise forciert erscheinen mag, sein Engagement spürbar, und dies ist sicher ein wesentlicher Grund für das positive Echo in der japanischen Öffentlichkeit auf das Buch.

Im übrigen aber bilden gerade jene Passagen, an denen der Autor ins Spekulative übergleitet, nicht selten Angelpunkte für eine gewissermaßen zweigleisige Lektüre, die ebenso neugierig nach dem „Was" wie nach dem „Warum" Ausschau hält. Wer diese Empfehlung befolgt, dem gibt „Eine verschlossene Sprache" Auskunft über das japanische Selbstbild zu einem Zeitpunkt, da es sich unter dem Einfluß neuerworbenen internationalen Ansehens zu wandeln beginnt, und zu diesem Wandel hat auch Suzukis Buch nicht unwesentlich beigetragen.

---

1 Vgl. hierzu im einzelnen Kumon Shumpei: Some Principles Governing the Thought and Behavior of Japanists (Contextualists), in: The Journal of Japanese Studies Vol. 8,1 (Winter 1982), S. 5–28.

Suzuki plädiert für eine größere Weltoffenheit – darin hebt er sich deutlich von der in jüngster Zeit kräftig gewachsenen Fraktion der Isolationisten ab. Sein Bestreben, die einseitige Fixierung auf den abendländisch geprägten Westen zu durchbrechen, zeigt sich bereits darin, daß er in seinem Buch immer wieder auf China, Indien oder arabische Länder Bezug nimmt, und doch bleibt dahinter als eigentliches Thema die Auseinandersetzung mit dem Westen sichtbar. Die Überwindung des Eurozentrismus setzt eine gründliche Beschäftigung mit ihm voraus – so schnell läßt sich das geistige Kardinalproblem der vergangenen hundert Jahre nicht abschütteln! Dennoch ist Suzukis Werben für eine Weitung des Blicks über die Grenzen in den außereuropäischen Raum hinein verdienstvoll in einem Land, das zur Selbstbespiegelung neigt und gerade erst die „internationale Persönlichkeit" (*kokusaijin*) – so lautet der neuerdings lancierte Slogan – entdeckt hat. Unerläßliche Voraussetzung dafür sind Fremdsprachen-, vor allem Englisch-Kenntnisse, aber auch Gewandtheit im Auftreten und Durchsetzungsvermögen gegenüber Ausländern – alles Attribute, an denen japanischerseits notorischer Mangel herrscht.

Die langanhaltende, bisher aber konsequenzenlose Diskussion über die Ineffektivität des japanischen Fremdsprachenunterrichts wäre ein Thema für sich, doch Leser von Suzukis Buch werden Erklärungsansätze für die Misere seinen Erläuterungen über den traditionellen Umgang mit chinesischen Texten und den Modus der Übernahme abendländischen Wissens entnehmen können. Seine teilweise verblüffenden Reformvorschläge, vor allem, was seine den japanischen Sprechern angepaßte Sonderform des Englischen, nämlich ‚Englic' angeht, bilden folgerichtig den Abschluß seines leidenschaftlichen Plädoyers für eine kulturelle Selbstbehauptung Japans. Auch hier ist ein spontaner Wechsel in der Argumentation von der linguistischen zur lebenspraktischen Ebene auszumachen. Es geht Suzuki offensichtlich nicht um eine ausgeklügelte theoretische Begründung, sondern einzig um die praktische Anwendung im Alltag. Im Konversationsunterricht, auf dem das Schwergewicht in seinem neuen Konzept liegt, soll die Fähigkeit zur sprachlichen

Selbstbehauptung eingeübt werden, was demjenigen als vordringliche Aufgabe erscheint, der in der Fremde Zeuge einer gewissen Hilflosigkeit seiner Landsleute geworden ist, und dies scheint ein durchgängiges und sehr schockierendes Schlüsselerlebnis japanischer Publizisten mit Auslandserfahrung zu sein. Auch hierzu steuert Suzukis Buch einiges an Hintergrundwissen bei.

Reden und Schweigen

Sprache und Sprechverhalten werden von Suzuki als Einheit verstanden, und folglich handeln große Teile des Buchs vom japanischen Umgang mit Sprache, wo dieser sich in den Augen des Autors vom Redeverhalten anderer Völker zu unterscheiden scheint. Suzuki erläutert Phänomene, die sowohl in Japan als auch in der übrigen Welt zu dem inzwischen recht verfestigten Bild einer „Kultur des Schweigens" geführt haben. Von der besonderen Wertschätzung der Empathie, der Einfühlung in das Gegenüber, ist die Rede, die vielfach explizites Verbalisieren überflüssig mache. Was jedoch beim Reden von Japanern unter sich als *selbst-verständlich* vorausgesetzt werden dürfte, gelte keinesfalls mehr im Kontakt mit anderen Völkern. Der Linguist Ôno Susumu sieht hier einen Wandel im japanischen Sprechen heraufdämmern, denn je mehr Nichtjapaner sich des Japanischen bedienten, desto notwendiger werde für die Kommunikation eine deutlichere, unmißverständlichere Ausdrucksweise. Japaner untereinander mögen sich auf die herkömmliche Art zu verständigen wissen, Ausländer würden ihnen dagegen nicht folgen können.[1]

Wo unter Japanern Schweigen möglich wäre, verlangt man auf internationalem Parkett Beredsamkeit und den Willen, durch Argumente zu überzeugen, so sieht es bereits der Schriftsteller Tanizaki Jun'ichirô in seinem „Stilistischen Lesebuch" aus dem Jahre 1934, wo er beklagt, daß Japaner im Völkerbund in der Debatte um den

---

1 Vgl. Ôno Susumu: Midareru Nihongo „Funyapan kotoba" o haisu, in: Gendai 2/1988, S. 130f.

chinesisch-japanischen Konflikt einen schweren Stand hätten, denn die Westler wie die Chinesen setzten auf die Gewalt der Sprache, wohingegen die Japaner dem Schweigen den Vorzug gäben.[1]
Lassen wir es bei diesem Beispiel bewenden, das nur die schon frühe Verbreitung dieses Denkmusters illustrieren sollte. Wenn aber von einem hohen Maß an stillem Einvernehmen oder im Gespräch vorausgesetzter gemeinsamer Verstehensbasis unter Japanern die Rede ist, so sollte dies nicht, wie so oft, mit dem Familiencharakter der Nation und einem geradezu mystischen Einverständnis unter Japanern, das der Sprache nicht bedarf und deshalb allen Fremden verschlossen bleibt, begründet werden als vielmehr mit dem hohen Enkodierungsgrad in einer Kultur, die der Anthropologe Edward T. Hall als ein „high context"-System bezeichnet.[2] Das Phänomen ist uns im übrigen auch in unserer Kultur nicht unbekannt, man denke nur an den kurzformelhaften Dialog eines älteren Paares oder an Insider-Jargons von Berufs- und Altersgruppen sowie sozialen Schichten, die sich ebenfalls als Erscheinungen starker Kontextabhängigkeit deuten lassen.

Den deutschen Leser regt Suzuki mit seinem Buch zu mancherlei weiterführenden Reflexionen an, mögen sie nun die Sprache oder auch eigene Erfahrungen mit Japan und Japanern betreffen. Sein Vorschlag einer allgemeinen Einübung sprachlicher Selbstbehauptung als vordringliche Aufgabe des Fremdsprachenunterrichts etwa stimmt nachdenklich, denn sollen hier nicht Verhaltensmuster und Handlungsstrategien erlernt werden, die mehr oder weniger deutlich im Widerspruch zur eigenen Kultur stehen? Wie weit ist dieses Lernen möglich und müßte es nicht zwangsläufig Auswirkungen auf innerjapanisches Verhalten haben? Suzuki diagnostiziert das Problem sicherlich zutreffend, wenn er die Kommunikationsschwierigkeiten von Japanern im Ausland nicht auf die Ebene der sprachlichen Kompetenz beschränkt sieht. Doch es geht offenbar auch

---

1 Vgl. Tanizaki Jun'ichirô: Bunshô tokuhon, in: Tanizaki Jun'ichirô zenshû, Band 21, Tôkyô: Chûô kôron 1983, S. 87–246, hier S. 91ff. Der Hinweis auf diese Passage ist Peter N. Dale: The Myth of Japanese Uniqueness. Beckenham: Croom Helm 1986, S. 79, entnommen.
2 Vgl. etwa Hall: Beyond Culture. Garden City: Anchor 1976.

um mehr als um eine rein „technische" Beherrschung von Verhaltensmustern, sollte diese denn überhaupt möglich sein ohne das dazugehörige Ich-Konzept der anderen Kultur. Was aber, wenn die zu kommunizierenden Inhalte sich im Kontext einer anderen Sprache gegen ein Verständnis zu sperren scheinen? Suzuki bringt im ersten Kapitel des Buches das Beispiel eines berühmten japanischen Schriftstellers, dessen Gedankenführung und Argumentation ihn auf sehr japanische Weise verworren anmutet, und er knüpft daran den Gedanken, daß auch eine Formulierung in einer anderen Sprache den Inhalt der Aussage nicht klarer erscheinen ließe. Doch was wäre die Folgerung aus dieser Beobachtung im Hinblick auf die japanische Kommunizierfähigkeit in internationalen Zusammenhängen?

Japanisches erscheint in der Tat vielfach hermetisch. Umso dringlicher bedarf es neuer Zugänge zu dieser aus der Innen- wie der Außenperspektive „verschlossenen" Welt.

An dieser Stelle sei dem Verein zur Förderung der wissenschaftlichen und kulturellen Beziehungen zwischen Japan und der Bundesrepublik Deutschland e. V. Köln sehr herzlich für die Förderung der Übersetzung gedankt.

Zum besseren Textverständnis wurden einige zusätzliche Erläuterungen eingefügt, die jeweils gekennzeichnet wurden. Von der Übersetzerin stammen auch sämtliche Anmerkungen. Die japanischen Personennamen werden, japanischem Brauch folgend, unter Voranstellung des Familiennamens angegeben. Dank schließlich auch dem Autor sowie dem Verlag für die Erlaubnis der Wiedergabe der Fünfzig-Laute-Tafel aus Bruno Lewin: *Abriß der japanischen Grammatik*. Wiesbaden: Otto Harrassowitz 1959, [2]1975.

Trier, im August 1989   Irmela Hijiya-Kirschnereit

I

Was Japaner über das Japanische denken

1. Japaner, die ihre Sprache aufgeben

Es ist zehn Jahre her, daß ich im Sommer die Türkei bereiste. Von Istanbul und Ankara aus besuchte ich die über das ganze Land verstreuten Ruinen aus der griechischen und römischen Zeit, wobei ich mich mit meinem dürftigen Türkisch durchfragte, und in einem kleinen Dorf im Gebiet von Boas Key fand ich auch die Spuren der Hauptstadt des alten Königreichs der Hethiter. Als ich zum Abschluß dieser kurzweiligen Reise Erzurum erreichte, die einzige Stadt in dieser östlichen Gegend, die diesen Namen verdient, war es Ende August.

Am Abend nahm ich in einem kleinen, ärmlichen Restaurant in der Nähe meines Hotels eine Mahlzeit ein. Dort kam ein kleiner, breitschultriger türkischer Armeeoffizier auf mich zu und fragte mich auf Englisch, ob ich aus Japan käme. Ich wunderte mich, wieso er dies wüßte, und als ich ihn danach fragte, erklärte er, er habe es im Hotel erfahren.

Dann setzte er sich zu mir und erzählte, daß seine Frau Japanerin sei. In der Stadt gäbe es sonst keinen einzigen Japaner, und auch Touristen würden normalerweise nicht bis hierher vordringen. Ob ich so freundlich sei, mich einmal mit seiner Frau zu treffen. Sie würde sich sicher sehr freuen. Ich war erstaunt. In einer großen Stadt wie Ankara oder Istanbul wäre es ja noch denkbar, aber daß Japaner auch an einem solchen abgelegenen Ort lebten, hätte ich mir nie vorgestellt.

Doch am folgenden Tag, als ich zum Abendessen eingeladen wurde und der Frau in einem stattlichen Offizierskasino begegnete, wunderte ich mich zum zweitenmal. Sie stammte aus Yokohama und hatte sich in den türkischen Offizier verliebt, der in der UNO-Truppe am Korea-Krieg teilgenommen hatte. Sie hatte ihn geheiratet und war erst vor vier oder fünf Jahren in die Türkei übergesiedelt, doch sie hatte bereits sichtlich Schwierigkeiten mit dem Japanischen.

Wollte sie etwas sagen, so rutschte ihr immer Türkisch heraus, und sie fuhr sich hastig mit der Hand über den Mund. Sie erzählte, daß ich der erste Japaner sei, dem sie seit ihrer Abreise aus Japan begegnet sei. Zweifellos hatte sie im täglichen Leben nur mit Türken zu tun und sich bemüht, die Landessprache und die dortigen Sitten so schnell wie möglich zu übernehmen, doch sie gestand, daß sie selbst ein wenig verwirrt darüber war, wie schnell sie das Japanische vergessen hatte.

Diese hellhäutige, sanfte Frau, die mit ihrer Schwiegermutter zusammen lebte, erzählte stockend, daß die Frauen der türkischen Offiziere stets schön gekleidet seien und nicht so hart arbeiteten wie japanische Frauen, und wie ich ihr beim fremdartig nach Milch duftenden, mit Wasser verdünnten Lakhi zuhörte, konnte ich ein schmerzliches Gefühl nicht unterdrücken.

Es ist eine unbestreitbare Tatsache, daß jeder, der sein Land verläßt, um im Ausland zu leben, und der lange Zeit keinen Kontakt mehr mit Landsleuten hat, seine eigene Sprache allmählich verlernt. Aber mir will scheinen, daß bei uns Japanern diese Tendenz besonders stark ausgeprägt ist.

Die Frau des türkischen Offiziers ist sicher ein extremes Beispiel. Aber auch, als ich in dieser Hinsicht verschiedene in den Vereinigten Staaten und in Kanada lebende Japaner beobachtete, hatte ich den starken Eindruck, daß wir Japaner, wenn wir unser Land verlassen, oft auch dazu neigen, die eigene Sprache aufzugeben.

Als ich vor nunmehr drei Jahren an der Universität Illinois eine einjährige Gastprofessur für Soziolinguistik übernahm, bot sich mir die Gelegenheit, diesem Punkt bei Kontakten mit Japanern genauer nachzugehen. Ich erlebte mit Erstaunen, daß zwar in fast allen Familien die Kinder das Japanisch ihrer Eltern einigermaßen verstehen, doch es gab so gut wie keinen einzigen Fall, in dem die Kinder mit den Eltern ein vernünftiges Gespräch auf Japanisch führen konnten. Und dies, obwohl es sich dabei ausschließlich um Familien von Hochschullehrern handelte, also nicht etwa solche, die die amerikanische oder kanadische Staatsbürgerschaft erworben hatten und für immer dort zu bleiben gedachten.

Als Grund dafür, daß ihre Kinder kein Japanisch sprechen konnten, gaben die meisten an, dies ergebe sich aus der Englischsprachigkeit der Schule und der gesamten Umgebung. Häufig war zu hören, daß selbst wenn die Eltern ihre Kinder zum Japanischsprechen anhielten, diese immer auf Englisch antworteten, so daß die Eltern schließlich resignierend selbst ins Englische überwechselten. Einige vertraten die Ansicht, es sei nicht nötig, die Kinder während des Amerikaaufenthalts zur Zweisprachigkeit zu zwingen, denn nach der Rückkehr nach Japan würden sie automatisch wieder Japanisch lernen. Und es gab auch die Meinung, das Englische sei später sicher auf irgendeine Weise von Nutzen.

Natürlich gab es auch Familien, in denen man sich nach der klaren Auffassung richtete, die Kinder müßten als Japaner im Familienkreis korrektes Japanisch sprechen. Ein solcher Fall war die Familie des Physikprofessors F. in Montreal, in der die Mutter sich grundsätzlich weigerte, der Tochter zu antworten, wenn diese nicht Japanisch sprach.

Als ich im vorletzten Sommer seit vielen Jahren wieder einmal Montreal besuchte, war das Mädchen mittlerweile eine Studentin geworden, die ihre Vorlesungen auf Englisch hörte, ihren Job auf Französisch ausübte und sich gleichzeitig auch über schwierige Themen auf Japanisch mühelos unterhalten konnte. Doch ein solches Beispiel ist eine große Ausnahme; die Japanischkenntnisse der Kinder von Auslandsjapanern scheinen durchweg äußerst dürftig zu sein.

Ende vorletzten Jahres brachte die Fernsehanstalt „Fuji terebi" eine Sendung über japanische Kinder im Ausland unter dem Titel „Japaner international – Eine Dokumentation". Leider konnte ich die Sendung nicht sehen und las nur einen kurzen Artikel darüber in der Zeitung. Unter der Überschrift „Warum müssen wir Japanisch lernen?" las man den fettgedruckten Untertitel „Englisch erstklassig – Japanisch hoffnungslos" und die folgende Erläuterung:

„Die gemeinsame Sorge japanischer Familien im Ausland, das Schulproblem schulpflichtiger Kinder, wird an Ort und Stelle in New York untersucht, wo die meisten Auslandsjapaner leben.

Gegenwärtig sind in New York mehr als 15 000 Japaner beschäftigt, und es soll ca. zweitausend schulpflichtige Kinder geben. Diese Kinder besuchen japanische Schulen und sprechen ein besseres Englisch als ihre Eltern, aber im Ja-

panischen sind sie schwach, daher die Sorge der Eltern, ob sie nach der Rückkehr nach Japan ihre Ausbildung fortsetzen und ins Berufsleben eintreten können."
(Asahi Shinbun, Morgenausgabe vom 30.12.1973)

Wenige Tage, nachdem ich diesen Artikel gelesen hatte, sah ich ein Interview mit der Familie von Dr. Ezaki, der kürzlich den Nobelpreis für Physik erhalten hatte. Auf dem Bildschirm erschien eine fröhliche Familie Ezaki mit zwei Töchtern und einem Sohn. Lächelnd übersetzte Herr Ezaki seinen Kindern die Fragen des japanischen Interviewers. Die Kinder antworteten in waschechtem Englisch.

Daß solche eindrucksvollen Beobachtungen im wesentlichen den Tatsachen entsprechen, bestätigen die Forschungen von Nomoto Kikuo, einem Wissenschaftler am Staatlichen Institut zur Erforschung der Landessprache (Kokuritsu kokugo kenkyûjo). Als Linguist untersuchte er während seiner Tätigkeit als Japanischlektor in England, Brasilien und Hawaii in langjährigen Studien die Beziehungen der Auslandsjapaner sowie Japanischstämmiger zur japanischen Sprache. Dabei erfaßte er das Ausmaß, in dem Japaner, die bereits über einen längeren Zeitraum im Ausland leben, sowie die Nachkommen von Ausgewanderten in der zweiten oder dritten Generation das Japanische beibehalten und verglich diese Ergebnisse aus soziolinguistischer Sicht mit den entsprechenden Werten für andere Volksgruppen im Ausland. Die Resultate von Nomotos Untersuchung sind im vierten Kapitel des von Hayashi Chikio herausgegebenen Bandes „Japaner im internationalen Vergleich" (Hikaku Nihonjinron, Verlag Chûô kôron, Reihe Chûkô shinsho) veröffentlicht, und dort liest man als allgemeine Schlußfolgerung die folgende bemerkenswerte Feststellung:

„Es hat den Anschein, als habe das Japanische beim Kontakt mit anderen Sprachen die Eigenschaft, von jenen absorbiert zu werden und sich rapide aufzulösen. Liegt das am Charakter der japanischen Sprache oder am Charakter ihrer Sprecher? Wahrscheinlich trifft letzteres zu, doch um Genaueres dazu sagen zu können, müßte man die Auflösungsvorgänge genau kennen. Und es könnte sein, daß dabei die Eigenschaften der japanischen Sprache als solcher deutlich werden." (ebenda, S. 125)

Im Zusammenhang mit seiner Untersuchung des Sprachverhaltens japanischer Kinder in London bemerkt Nomoto zum Eifer der Eltern, die so großen Wert auf die guten Englischkenntnisse ihrer Kinder legen:

„Es ist sicher nicht schlecht, wenn die Kinder immer besser Englisch können. Aber völlig unbegreiflich ist die Tendenz, auch noch stolz darauf zu sein, wenn ihr Japanisch dementsprechend nachläßt. Hier fehlt der Wille, das Japanische beizubehalten."

Im Anschluß daran fragt sich Nomoto, weshalb sich die Eltern mit den Kindern auf Englisch unterhalten müßten und schreibt dazu:

„Diese Einstellung ist sogar bei solchen japanischen Familien in London verbreitet, die wieder in die Heimat zurückkehren werden, und umso mehr natürlich bei den ausgewanderten. Hier läßt sich ein großer Unterschied feststellen zu den bereits erwähnten Nachkommen deutscher Einwanderer, die sich entschlossen darum bemühten, das Deutsche beizubehalten, auch wenn dies den Kindern Mühe bereitete. Jeder normale Mensch besitzt die Fähigkeit, bei guter Anleitung mindestens zwei Sprachen zu beherrschen. Es ist problematisch, daß eine ganze Familie auf das Englische hin orientiert ist und dem Englischen immer mehr erliegt." (ebenda, S. 137)

Um Mißverständnissen vorzubeugen, möchte ich folgendes klarstellen: Daß ich auf die Tendenz von Auslandsjapanern hinwies, ihre eigene Sprache aufzugeben, bedeutet nicht, daß ich dies etwa für bedauerlich oder beklagenswert halte. Jeder Mensch hat seine Freiheit, etwa die Freiheit, die japanische Staatsbürgerschaft aufzugeben und Ausländer zu werden, und so auch die Freiheit, sich des Japanischen nicht zu bedienen. Daher liegt es mir auch fern, Japaner, die kein Japanisch mehr sprechen, zu kritisieren oder diese Tendenz zu bedauern. Es ging mir hier einzig und allein darum, diese Einstellung der Auslandsjapaner, auf die auch Nomoto hinweist, als aussagekräftiges Indiz für die eigentliche Fragestellung, nämlich das Verhältnis der Japaner zu ihrer Sprache, aufzugreifen. Wenn man es bedenkt, so sind die Aktivitäten unseres täglichen Lebens eine Folge von Entscheidungen. Fahre ich mit der Bahn oder mit dem Bus, soll ich rauchen oder nicht – auf diese Weise werden wir ständig, solange wir leben, zu Entscheidungen gezwungen. Selbst die fast automatischen, unbewußten Handlungen, ausgenommen instinktive Reaktionen, sind vielfach Folgen von Entscheidungen, die auf bestimmten Wertvorstellungen basieren.

Etwas zu tun heißt nichts anderes, als entschieden zu haben, daß dies einem auf irgendeine Weise größeren Nutzen einbringt. Nutzen ist hier natürlich nicht ausschließlich ökonomisch zu verstehen. Nutzen kann z. B. auch darin bestehen, daß etwas mehr Vergnügen bereitet, daß es Dankbarkeit hervorruft oder einen selbst emotional stabilisiert.

Doch diese Vorstellung vom Nutzen gilt selbst in dem Fall, daß man etwas Unangenehmes widerwillig und gezwungenermaßen ausführt. In diesem Fall bestünde der Nutzen darin, aus einer Anzahl unangenehmer, schädigender Möglichkeiten das kleinste Übel ausgewählt zu haben.

Unter dem Aspekt, daß die Entscheidungen, auf denen unsere Aktivitäten beruhen, in jedem Fall von gewissen Wertmaßstäben geprägt und Nützlichkeitserwägungen unterworfen sind, sollten wir nun noch einmal das Problem überdenken, weshalb Japaner dazu neigen, ihre Sprache aufzugeben.

Zunächst einmal ist festzustellen, daß es nicht auf einem Entschluß beruht, wenn in Japan lebende Japaner Japanisch sprechen. Es gibt keine andere Sprache als Alternative, die eine Entscheidung erforderlich machen würde. Und man braucht die Kinder nicht zum Japanischlernen anzuhalten, denn sie eignen es sich automatisch an. Auch für die Kinder ist Japanisch kein Gegenstand, der zur Wahl stünde.

Wenn man jedoch ins Ausland zieht, so wird es eindeutig eine Frage der Entscheidung, ob man Japanisch beibehält oder zu einer anderen Sprache tendiert. Diese Entscheidung kann rational mit verschiedenen Argumenten begründet werden, doch wie noch im einzelnen zu zeigen sein wird, führt die Einstellung der Japaner zur Sprache auf einer unbewußten Ebene in der Mehrzahl der Fälle geradezu zwangsläufig zu einer bestimmten Entscheidung, die als unumgänglich empfunden wird.

Es bleibe dahingestellt, ob dies bewußt oder unbewußt geschieht – die Tatsache, daß viele Japaner während ihres Auslandsaufenthalts schließlich darauf verzichten, ihre Kinder zum Japanischsprechen anzuhalten, bedeutet, daß sie die Wahl trafen, das Japanische aufzugeben.

Gewiß gibt es praktische Hindernisse beim Bemühen, im Ausland das Japanische beizubehalten. Und die Forderung, im Familienkreis nur Japanisch zu sprechen, mag die Kinder stark belasten. Läßt man den Dingen freien Lauf, so fangen die Kinder an, die effektivere Sprache, d. h. die Sprache des Gastlandes, zu benutzen. Das ist nur natürlich, wenn man bedenkt, daß nichts von dem, was sie sehen und hören, auf Japanisch stattfindet. Lebt man im Ausland, so ist das Japanische vom Standpunkt des praktischen alltäglichen Nutzens her lästiger und unbrauchbarer Ballast. Mehr noch, vom Zeit- und Arbeitsaufwand her gesehen, ist das Bestreben, um jeden Preis Japanisch beizubehalten, für Eltern wie für Kinder wohl nicht selten mit Nachteilen verbunden.

Sich unter solchen besonderen Umständen mit aller Kraft gegen den sozusagen natürlichen Lauf der Dinge zu sträuben und unter Anstrengungen seitens Eltern und Kindern am Japanischen festzuhalten, ist nur möglich, wenn die Eltern gegenüber der japanischen Sprache eine positive Einstellung besitzen, die auf anderen als rein pragmatischen Wertmaßstäben beruht. Es wäre die Erkenntnis, daß für sie, die als Japaner geboren und in der japanischen Kultur aufgewachsen sind, das Japanische unersetzlich ist. Diese Erkenntnis braucht nicht bewußt abgeklärt und theoretisch fundiert zu sein. Es genügt, wenn sie sich in einem ganz naiven Stolz auf die Muttersprache äußert, in Liebe, Vertrauen und Achtung ihr gegenüber. Man kann sich vorstellen, daß jene Auslandsjapaner, die dazu neigen, das Japanische aufzugeben, in Wirklichkeit das Vertrauen gegenüber ihrer Muttersprache verloren haben.

Wahrscheinlich werden mir nun einige Japaner im Ausland widersprechen: Ob ich denn nicht wisse, wie sehr sie die Einrichtung einer japanischen Schule wünschten, damit ihre Kinder weiter Japanisch lernen könnten? Ich glaube jedoch, daß dieser Wunsch nicht so sehr mit dem Bemühen zu tun hat, die Muttersprache zu pflegen, sondern viel eher der Sorge um die weitere schulische Ausbildung, insbesondere die Aufnahmeprüfungen, und die beruflichen Chancen der Kinder nach ihrer Rückkehr nach Japan entspringt. Wenn dagegen in Japan besondere Schulen existierten, die ausschließlich Englisch oder Französisch sprechende japanische Kinder aufnähmen, und wenn diese auch bei der Stellensuche keine größeren Nachteile zu erwarten hätten, würden die Auslandsjapaner wohl nicht mehr um jeden Preis eine japanische Schule fordern.

Nach meiner Erfahrung ist es ohne weiteres möglich, daß eine Mutter ihr Kind bis zu den ersten Grundschulklassen mit Unterstützung des Vaters ohne besondere Vorrichtungen zu Hause im japanischen Lesen und Schreiben unterweist. Geht die Mutter arbeiten, obwohl dazu weder finanziell noch gesellschaftlich gesehen eine Notwendigkeit besteht, so bleibt, wie ich selbst schon in mehreren Fällen beobachten konnte, keine Zeit mehr für den häuslichen Sprachunterricht, und dies läßt darauf schließen, daß die Eltern keinen gesteigerten Wert darauf legen, ihren Kindern auch unter persönlichen Opfern die eigene Muttersprache nahezubringen.

Noch einmal sei gesagt, daß ich hier nicht etwa die Haltung von Japanern im Ausland kritisiere. Es ist vielmehr so, daß ich dieses Verhalten der Auslandsjapaner nur als die unter extremen Bedingungen sichtbar gewordene Manifestation einer negativen Einstellung zur eigenen Sprache auffasse, die wir bei uns allen, die wir in Japan leben, vorfinden.

Wie ich bereits schrieb, ist das Japanische für diejenigen von uns, die in Japan leben, kein Gegenstand der Wahl. Für viele Japaner ist das Japanische so selbstverständlich wie die Luft. Es ist etwas schon Vorhandenes und zugleich etwas, das einem ohne Mühe in den Schoß fällt. In unserer Vorstellung sprechen wir nicht etwa deshalb Japanisch, weil wir Japaner sind, sondern deshalb, weil uns gar keine andere Sprache zur Verfügung steht.

Wenn man mit einer solchen Einstellung zur eigenen Sprache in eine Umgebung kommt, in der eine Wahl möglich ist und wenn diese alternative Möglichkeit sich in dieser Umgebung auch noch als die effektivere erweist, so erscheint es nur natürlich, daß das Japanische abgeschrieben wird. Umso mehr kann man dies verstehen, wenn man weiß, daß diese Japaner oft genug zu hören bekamen, das Japanische sei grammatisch unvollkommen, es erlaube keine logische Gedankenführung, es behindere die Herausbildung eines Weltbürger-Bewußtseins, es bediene sich eines rückständigen

Schriftsystems aus chinesischen Schriftzeichen (Kanji) und Silbenzeichen (Kana) ohne internationalen Kommunikationswert u. a. m.,
so daß sie schießlich selbst daran glaubten.

Aber ist das Japanische wirklich eine so unbedeutende, langweilige
Sprache, daß sie ohne weiteres von ihren einzigen Sprechern, den
Japanern, aufgegeben werden sollte?

* * *

Es wäre reizvoll, die Einstellung der Japaner zu ihrer Sprache einmal genauer anhand von zwei Beispiel-Komplexen zu untersuchen.
Der erste betrifft die sogenannte internationale Ehe, d. h. die Ehe
zwischen Japanern und Ausländern.

Ich habe vier Freunde bzw. Bekannte, die mit einer Ausländerin
verheiratet sind und im Ausland leben. Bei den Ehefrauen handelt
es sich um je eine Amerikanerin, eine Kanadierin, eine Deutsche
und eine Chinesin (in diesem Fall leben beide schon lange in den
Vereinigten Staaten). Diese vier Ehefrauen können gar nicht oder
nur wenig Japanisch. Das heißt, die Gespräche werden in der Sprache der Ehefrau (im letzten Fall auf Englisch oder Chinesisch)
geführt.

Was immer auch der Grund dafür sei, die Ehemänner fordern von
ihren Frauen jedenfalls nicht, sie sollten Japanisch lernen. (Wenn
dagegen eine Ausländerin mit ihrem japanischen Mann in Japan
lebt, spricht sie in den meisten Fällen gut Japanisch. Aber in diesem
Fall ist schwer zu entscheiden, ob dies vom Ehemann gefordert
wurde, denn es ist wohl anzunehmen, daß die Erfordernisse des
Alltagslebens hier den ausschlaggebenden Faktor bilden.)

Da ich keine gute Bekannte habe, die mit einem Ausländer verheiratet ist und im Ausland lebt, kann ich über diesen Fall nichts
Gesichertes sagen. Aber wenn ich in diesen Zusammenhang noch
einmal darüber nachdenke, so kann ich mir kaum vorstellen, daß
eine japanische Frau ihren ausländischen Mann im Ausland dazu
auffordert, Japanisch zu lernen. Der eingangs erwähnte türkische
Offizier konnte ebenfalls kein Wort Japanisch.

Das hieße also, daß, vergleichbar mit den Auslandsjapanern, die
ihre Kinder nicht zum Japanischsprechen anhalten, auch die Japaner, die mit einer Ausländerin verheiratet sind, dem Partner kein

Japanisch beibringen und sich statt dessen damit begnügen, die Sprache des Partners zu sprechen. Wenn man dies nun nach der jeweiligen Sprache des Partners getrennt untersuchen würde, käme man sicher zu aufschlußreichen Ergebnissen. Und dies leitet schon zum folgenden Fragenkomplex über.

Der zweite Beispiel-Komplex betrifft nämlich die Frage, ob die Auslandsjapaner ihre Kinder in die Schulen des Gastlandes schicken oder nicht. Ist die Sprache des Gastlandes nicht Englisch, Deutsch oder Französisch, so sind mir mehrere Fälle bekannt, wo die japanischen Eltern durchsetzten, daß die Kinder ungeachtet aller Schwierigkeiten in einer dieser drei Sprachen unterrichtet wurden. Gab es in dem betreffenden Land aber keine englische, deutsche oder französische Schule, so nahm man eine Trennung auf sich und ließ die Kinder entweder in Japan oder schickte sie allein in ein Land, wo sie in einer der drei Sprachen Unterricht bekommen konnten.

Da dieses Problem auch etwas mit dem Unterrichtsniveau im Gastland zu tun hat, wird man die Gründe durchaus differenziert sehen müssen. Andererseits gibt es unter Europäern viele Fälle, daß die Kinder dazu erzogen werden, die nichteuropäische Sprache des Gastlandes und die eigene parallel zu beherrschen. Es will scheinen, als unterschieden Japaner unbewußt nach bestimmten bevorzugten Sprachen, die man statt des Japanischen lernen solle, ein Punkt, auf den ich im folgenden Abschnitt noch zu sprechen kommen werde. Ich wüßte gern, wie sich die Japaner seinerzeit in der Mandschurei, in Korea und in China in dieser Frage verhielten. Wie viele Japaner gibt es wohl, die in Korea aufwuchsen und sich jetzt noch einigermaßen auf Koreanisch verständigen können?

2. Die Einstellung der Japaner zu ihrer Sprache seit der Meiji-Zeit

„Wir sind seit der Kindheit mit unserer jetzigen Sprache vertraut, daher empfinden wir es nicht so stark, doch es gibt, so meine ich, nichts, das so unvollkommen und unpraktisch wäre wie die japanische Sprache. Bedenkt man, wie sehr dadurch die kulturelle Entwicklung behindert wurde, so sollte dieses große Problem bei dieser Gelegenheit unbedingt gelöst werden. Andernfalls ist es nicht übertrieben zu behaupten, daß für Japan keine Hoffnung bestünde, in Zukunft eine echte Kulturnation zu werden.

Wie unvollkommen und unpraktisch das Japanische ist, wäre hier an Beispielen zu belegen zu umständlich und es ist mir nicht möglich, doch ich habe dies in meinem fast vierzig Jahre währenden schriftstellerischen Leben stets schmerzlich empfunden."

Dieser Text ist ein Abschnitt aus dem berühmten Aufsatz zur Frage der Nationalsprache, den der als „Gott der Erzählung" verehrte Schriftsteller Shiga Naoya vor neunundzwanzig Jahren in der Aprilnummer 1946 der Zeitschrift „Kaizô" veröffentlichte. Jenes Jahr war das erste nach Ende des Zweiten Weltkriegs, in Tôkyô gab es überall noch Trümmerlandschaften, die Spuren der Luftangriffe, es herrschte zeitweilig allgemeine Unsicherheit aufgrund von Nahrungsmittelknappheit und Inflation, kurz, es war eine Zeit geistiger Desorientierung und des Kräfteverfalls.

Ich hatte schon früher davon gehört, daß Shiga Naoya zum Problem des Japanischen unmittelbar nach Kriegsende einen solchen ungewöhnlichen Vorschlag gemacht hatte, doch ich schrieb dies den allgemeinen Wirren nach Kriegsende und einem zeitweiligen Zustand der Verwirrung eines alten Schriftstellers zu und nahm es folglich nicht ganz ernst. Doch als ich mir neulich in der Bibliothek den Originaltext ansah, merkte ich, daß dies ein wichtiger Text ist, der die typische Einstellung der modernen Japaner zu ihrer Sprache widerspiegelt und der durchaus sehr ernst genommen werden muß. Aus diesem Grunde und weil das Original mittlerweile für die meisten Leser schwer zugänglich sein dürfte, möchte ich auf diesen Aufsatz ein wenig ausführlicher eingehen.

Es gibt drei Gründe, weshalb dieser Aufsatz von Shiga ernstgenommen werden muß. Zum einen ist Shiga Naoya ein repräsentativer Autor einer bestimmten Richtung innerhalb der japanischen Literatur. Zum anderen beruht der Gedanke, daß „nichts so unvollkommen und unpraktisch wie das Japanische" sei, nicht etwa auf einem einmaligen Einfall in einer Situation beispiellosen Aufruhrs, sondern er hat dies während seines fast vierzigjährigen schriftstellerischen Lebens stets schmerzlich empfunden. Und drittens war Shiga damals erst dreiundsechzig (er starb 1971 im Alter von achtundachtzig Jahren, A. d. Ü.), und man kann dies daher nicht als unverbindliche Aussage eines altersschwachen Menschen lächelnd abtun.

Shiga schreibt im Anschluß an das zuvor Zitierte, es habe zwar schon seit langem Bewegungen gegeben, die sich für eine Schreibung der chinesischen Zeichen (Kanji) in Silbenzeichen (Kana) oder im lateinischen Alphabet eingesetzt hätten, doch daß diese ihr Ziel nicht erreichten, liege daran, daß solche partiellen Verbesserungen der Landessprache entscheidende Schwächen aufwiesen, daher solle man den Mut fassen, Japanisch ganz abzuschaffen.

„Ich habe während dieses Krieges oft daran gedacht, daß vor sechzig Jahren Mori Arinori[1] vorschlug, Englisch als Landessprache einzuführen. Ich stellte mir vor, wie es wäre, wenn man dies in die Tat umgesetzt hätte. Man kann sich denken, daß die japanische Kultur sich wesentlich weiter entwickelt hätte als sie es jetzt ist. Und wahrscheinlich wäre auch ein Krieg wie dieser nicht ausgebrochen. Ich stellte mir sogar vor, daß uns das Lernen leichter gefallen wäre und daß wir auf eine fröhlichere Schulzeit hätten zurückblicken können. Wie Kinder, die die alten Maßeinheiten nicht kennen, hätten wir das alte Japanisch nicht gekannt, und ohne es als Fremdsprache zu empfinden, hätten wir Englisch gesprochen und geschrieben. Es wären viele speziell japanische Wörter entstanden, die nicht in englischen Lexika stünden, und es wäre sogar denkbar, daß das „Man'yôshû"[2] und das „Genji monogatari"[3] von wesentlich mehr Menschen als jetzt gelesen worden wäre."

---

1 Mori Arinori (1847–1889), von 1885 an japanischer Erziehungsminister.

2 „Sammlung aus Zehntausend Generationen", älteste japanische Gedichtsammlung, zusammengestellt vermutlich in der 2. Hälfte des 8. Jahrhunderts.

3 Die „Geschichte vom Prinzen Genji", um das Jahr 1010 vollendeter höfischer Roman der Murasaki Shikibu, hervorragendstes Prosawerk der vormodernen japanischen Literatur, zugleich bedeutendstes Werk der japanischen Frauenliteratur.

Weiter betont Shiga, er könne keiner Reform zustimmen, welche die bisherige Landessprache beibehalten und lediglich etwas an den Schwachstellen ändern wolle. Denn daraus könne nur etwas Inkonsequentes hervorgehen.

„Ich stelle mir vor, wie es wäre, wenn Japan bei dieser Gelegenheit die beste und die schönste Sprache der Welt übernehmen und sie zur Landessprache machen würde! Meiner Meinung nach wäre das Französische am besten geeignet. (…) Dies ist ein sicherer Weg im Vergleich zu inkonsequenten Reformen. (…)
Ich kenne mich mit Fremdsprachen eigentlich nicht aus und bin mit dem Französisch nicht so unmittelbar vertraut, als daß ich seine Übernahme selbstbewußt vertreten könnte, doch ich dachte in diesem Zusammenhang an Französisch, weil Frankreich ein Land mit hoher Kultur ist, und wenn ich französische Romane lese, scheint es mir, daß sie etwas enthalten, auf das Japaner unmittelbar ansprechen. Es heißt auch, daß die französische Dichtung gewisse Eigenschaften besitzt, die dem Geist des japanischen Waka und Haiku entsprechen, und Literaten behaupten auch, es sei eine geordnete Sprache. In diesem Sinne scheint mir Französisch die beste Sprache zu sein. Der Gedanke kam mir aufgrund von Mori Arinoris Vorschlag, das Englische zu übernehmen, und ich denke, daß mein Plan sicher, konsequent und weise ist, weit besser als alle halbherzigen Reformmaßnahmen, bei denen wir uns auf Jahre oder Jahrzehnte hinaus mit einer verkrüppelten Landessprache abzuquälen hätten.
Zur technischen Seite dieser Umstellung der Landessprache kann ich nicht viel sagen, doch ich glaube nicht, daß dies so schwierig ist. Wenn die Lehrer entsprechend ausgebildet sind, könnte man, meine ich, die Umstellung von der ersten Grundschulklasse an vornehmen."

Als ich diesen essayistischen Aufsatz von Shiga las, erschien er mir als ein typisches Beispiel jener „Theorie von der Unvollkommenheit des Japanischen", die schon viele Male von verschiedenen, darunter auch berühmten Persönlichkeiten verkündet worden war.

Meiner Ansicht nach enthält dieser Aufsatz zwei wichtige Probleme. Das erste liegt darin, daß Shiga keinerlei Kenntnis und Empfindung dafür hat, welche Bedeutung die eigene Muttersprache bzw. die Sprache allgemein für ihren Sprecher besitzt und wie tief die Beziehung zwischen Sprache und Sprecher ist.

Das zweite Problem betrifft die Ausdrucksform (den Stil), in der Shiga seine Gedanken formuliert. Ich werde zunächst auf das zweite Problem eingehen.

Zuallererst einmal ist seine Behauptung, wenn Englisch Landessprache wäre, hätte sich die japanische Kultur höher entwickelt und es hätte folglich keinen Krieg gegeben, unlogisch. Jedes Kind weiß, wie viele Kriege die englischsprachigen Länder in der Vergangenheit führten und daß die Länder mit hoher Kultur nicht unbedingt Kriege vermieden. Man könnte versucht sein, diesen Gedanken mit dem durch die Kriegsniederlage ausgelösten großen Schock zu entschuldigen.

Was ich aber auf keinen Fall übersehen kann, ist das wirklich unverständliche Argument, daß das „Man'yôshû" und das „Genji monogatari" von weit mehr Menschen als heute gelesen worden wären, hätte man vor sechzig Jahren den Vorschlag des ersten Erziehungsministers Mori Arinori befolgt und Englisch als Landessprache eingeführt.

Hätte er argumentiert: wenn die Japaner mit Englisch als Muttersprache aufwüchsen, würden „Man'yôshû" und „Genji monogatari" wohl weniger als jetzt gelesen, aber um die Nation zu stärken und die Kultur zu entwickeln, ist dies in Kauf zu nehmen – dies wäre zumindest logisch. Doch zu behaupten, weil die alte Landessprache nicht mehr bekannt sei, würden mehr Menschen solche klassischen Werke lesen, bleibt, wie man es auch wenden mag, vom Sinn her unverständlich. Wie dieses Beispiel zeigt, mißachtet seine Argumentation logischen Aufbau und verläuft ohne zwingende, überzeugende Notwendigkeit. Um der Argumentation folgen zu können, muß der Leser frei assoziieren.

Im Verlauf seiner Ausführungen werden ständig Ausdrücke wie „es ist denkbar, daß ..." oder „es heißt" gebraucht, so daß das Subjekt dieser Meinungen unklar bleibt. Und obwohl Shiga sagt, er kenne sich nicht gut aus, kommt er plötzlich auf der Basis von Hörensagen oder der eigenen Vorstellung, das ihm selbst nicht bekannte Französisch sei wohl die schönste und beste Sprache der Welt, zu dem mit voller Entschiedenheit vertretenen gewichtigen Schluß, Japanisch solle bei dieser Gelegenheit entschlossen zugunsten des Französischen aufgegeben werden, damit die japanische Nation dies nicht hundert oder tausend Jahre später noch bereuen müsse.

Ich bin der Ansicht, daß jemand, der solche Ideen und eine solche Argumentation nicht als komisch empfindet, nie einen klaren, überzeugenden und schönen Stil wird schreiben können, gleich, welche Sprache man als Landessprache einführt. Die Unvollkommenheit und das Unpraktische am Japanischen, von dem Shiga spricht, hängt in seinem Fall mit seiner Grundeinstellung zur geschriebenen Sprache zusammen; es hat, das muß gesagt werden, nichts mit Mängeln der japanischen Sprache als solcher zu tun.

Hätte man dieselbe Argumentation auf Englisch oder Französisch formuliert, so wäre sie zweifellos nicht weniger unklar und verworren.

Zu diesem Punkt bin ich neulich glücklicherweise durch einen Bekannten auf einen sehr interessanten Aufsatz hingewiesen worden, und nach der Lektüre fand ich meine Gedanken bestätigt.

Die Januarausgabe der naturwissenschaftlichen Zeitschrift „Shizen" von 1974 brachte einen Aufsatz mit dem Titel „Der Dubitativ-Ausdruck und seine Hintergründe" unter dem Verfasser-Pseudonym Logergist K_2.

Dieser Essay trägt den Untertitel „Über den Hinweis eines Engländers, der im Falle von Vermutungen oder Behauptungen verwendete japanische Dubitativ sei nicht ins Englische übersetzbar" und bezieht sich auf einen Essay, den der Wissenschaftler A. J. Leggett mehrere Jahre zuvor in der Zeitschrift der Japanischen Physikalischen Gesellschaft „Nihon butsurigakkai shi" unter der Überschrift „Notes on the Writing of Scientific English for Japanese Physicists" veröffentlicht hatte.

Der Physiker Leggett graduierte im Jahre 1961 an der Universität Oxford und betrieb anschließend an der Universität Illinois Forschungen über Superströmungen; vom September 1965 an war er Gastforscher an der naturwissenschaftlichen Fakultät der Universität Kyôto, und während seines dortigen Aufenthaltes fungierte er als Redakteur der englischsprachigen Beiträge des Organs „Progress of Theoretical

Physics", das vom Institut für Grundlagenforschung der Physik an der Universität Kyôto herausgegeben wird. Er versteht mehrere Sprachen und kann sehr gut Japanisch.

Da es sich bei „Nihon butsurigakkai shi" um eine japanische Zeitschrift handelt, sind die Beiträge natürlich auf Japanisch verfaßt. Der Leggettsche Aufsatz wurde jedoch als Sonderfall behandelt und auf Englisch abgedruckt. Logergist K_2 berichtet nun, daß darin lediglich drei in japanischer Schrift wiedergegebene Ausdrücke – „de arô" („es könnte sein, daß"), „to ittemo yoi no de wa nai ka to omowareru" („wäre es nicht denkbar, daß man auch sagen könnte ...") und „to mitemo yoi" („man könnte auch ... betrachten als") – ins Auge fallen. Nach Leggett ist es kaum möglich, Ausdrücke dieser Art ins Englische zu übertragen, und der Dubitativ „de arô" sei praktisch unübersetzbar.

> „Bei Japanern besteht eine starke Tendenz, allzu klare und eindeutige Ausdrucksweisen zu vermeiden. Das scheint an ihrer Zurückhaltung zu liegen, die es als dreist empfände, andere Möglichkeiten außer Acht zu lassen und dem Leser die eigene Meinung aufzudrängen (...) Aber für die Mehrzahl der Leser in Europa und Amerika ist eine solche Haltung unvorstellbar. (...) Wenn ein Autor in Erwägung zöge, daß es außer seiner eigenen Interpretation auch noch andere geben könnte und seine Ansicht deshalb nur in ‚verschwommen-indirekter' Form preisgäbe, würde ein westlicher Leser lediglich den Schluß ziehen, die Denkweise des Autors selbst sei unklar und verworren. Daher ist es, auch wenn dies ein wenig unnatürlich wirkt, besser, sich möglichst klar und eindeutig auszudrücken."

So weist Leggett auf die Gefahr hin, daß eine für Japaner selbstverständliche Denkweise, wenn sie wörtlich ins Englische übersetzt wird, einen logisch völlig verworrenen Eindruck ergibt. Anhand einiger konkreter Beispiele erklärt er, wie unangemessen und komisch es klingt, wenn Japaner ihre japanische Denkweise direkt ins Englische zu übertragen versuchen und sich dabei mit Vorliebe der Floskeln „may" oder „may be" bedienen.

Da der genannte Essay von Logergist K_2 leicht nachzulesen ist, beschränke ich mich hier auf das soeben Erklärte. Es hat ergeben, daß es ein fataler Fehler ist anzunehmen, man könne Klarheit dadurch erreichen, daß man vom angeblich unvollkommenen und verschwommenen Japanisch in das Englische oder Französische überwechselt. Solange sich nämlich die Einstellung der Japaner zur Sprache und zum sprachlichen Ausdruck selbst nicht ändert, werden sie sich immer nur logisch verworren äußern können, gleich, welcher Sprache sie sich auch bedienen mögen.

Diejenigen, die ein Fach wie Physik zu ihrem Beruf machen, müßten Japaner sein, die besonders klar und sachlich denken können. Doch auch die von ihnen auf Englisch verfaßten Texte sind nicht frei von diesen japanischen Verdrehungen.

Hiermit seien die Überlegungen zur Form der Darstellung in Shigas Aufsatz zur japanischen Sprache vorerst abgeschlossen. Wenden wir uns nun dem Inhalt, d. h. seinen Ansichten zur Sprache, zu.

Greifen wir zunächst einmal die beiden Aspekte auf, daß er einerseits ständig das Gefühl hatte, nichts sei so unvollkommen und unpraktisch wie das Japanische, und daß er andererseits das Französische für die schönste Sprache der Welt hielt (d. h., daß er folglich das Japanische für weniger schön hielt).

Im Grunde genommen ist die Frage nach der schönsten Sprache der Welt sinnlos. Die Frage ist so sinnlos und dumm wie die, ob denn die Kirschblüte oder die Tulpe am schönsten sei. Es gehört zu den Allgemeinplätzen, daß es nicht nur keinen objektiven Maßstab für Schönheit im allgemeinen gibt, sondern daß es vom wahrnehmenden Subjekt abhängt, was jeweils als schön empfunden wird. Nehmen wir an, wir fragten einen Deutschen, ob er das Französische für die schönste Sprache der Welt hielte. Wir würden wohl so leicht keine zustimmende Antwort erhalten.

Stellt man Arabischsprechenden dieselbe Frage, so wird man mit Sicherheit die Antwort bekommen, das sei absolut falsch; natürlich sei Arabisch die schönste Sprache der Welt, und zwar, weil Arabisch die Sprache des Koran, die Sprache Gottes sei.

Ebenso sinnlos ist es, von der perfektesten Sprache zu reden. Für jeden ist die eigene Sprache die geeignetste, d. h. die beste.

Allerdings konnte man im Westen bis vor kurzer Zeit noch Äußerungen dazu hören, welche Sprache die beste sei. Die Gebildeten dort hielten lange Zeit das klassische Griechisch und dann Latein für die perfekte Sprache. Doch mit der allmählichen Ausweitung der Weltkenntnis der Menschen im Abendland wurde auch eine Sprache nach der anderen, deren Existenz bis dato kaum oder allenfalls dem Namen nach bekannt war, dokumentiert, und man entdeckte viele Eigenschaften, die von den Altphilologen als Gründe für die Überlegenheit der griechischen Sprache angeführt worden waren, in noch weit ausgeprägterer Form z. B. in den Indianersprachen, und so gab man schließlich die Vorstellung von einer hinsichtlich ihrer Funktionen perfekten Sprache vollkommen auf.

Es ist keine Schande für den Literaten Shiga, daß er, dazu noch vor dreißig Jahren, diese Tatsachen nicht kannte. Aber hätte er als Literat, der mit den feinsten Nuancen der Sprache und ihren Funktionen zu arbeiten qualifiziert ist, nicht deswegen gerade mit spontanem, instinktivem Spürsinn direkt durchschauen können, was die Linguisten erst in allmählicher wissenschaftlicher Annäherung Schritt für Schritt erkannten?

In jedem Land sind es die Dichter und Literaten, die die Schönheit der eigenen Sprache und ihre verborgenen Fähigkeiten aufspüren und besingen. Dies läßt sich zum Beispiel an Turgenevs Prosagedicht über seine Muttersprache ablesen, das am Vorabend der Revolution, in der Endphase des in Verfall und moralischem Niedergang begriffenen zaristischen Rußland entstand:

Die russische Sprache
(Juni 1882)

In Tagen des Zweifels, in Tagen drückender Sorge um das Schicksal meines Heimatlandes – bist du allein mir Halt und Stütze, o du große, mächtige, wahrhaftige und freie russische Sprache! – Wenn du nicht wärst – müßte man da nicht verzweifeln angesichts alles dessen, was sich daheim vollzieht? – Undenkbar aber ist es, daß eine solche Sprache nicht auch einem großen Volke sollte gegeben sein!

(Zitiert nach Iwan Turgenjeff: Gedichte in Prosa. Übertragen von Th. Commschau, Insel-Verlag, Leipzig 1919)

Die damalige russische Oberschicht benutzte das Französische als gehobene Bildungs- und Verkehrssprache, das Russische wurde dagegen als niedrig und vulgär eingestuft. Umgeben von einer von Schmutz und Widersprüchen erfüllten Realität setzte Turgenev absolutes Vertrauen in die Sprache seines Vaterlandes und besang so das Russische.

Er machte die Sprache nicht etwa für die Sorgen des Heimatlandes oder für seine kulturelle Rückständigkeit verantwortlich, sondern er glaubte im Gegenteil fest daran, daß diese Sprache das Vaterland schließlich stützen und retten werde.

Ich kenne kein Beispiel, das den Unterschied in der Einstellung zur eigenen Sprache plastischer herausarbeitet als diesen Vergleich zwischen dem Russen und dem Japaner in einer tiefen nationalen Krisensituation – auf der einen Seite die leidenschaftliche Liebe Turgenevs zur Sprache seines Heimatlandes und auf der anderen Seite Shigas Vorschlag, die Landessprache abzuschaffen.

Hier sei noch einmal klargestellt, daß es mir nicht darum geht, Shiga Naoya als einzelnen zu kritisieren. Ich habe sein Beispiel lediglich aufgegriffen, weil bei ihm allzu deutlich die unbegreiflich negative Einstellung, die wir Japaner gegenüber unserer eigenen Sprache hegen, zutage tritt. Genauso, wie ich die Tendenz der Auslandsjapaner, das Japanische so schnell wie möglich aufzugeben, als Spiegelung der Einstellung der in Japan lebenden Japaner zu ihrer Sprache betrachte, liegt mein Interesse in diesem Fall darin zu erklären, weshalb die Japaner ihre Muttersprache, die Sprache ihrer Vorfahren, nicht für etwas unersetzbar Wichtiges halten.

3. Verlangen Japaner einen klaren Stil?

In dem Diskurs „Über die Universalität der französischen Sprache", den der französische Schriftsteller Antoine de Rivarol 1784 als Wettbewerbsbeitrag für den Preis der Berliner Akademie veröffentlichte, findet sich eine auch heute noch allgemein bekannte, berühmte Sentenz. Es ist der Satz, der Klarheit zum ewigen Fundament des Französischen erklärt – „Ce qui n'est pas clair n'est pas français" – was nicht klar ist, ist nicht französisch.

Angesichts der diskursiven Schriften – nicht der als Kunstwerk verfaßten! – berühmter japanischer Schriftsteller und Wissenschaftler drängt sich mir der Gedanke auf, daß sie zu ihrem allergrößten Teil geradezu konträre Eigenschaften zu der von Rivarol herausgestellten Klarheit des Französischen aufweisen. Häufig werden die Behauptungen des Autors nicht begründet, seine Prämissen nicht offengelegt, und der Text ist in seinem Verlauf schwer verständlich. Man meidet Erklärungen und erschöpfende Erläuterungen, zieht statt dessen Andeutungen vor und ist bestrebt, den Text vieldeutig zu halten. Doch dabei kann nicht übersehen werden, daß gerade solche Texte von den Lesern in Japan besonders hoch geschätzt werden.

Besser sollte man sagen, ein solcher Stil wird halbwegs unbewußt geschrieben, weil die Leserseite Texte mit solchen Eigenschaften verlangt und sich bevorzugt mit ihnen beschäftigt. Besonders bei sozialwissenschaftlichen Aufsätzen fragt man sich oft kopfschüttelnd, weshalb man sich so schwer verständlich und so umständlich ausdrücken muß. Könnte man nicht fast sagen, daß der Leser geradezu zu der Erwartung neigt, eine Art Mystifikation durch Sprache genießen zu wollen (oder, primitiver ausgedrückt, sich an einem nebelhaften Gefühl des Verzaubertseins zu berauschen)?

Es steht fest, daß man bei dem Bemühen, einen Gegenstand vollständig zu erklären, unweigerlich auf Grenzen der Sprache stößt. Doch Andeutungen, Dunkelheit und Vieldeutigkeit sind für sich genommen keinesfalls abzulehnen. Man muß auch frei zugeben, daß Elemente dieser Art besonders im sprachlichen Kunstwerk als wirkungsvolle Mittel fungieren, um sprachliche Beschränkungen zu überwinden und zum Gegenstand vorzustoßen. Doch in diskursiven Texten, deren Ziel es ist, die eigenen Argumente dem Gegenüber verständlich zu machen und es zu überzeugen, bedeutet Verzicht auf Klarheit, das Gegenüber zu mißachten, und in diesem Sinne kommt das einer Selbsttötung des Kommunikationsakts gleich. Man sollte auf keinen Fall, statt einen Dialog zu führen, in Selbstgespräche und unverständliches Murmeln verfallen.

Doch unter den schwer verständlichen Texten im Japanischen gibt es solche, die man nicht einfach, wie gerade geschehen, als stilistisch schlecht abstempeln kann, jene eigenartigen Gebilde, welche die der Sprache bis auf einer gewissen Ebene innewohnende Kommunikabilität und Klarheit geradezu hartnäckig verleugnen. Bevor ich erkläre, welche Art von Text ich meine, sei hier zunächst ein Textabschnitt angeführt.

> [Der an dieser Stelle eingefügte längere japanische Text läßt sich nur um den Preis einer zumindest partiellen Vereindeutigung der fast durchgehend vieldeutigen Aussage ins Deutsche übertragen, wobei vom Übersetzer die Entscheidung für jeweils eine Interpretationsmöglichkeit gefordert wird. Da eine solche Übertragung den Demonstrationseffekt des Zitats weitgehend zerstören würde, muß auf die Eindeutschung verzichtet werden.]

Es handelt sich bei dem Text um den ersten Abschnitt eines Aufsatzes mit dem Titel „Über eine gewisse Sprache", erschienen in der bei Maruzen verlegten Zeitschrift „Gakutô" (Band 70, Nr. 9, September 1972), verfaßt von dem außergewöhnlichen Anglisten Yoshida Ken'ichi, der auch als Romancier einen großen Ruf hatte. Der von mir zitierte Teil entspricht etwa einem Zehntel des gesamten Textes, und dieser ist durchgehend in einem ähnlichen Stil geschrieben. Als ich versuchte, ihn irgendwie zu verstehen, wurde mir beim Lesen schwindlig. Es gibt einfach zu viele unverständliche Stellen. Er ist durchsetzt mit verschieden interpretierbaren Ausdrücken und Teilen, bei denen der Anschluß nicht erfaßbar ist. Was ich verstanden habe, ist, daß Yoshida die akademische Anglistik der großen Meister des Fachs voller Humor ironisiert. Die englische Literatur sei nicht dafür da, von japanischen Anglisten mit wichtigtuerischen Fußnoten versehen zu werden, sie habe bereits lange existiert, bevor diese Meister auf die Welt kamen – in diesem Punkte bin ich voll mit Yoshida einverstanden.

Aber wir haben es in der Tat mit einem schwer verständlichen Text zu tun, bei dessen Lektüre man nicht leicht vorankommt. Da ich selbst nun keine besondere literarische Schulung genossen habe, legte ich den Text befreundeten Philologen zum Lesen vor und fragte sie nach ihrem Eindruck. Zum Teil versuchte ich auch, ihre Meinung zu erfahren, ohne daß ich den Namen des Autors preisgab. Schon in der ersten Zeile gab es drei verschiedene Auffassungen darüber, was der Autor sagen wollte.

Aber in diesem schwer verständlichen Text steckt eine seltsame Kraft. Während man ihn immer wieder liest, kommen einem allenthalben Hinweise und Anhaltspunkte entgegen, bis man seltsamerweise plötzlich das Ganze erfassen kann. Es klingt widersprüchlich, aber in Yoshidas Text besitzt die Sprache, die eigentlich einen allgemein-gesellschaftlichen Charakter haben sollte, ein individuelles Gesicht. Könnte dieser Stil, der mich zunächst irritierte und der sich gegen das Verstandenwerden zu sperren schien, nicht die Person Yoshidas selbst sein? Die Bitterkeit solcher Verständnisschwierigkeiten birgt in sich eine Spur dessen, was man als angenehme Süße bezeichnen müßte, und dies zieht offenbar den Leser an.

Ich kenne Yoshida nicht persönlich, und dies ist auch der erste Text von ihm, den ich gelesen habe. Daher habe ich auch nicht die Absicht zu behaupten, alles, was er geschrieben habe, sei im gleichen Stil abgefaßt.

Der Grund dafür, daß ich Yoshidas Essay, auf den ich durch Zufall gestoßen bin, hier aufgegriffen habe, ist einfach und klar zu durchschauen. Zum einen hatte ich noch nie einen so schwer verständlichen japanischen Text gesehen, und zum anderen war mir bekannt, daß Yoshida ein berühmter Literat und Philologe war. Denn daß er berühmt ist, bedeutet, daß seine Texte von vielen Personen gern gelesen werden. Wenn nun denjenigen, die einen derartigen Text lesen, diese Lektüre Vergnügen bereitet, dann ist wohl der bereits erwähnte Gedanke nicht ganz von der Hand zu weisen, daß japanische Leser dazu tendieren, die Unverständlichkeit zu schätzen und Klarheit als reizlos und oberflächlich zu verachten. Um es überspitzt zu formulieren – es scheint sich so zu verhalten, daß „was klar ist, nicht Japanisch" ist.

Wir Japaner hegen gegenüber der japanischen Sprache sehr komplizierte Gefühle. Die Verleugnung des Japanischen, wie wir sie an den exemplarischen Fällen Mori Arinori und Shiga Naoya beobachten konnten, entspricht der psychischen Grundeinstellung vieler Japaner, die dazu neigen, das Japanische aufzugeben, sobald sich eine Gelegenheit dazu bietet. Andererseits kann man jedoch nicht bestreiten, daß wir uns an der Verschwommenheit und Schwerverständlichkeit des Japanischen berauschen und sogar darauf stolz sind. Wie ich später noch erläutern werde, können viele Japaner ihr Unbehagen nicht verbergen, wenn ein Ausländer behauptet, das Japanische sei nicht schwer.

Diese innere Ambivalenz, das heißt die in sich widersprüchliche Psychologie einer japanischen Haßliebe zur eigenen Sprache, bildet meiner Meinung nach die Achse des Komplexes, den Japaner gegenüber ihrer gesamten Kultur hegen.

Ziel dieses Buches ist es, Material zum Verständnis dieser unserer Einstellung gegenüber der eigenen Sprache zu sammeln. Zu diesem Zweck scheint es geraten, zunächst einen Rückblick auf die Auffassungen zur Landessprache seit der Meiji-Zeit zu geben, dem sich eine Analyse allgemeiner japanischer Ansichten zur Sprache, wie sie sich im Rahmen dieser Kultur über lange historische Zeiträume hinweg ausgebildet haben, anschließen wird.

II

Die Beziehung zwischen Schrift und Sprache

1. Ist das japanische Schriftsystem wirklich irrational?

Ein gewichtiger Grund dafür, daß Japaner heutzutage das Japanische als unvollkommen empfinden, liegt darin, daß unsere Intellektuellen seit der Meiji-Zeit nicht aufhörten, die Notationsweise des Japanischen zu kritisieren. Der Streit darüber, wie das Japanische am besten zu schreiben sei, wurde so oft wiederaufgelegt – in Form der Forderung, die Kanji, die chinesischen Wortschriftzeichen, abzuschaffen, im Vorschlag, das lateinische Alphabet zu übernehmen oder in der Propagierung einer reinen Silbenschrift –, daß man mittlerweile allgemein das Sprachproblem mit dem Schriftproblem gleichsetzt.

Die Geschichte des nunmehr zum elftenmal seit Kriegsende einberufenen Untersuchungsausschusses für die Landessprache (Kokugo shingikai), der sich fast ausschließlich mit dem Notationsproblem befaßte, zeigt, wie sehr diese Frage die Japaner beschäftigt. Nun beabsichtige ich keineswegs, mich an dem langen und unergiebigen Streit über die japanische Schrift, wie er seit der Meiji-Zeit geführt wird, zu beteiligen und auf die einzelnen Argumente einzugehen. Statt dessen möchte ich als Ergebnis meiner eigenen Auseinandersetzung mit diesem Problem meine Darstellung auf zwei Aspekte konzentrieren. Zum einen geht es um die Denkprozesse, aufgrund derer viele zu der Forderung gelangten, die japanische Schrift mit ihrem historisch entstandenen Mischstil aus Wort- und Silbenzeichen sei irrational und unvollkommen und müsse abgeschafft werden; zum anderen will ich auf einige grundlegende Mißverständnisse aus linguistischer Sicht eingehen, die mir in diesem Zusammenhang aufgegangen sind.

Überblickt man heute die Folge von Bewegungen zur Reform der Landessprache, die gegen Ende der Edo-Zeit bis in die ersten Meiji-

Jahre mit dem Vorschlag Maejima Hisokas[1] einsetzt, die Kanji abzuschaffen, die sich fortsetzt mit Mori Arinoris[2] Forderung, die Landessprache durch das Englische zu ersetzen, bis zur Gründung der Rôma-
ji-kai durch Tanakadate Aikitsu[3], so erscheint ihre gedankliche Basis
außerordentlich simpel. Sie läßt sich leicht in dem folgenden Schema
zusammenfassen: Absolute Überlegenheit der abendländischen Zivilisation – Rückständigkeit Japans – Überlegenheit der abendländischen Sprachen – Unterlegenheit der japanischen Sprache – Irratio-
nalität der japanischen Schrift – Notwendigkeit zur Reform der Landessprache (Abschaffung der Kanji, Beschränkung auf Silbenschrift
oder Übernahme des lateinischen Alphabets).

Der Zweck dieses Buches ist es nun, dieses Schema vor allem
anhand der besonderen Beziehungen zwischen der japanischen
Sprache und ihren Sprechern zu untersuchen. Zunächst werde ich
auf zwei Mißverständnisse über das Wesen der Sprache eingehen,
wie sie in den Reformbestrebungen zur japanischen Schrift zutage
treten, denn sie basieren auf der Vorstellung, die japanische Schrift
sei ineffektiv. Dazu werde ich mich nacheinander genauer mit den
Kana (Silbenzeichen) und den Kanji befassen.

„Die Sprachen der fortgeschrittenen Länder Europas lassen
sich allesamt mit den sechsundzwanzig Buchstaben des Alphabets aufzeichnen. Im Gegensatz dazu hat die japanische
Silbenschrift siebenundvierzig Zeichen, es existieren zwei
Silbenschriftsysteme, die Hiragana und die Katakana[4], und
hinzu kommt eine Zahl von vielen tausend Kanji, die im
Text mit den Silbenzeichen vermischt erscheinen. Die Kanji

---

1 Maejima Hisoka (1835–1919) hat große Verdienste beim Aufbau des
  modernen japanischen Postwesens erworben.
2 Mori Arinori (1847–1889) Politiker und Erziehungsminister der frühen
  Meiji-Zeit, wurde von einem Ultranationalisten ermordet.
3 Tanakadate Aikitsu (1856–1952), Physiker, gründete 1884 die Rôma-
  ji-kai, eine Vereinigung mit dem Ziel einer allgemeinen Umstellung
  auf das lateinische Alphabet (jap. „rômaji").
4 Beide Silbenschriftsysteme sind etwa im neunten Jahrhundert in Japan
  aus den chinesischen Wortschriftzeichen (Kanji) entwickelt worden.
  Die im Altertum ursprünglich von Frauen benutzte Hiragana-Schrift
  mit ihren runderen Formen ist heute die allgemeine Gebrauchssilben-

prägen sich schwer ein, das Erlernen kostet Zeit, und dies
ist für den Fortschritt der japanischen Kultur hinderlich."
So etwa ließe sich die Argumentation zur Reform der japanischen
Schrift zusammenfassen, doch ich meine, daß man dabei fälschli-
cherweise von linguistisch nicht Vergleichbarem ausgeht und auf
Überlegenheit bzw. Unterlegenheit hinauswill, wo solche Kategorien sinnlos sind, weil sich die Dinge gar nicht auf einer Ebene
gegenüberstellen lassen.
Greifen wir einmal den zahlenmäßigen Vergleich zwischen dem
Alphabet und den Kana heraus, bei dem der Sieger angeblich schon
feststeht.
Hier handelt es sich um einen solchen Fall, in dem Unvergleichbares
verglichen wird, und der Grund dafür liegt darin, daß Silbenstruktur
und Silbenzahl im Japanischen völlig anders sind als z. B. im Englischen.
Nun ist dies nicht der Ort für eine fachlinguistische Argumentation
und Beweisführung, ich werde meine Erläuterungen daher auch
möglichst einfach formulieren. Zunächst wäre darauf hinzuweisen,
daß das Japanische mit seinen kaum mehr als hundert verschiedenen
Silben im Vergleich zum Englischen mit seiner Unzahl von Silben
eine Sprachstruktur von geradezu gegensätzlichem Charakter aufweist. Das Japanische ist, übrigens auch im globalen Vergleich, ein
Repräsentant silbenarmer Sprachen.
Wie viele Silben das Englische hat, scheint tatsächlich nicht bekannt
zu sein, so zahlreich sind hier die Möglichkeiten. Professor Umegaki Minoru, der seit geraumer Zeit kontrastive Studien des Englischen und Japanischen als sein Spezialgebiet betreibt, schätzt die
Zahl theoretisch auf fast dreitausend. Auch von den mir persönlich
bekannten amerikanischen Linguisten, die ich danach fragte, konnte
mir keiner die Zahl nennen.
Diese Tatsache besagt, daß für die englische Sprache die Silbenzahl
sowohl in wissenschaftlicher als auch in praktischer Hinsicht kaum
von Bedeutung ist. Und wenn man für das Englische eine Silben-

---

schrift; die früher vorzugsweise von Männern benutzte, eckige Kata-
kana-Schrift wird heute vor allem zur Umschrift von Fremdwörtern
eingesetzt.

54

schrift wie die japanische einführen wollte, so benötigte man mehrere tausend Silbenzeichen.

Zweitens besteht ein großer Unterschied zwischen dem Englischen und dem Japanischen in der Silbenstruktur selbst. Das englische Wort „strike" ist einsilbig (japanisch „sutoraiki" ausgesprochen, ist es aber fünfsilbig), und wie dieses Beispiel zeigt, setzen sich viele englische Silben aus komplizierten Lauten zusammen. Bezeichnet man die Konsonanten mit C und die Vokale mit V, so trifft man unter den Silben des Englischen auf zahllose Fälle nach dem Muster CCCVC, CCVCC, CVCCC oder VCCC, wo um einen Vokal herum jeweils bis zu drei unmittelbar aufeinanderfolgende Konsonanten gruppiert werden können. Im Japanischen jedoch herrscht, abgesehen von wenigen Ausnahmen, eine extrem einfache Struktur nach dem Muster CV vor.

Professor Umegaki erklärt dies sehr einleuchtend in seinem Buch „Einführung in die Vergleichende Sprachforschung des Japanischen und Englischen" (Nichi-ei hikaku gogaku nyûmon, Tôkyô: Taishûkan, 8. Aufl. 1973), aus dem ich im folgenden zitieren möchte:

„Das Wort mit der kompliziertesten (phonetischen) Struktur im Englischen lautet „strengths" [streŋkθs] (es ist ein einsilbiges Wort, Anm. Suzuki), doch abstrahiert man diese Struktur, so erhält man das einfache Muster „Konsonant – Vokal – Konsonant". Die verschiedensten Wortstrukturen lassen sich alle auf dieses Grundmuster zurückführen." (ebenda, S. 160).

Das heißt, wenn man die dem Vokal vor- und nachgestellten Konsonantenfolgen jeweils als einen abstrakten Konsonanten auffaßt, lautet die Grundform aller englischen Silben CVC. Nach dieser Klärung fährt Umegaki mit seinem Vergleich der Silben des Englischen und des Japanischen wie folgt fort:

„Vergleicht man nun die Silbenstruktur des Japanischen und des Englischen, so ergeben sich folgende Unterschiede:
Japanisch: Konsonant – Vokal CV
Englisch: Konsonant – Vokal – Konsonant CVC
Das Englische weist lediglich einen Konsonanten mehr auf. Doch dieser eine Konsonant verursacht einen gewaltigen Unterschied.

Die Verbindung „Konsonant – Vokal" ist viel enger als die Verbindung „Vokal – Konsonant". Auch Jespersen schreibt gegen Ende seiner „Silbentheorie" – als Beispiele nennt er „nun", „tot" und „member" –, der Konsonant vor dem Vokal (dem Artikulationsgipfel bzw. Silbenträger) sei in fast allen Fällen kurz, während die Konsonanten, die auf den Vokal folgen, fast immer lang seien. Die Silben des Japanischen bilden aus diesem Grund eine Einheit, in der sich nach allgemeiner Vorstellung Konsonant und Vokal nicht trennen lassen, und so erscheint es nur folgerichtig, daß in Japan eine Silbenschrift, die Kana, entstand, wobei nicht von der Hand zu weisen ist, daß die Silbenschrift nun ihrerseits diese allgemeine Vorstellung wieder verstärkte. Es handelt sich hierbei um eine gegenseitige Abhängigkeit der Fakten. Daher gibt es auch Wissenschaftler, die den Standpunkt vertreten, die kleinste Einheit im Lautsystem der Japaner sei die Silbe und es bestünde somit keine Notwendigkeit, die Sprache analytisch bis zur Ebene der Phoneme aufzulösen.

Der Grund dafür ist, daß eine Silbe immer durch Plazierung eines Konsonanten vor einen Vokal gebildet wird und der Konsonant im Vergleich zum Englischen daher sehr unselbständig ist. Auch akustisch ist er schwach und kurz, weil er immer vor dem Vokal auftritt, und da der Vokal in der Silbe die Hauptrolle spielt, wird der Konsonant in die Nebenrolle gedrängt. Das Gewicht des Vokals in der Silbe ist ungleich größer als das des Konsonanten. Die japanischen Konsonanten sind in der Tat so schwach ausgeprägt, daß man sie nicht Silben-Nebentonträger, sondern silbentonuntergeordnete Laute nennen müßte. Das liegt daran, daß abgesehen von den Silben mit Assimilationserscheinungen wie der sogenannten „Lauterleichterung mit Nasal" *(hatsu onbin)*[1] und der „Lauterleichterung mit Spannungslaut" *(so-*

---

1 „Hatsu onbin" ist eine grammatikalisierte Assimilationserscheinung, die im Schwund des hohen Vokals i und der Assimilation der zusammengerückten Konsonanten besteht, z. B. yomite > yonde.

ku onbin)[1] der Konsonant nie allein oder nach dem Vokal erscheinen kann.

Bei englischen Silben ist aufgrund der Tatsache, daß der Konsonant innerhalb einer Silbe auch nach dem Vokal auftritt, das Gewicht des Konsonanten im Vergleich zum Japanischen weitaus größer. In einer Sprache mit einer solchen Silbenstruktur muß der Sprecher den Konsonanten als Einzellaut bewußt wahrnehmen. Daher wird die Schrift automatisch eine Einzellaut-Schrift (wie das lateinische Alphabet), und dieses Buchstabensystem verstärkt wiederum die Wahrnehmung der Konsonanten; auch hier also haben wir es mit Faktoren zu tun, die einander gegenseitig beeinflussen."

(ebenda, S. 160 ff.)

Würde man Professor Umegakis Ausführungen etwas überspritzt (dabei allerdings ein wenig unwissenschaftlich) umformulieren, so könnte man sogar behaupten, das Japanische besäße gar keine echten Konsonanten der Art, wie sie die europäischen Sprachen aufweisen. In der Tat ist es für Japaner, die keinen Fremdsprachenunterricht genossen haben, nicht leicht, Einzellaute wie „t" oder „k" oder auch Konsonantenfolgen wie „pr" oder „str" exakt auszusprechen. Meist wird dem Konsonanten ein schwacher Vokal angehängt. Dies ist absolut natürlich, denn die Silbenstruktur der japanischen Sprache verlangt die Artikulation solcher Einzellaute oder Konsonanten-Kombinationen überhaupt nicht.

Das bedeutet, daß man sich auf der Ebene des Alltagsgebrauchs der japanischen Sprache damit begnügen kann, nur in Silbeneinheiten zu denken, wobei Konsonant und Vokal eng miteinander verbunden sind. Und da die Zahl dieser Silben lediglich 102 (je nach Zählung auch 112) beträgt, läßt sich alles dadurch abdecken, daß man jeder dieser Silben eine eigene Bezeichnung bzw. ein Schriftzeichen zuordnet. Durch die geschickte Verwendung diakritischer Zeichen im Falle lautlich eng verwandter Silben – das Hinzufügen des sogenannten „Trübungspunktes" *(dakuten)*, der aus

---

1 Bei den Konsonanten ch, f, r und t tritt in diesem Fall (s. Anm. 1, S. 56) das „soku onbin" ein, z. B. urite > utte.

dem „ungetrübten" „ta" ein „da" werden läßt, und des sogenannten „Halbtrübungspunktes" *(handakuten)*, der einen Anlaut „p-" ergibt – sowie durch die einfache Kombination vorhandener Silbenzeichen, z. B. „ki" und „ya" (letzteres meist kleinerformatig geschrieben) zur Wiedergabe von Silben mit palatalisiertem Vokal wie „kya" reduziert sich die Zahl der notwendigen Silbenzeichen auf lediglich 47 bzw. 48.[1]

Die japanische Kana-Silbenschrift ist ein außerordentlich gut ausgeklügeltes System, das es ermöglicht, die japanische Sprache entsprechend den Erfordernissen ihrer zuvor beschriebenen Lautstruktur mit einer minimalen Anzahl von Zeichen optimal wiederzugeben, und es ist absolut sinnlos, dieses System rein zahlenmäßig mit den sechsundzwanzig Buchstaben des lateinischen Alphabets zu vergleichen, das aufgrund der in den europäischen Sprachen herrschenden strukturellen Gegebenheiten jedem Einzellaut einen Buchstaben zuweisen muß.

Natürlich ist es möglich, Japanisch mit dem lateinischen Alphabet aufzuzeichnen. Aber die sogenannte Rômaji-Notation ist nicht nur vom Standpunkt der Struktur des Japanischen aus gesehen redundant, indem sie sinnloser- und unnötigerweise Einzellaute wiedergibt (daher wird Japanisch, in Rômaji geschrieben, länger), sondern dort, wo ein und dasselbe Wort je nach Zusammenhang anders ausgesprochen wird, vermag die lautungsgemäße Notation auch die (morphophonologischen) Eigenheiten des Japanischen nicht abzubilden.

Nehmen wir etwa die beiden Wörter „tori" (Vogel) und „yamadori" (Kupferfasan). Ihr gemeinsames Element ist „tori", doch in dem längeren Wort, d. h. in der Zusammensetzung, wird sein Anlaut „getrübt"; damit wird es zu „dori". Die Kana-Notation „tori" とり versus „dori" どり, in der das „do" durch einfaches Hinzufügen des „Trübungspunktes" zum Silbenzeichen „to" entsteht, zeigt sowohl den phonetischen Unterschied als auch die ursprüngliche Identität der Wörter an.

Es ist bedauerlich, daß immer wieder neu die Ansicht zu hören ist, die Silbenschrift, als deren typisches Beispiel die japanischen Kana betrachtet werden, sei rückständig im Vergleich zum Einzellaut-

---

1 Vgl. die Fünfzig-Laute-Tafel auf S. 215.

Alphabet, wie es in den europäischen Sprachen gebraucht wird. Besonders unter denjenigen, die auf naturwissenschaftlichem Gebiet forschen, gibt es zahlreiche Anhänger dieser simplen Schriftfortschritts-Theorie.

Doch es ist ein großer Fehler, die aus den Kanji-Bildzeichen abgeleiteten Kana als eine unterentwickelte Schriftform zu betrachten, die noch nicht die Ebene der Lautzeichen erreicht habe. Die Flügel der Vögel entwickelten sich aus den vorderen Gliedmaßen der Reptilien, aber kein Zoologe ist so dumm, aus diesem Grund Vogelflügel und vordere Gliedmaßen von Reptilien im Hinblick auf ihre funktionale Überlegenheit zu vergleichen. Im erstgenannten Fall lief die Entwicklung in Richtung einer Fortbewegung durch die Luft, während sich im zweiten Fall die Fortbewegungsart, das Auf-dem-Boden-Kriechen, im Laufe der Zeit nicht gewandelt hat; die Ausstattung entspricht insofern den Lebensbedingungen einer Echse.

Im Fall der Schrift läßt sich das Gleiche sagen. Sicherlich sind die Lautzeichen eine Weiterentwicklung der Bild- oder der Silbenzeichen, aber es ist sinnlos zu behaupten, daß deshalb diese jenen überlegen sind. Bei Überlegungen zu einem Schriftsystem sollte dies den Ausschlag geben, wie angemessen es den Erfordernissen der Sprachstruktur ist, die es abbilden soll.

So zerbrach etwa zu Beginn dieses Jahrhunderts das türkisch-osmanische Reich; die türkische Republik, die unter Führung von Kemal Pascha entstand, schaffte 1928 die arabische Schrift ab, und es gelang, dort die lateinische Schrift einzuführen.

In diesem Fall muß man jedoch berücksichtigen, daß die damalige Alphabetisierungsrate lediglich dreißig Prozent betrug und daß hinter dieser Reform die Absicht stand, die türkische Gesellschaft vom islamischen Kulturkreis weg auf den europäischen hin zu orientieren, doch neben diesen gesellschaftlich motivierten war der wichtigste Grund für den Erfolg dieser Schriftreform, daß die zuvor zur Notation der türkischen Sprache gebrauchte arabische Schrift sehr unpraktisch war, da sie der Struktur des Türkischen überhaupt nicht gerecht wurde. Um ein Beispiel zu nennen: Während die arabische Schrift keine eigenen Zeichen für Vokale kennt, weist das Türkische allein acht verschiedene Vokale auf, die eigens bezeichnet werden mußten. Allein von der Struktur des Türkischen her betrachtet, erscheint die Latinisierung berechtigt und wünschenswert.

Die Zahl der Gelehrten, die eine Schriftreform des Japanischen befürworteten und sich nicht scheuten, darauf hinzuwirken, ist außerordentlich groß. Die Zahl jener dagegen, die die Kana verteidigten, die, wie ich hier erläuterte, auf den Eigenheiten der Silbenzahl und -struktur des Japanischen beruhen, und die darauf hinwiesen, daß die Gegenüberstellung von sechsundzwanzig versus siebenundvierzig auf einer eurozentrischen Sichtweise basiert, ist offensichtlich klein. So ist es geradezu eine Ironie, daß es ein Literat wie Fukuda Tsuneari war, der deutlich auf die Torheit aufmerksam machte, die Überlegenheit in einem Vergleich nach Art von Vogelflügeln versus Echsenbeinen bestimmen zu wollen.

> „Man kann nicht behaupten, daß jede Schrift überlegen ist,
> die Vokale und Konsonanten trennt. Es gibt Sprachen, bei
> denen dies überhaupt nicht erforderlich ist. Da dies im Japanischen nicht erforderlich war, entstand die Kana-Silben-
> schrift. Wäre es dagegen erforderlich gewesen, so hätte sich
> natürlich zum Zeitpunkt der Entstehung der Kana-Zeichen
> eine Trennung in Vokale und Konsonanten herausgebildet."

(Fukuda Tsuneari: Geschichte der Diskussion um die Nationalsprache (Kokugo mondai ronsô shi), Tôkyô: Shinchôsha 1962, S. 60)

Die Kana-Silbenschrift erfaßt jedenfalls geschickt und genau die Eigenheiten der japanischen Sprache, und wenn auch global gesehen die Latinisierung immer weiter um sich greift (obgleich, worauf ich später noch zurückkommen werde, in den Ländern der Welt sehr vielfältige und verschiedenartige Schriftsysteme in Gebrauch sind, und sollte jemand der Meinung sein, sie würden in naher Zukunft allesamt auf das lateinische Alphabet umgestellt, so beruhte dies auf beträchtlicher Unwissenheit!), so sollte man doch, solange sich die Struktur der japanischen Sprache selbst nicht ändert, nicht aufgrund eines rein pragmatischen Standpunkts – etwa, weil ihr internationale Kommunikabilität (und zwar aus der Sicht der anderen) fehle oder weil japanische Schreibmaschinen sich nicht handlicher gestalten ließen – auf die törichte Idee kommen, die Kana-Schrift abzuschaffen.

Den Japanern, die in diesem Punkt so sehr dazu neigen, sich nach dem Willen anderer oder nach der Mehrheit zu richten, möchte ich die jüdische Einstellung zur Sprache vor Augen führen.

Bei der Gründung des Staates Israel vollbrachten sie eine Tat, die in der gesamten Geschichte der Sprachen der Welt ohne Beispiel ist – sie wiederbelebten eine tote Sprache.

Es ist zwar fraglich, ob man das Hebräische wirklich als echte tote Sprache betrachten kann, Tatsache ist jedoch, daß diese Sprache nur im religiösen Zusammenhang gebraucht wurde und keine lebendige Sprache im Alltagsleben des Volkes mehr war. Dieses Hebräisch wurde von Israel als Nationalsprache wiederbelebt, und nach großen Anstrengungen gelang es, sie den Erfordernissen des modernen Lebens anzupassen. Hier geht es mir nun nicht darum, das Für und Wider dieser Wiederbelebung des Hebräischen, die je nach Standpunkt des Beobachters als Wunder oder als Gewaltakt betrachtet wird, zu erörtern.

Mein Interesse gilt vielmehr der Schrift. Israel beschloß, zur Notation der künftigen Nationalsprache Hebräisch die alte hebräische Schrift zu verwenden. Die hebräische Schrift unterscheidet sich bekanntlich grundlegend von den lateinisch geprägten Schrifttypen, und sogar die Schreibweise ist entgegengesetzt, denn sie wird von rechts nach links geschrieben.

Ein Land mit nur wenigen Millionen Einwohnern führt in unserem zwanzigsten Jahrhundert, ohne sich um den Rest der Welt zu kümmern, eine sehr besondere, sonst in keinem Land der Welt gebrauchte Schrift ein.

Mehr noch, die überwiegende Mehrzahl der Juden, die nach Israel einwandern (heimkehren?), sind in europäischen Sprachen erzogen und ausgebildet worden. Das bedeutet, daß die meisten bisher die lateinische oder die kyrillische Schrift gewohnt waren. Die kyrillische Schrift ist eine Abwandlung der griechischen, doch sie hat im Prinzip viel mit der lateinischen gemein.

Was ich hier zu bedenken geben möchte, ist folgendes: Um wieviel praktischer wäre es doch gewesen, wenn die nach Israel eingewanderten Juden, die erst einmal das Hebräische erlernen mußten, wenigstens die Schrift, das den meisten von ihnen vertraute und doch so internationale lateinische Alphabet, hätten beibehalten können! Und von der Sprachstruktur selbst her betrachtet, gäbe es auch keine besonderen Probleme bei der Notation des Hebräischen mittels des lateinischen Alphabets.

Dessenungeachtet erkühnte sich Israel, die hebräische Schrift offiziell einzuführen. Nein, als „erkühnen" erscheint es wohl nur aus dem Blickwinkel unserer japanischen Sichtweise, denn wahrscheinlich zog man dort nie auch nur in Erwägung, das Hebräische in lateinischer Schrift wiederzugeben. Die hebräische Schrift und die hebräische Sprache sind zwei Seiten ein und derselben Sache.

Mir geht es nicht etwa darum, die jüdische Auffassung von der Sprache als leuchtendes Vorbild darzustellen. Meine Absicht ist lediglich, angesichts dieser außergewöhnlichen Hartnäckigkeit, mit der die Juden an der Sprache ihrer Vorfahren hängen, ihres Selbstbewußtseins, das sich nicht um die Meinung anderer kümmert, und ihrer Vorstellung einer wesensmäßigen Einheit von Sprache und Volk den Mangel an Beharrlichkeit, die Gleichgültigkeit und die pragmatische Einstellung zur Sprache, die sich den Mehrheitsverhältnissen beugt, auf Seiten der Japaner neu zu überdenken, einer Sprache, die mehr als 110 Millionen Sprecher hat (in der Meiji-Zeit, als die Sprachreform-Bewegung ihren Ausgang nahm, waren es ca. 40 Millionen) und die nicht etwa tot, sondern seit mehr als zweitausend Jahren ununterbrochen in Gebrauch ist.

Damit ist wohl nachgewiesen, wie sehr die Kana-Silbenschrift dem Japanischen angemessen ist, doch falls nun jemand auf den Gedanken käme, man könne sich dann ja mit der Kana-Silbenschrift begnügen, so wäre dies vorschnell geurteilt.

Die Kanji sind nämlich bereits tief mit grundlegenden Eigenschaften der japanischen Sprache verwachsen, und sie lassen sich nicht mehr als sprachfremdes Element aussondern. Es geht nicht nur darum, daß wir sie aufgrund langen Gebrauchs gewöhnt sind, sondern sie lassen viele Probleme erkennen, die mit der Sprachfunktion zusammenhängen.

2. Kanji (chinesische Zeichen) als Notation des Japanischen

Wie bekannt, richtete sich die Kritik der Sprach- und Schriftreformer seit der Meiji-Zeit nicht nur gegen die Kana-Silbenschrift. Nein, man könnte eher sagen, ihr Hauptangriffsziel waren die Kanji. Von Maejima Hisokas „Erörterung zur Abschaffung der Kanji" gegen Ende der Tokugawa-Zeit bis zum Untersuchungsausschuß für die Landessprache seit Kriegsende verfolgte man ununterbrochen mit Eifer und Hartnäckigkeit, wie diese „schwer erlernbaren, prinzipiell rückständigen, provinziellen und die gesellschaftliche und kulturelle Entwicklung behindernden Kanji" aus dem Japanischen entfernt werden könnten.

Ich habe bereits seit geraumer Zeit darauf hingewiesen, daß hinter den Kanji, wie sie als Notation des Japanischen Verwendung finden, einige sonst in keiner Sprache anzutreffenden, höchst bedeutungsvollen linguistischen Fakten stehen, und ich habe darüber sowohl auf Englisch als auch auf Japanisch publiziert. In jüngster Zeit sind einige hervorragende Arbeiten auf dem Gebiet der japanischen Linguistik erschienen, die mit meinen Thesen übereinstimmen. Daher möchte ich hier noch einmal darlegen, daß, was jeder Japaner (mit Ausnahme jener oberflächlichen Wissenschaftler, die sich der westlichen Wissenschaft verschrieben haben) instinktiv spürt, die „Schrift ein Teil der Sprache, d. h. ein unverzichtbares Strukturelement derselben" ist, was die moderne Linguistik, die sich auf der Basis westlicher Sprachen entwickelte, nicht zu erfassen vermochte.

Meine Argumentation läßt sich in den folgenden zwei Punkten zusammenfassen. Erstens geht es dabei um die Tatsache, daß die Kanji als Notation des Japanischen vor allem aufgrund ihrer doppelten Lesbarkeit – rein japanisch *(kun)* und sinojapanisch *(on)* – einen essentiellen Einfluß auf die japanische Sprache haben, wie man sich dies in europäischen Ländern mit ihren prinzipiell phonographischen Notationen nicht vorstellen kann. Zweitens soll klargestellt werden, daß die Kanji, wie sie im Japanischen gebraucht werden, nicht so sehr im Sinne einer Lautnotation fungieren, sondern eher ein selbständiges Kommunikationsmittel mit stark optischem Charakter darstellen, der mit der Lautung gleichzeitig existiert, wobei beide Faktoren in engem, einander gegenseitig unterstützendem Zusammenhang stehen.

An dieser Stelle sei sogleich angemerkt, daß der Sachverhalt, von dem ich hier berichte, eigentlich sehr selbstverständlich ist. Aber da es sich um Phänomene handelt, die den Japanern allzu nah und vertraut sind, war man sich ihrer Einmaligkeit im Vergleich mit anderen Sprachen bisher nicht bewußt. Und mir geht es darum zu zeigen, daß man deswegen nicht tief genug über die sich notwendigerweise ergebenden Unterschiede in der Sprachauffassung zwischen Japanern und Nicht-Japanern nachgedacht hat.

Der erste Grund dafür, daß wir dem besonderen Charakter der Kanji als Notation des Japanischen nicht genug Beachtung schenkten, liegt darin, daß die Kanji aus dem alten China stammen und bis heute auch in China Verwendung finden, so daß man sie kaum als Problem des Japanischen wahrnahm und im Rahmen dieser Sprache verfolgte.

In der Tat sind die meisten der Kanji, die wir zur Notation gebrauchen, chinesischen Ursprungs, und auch jetzt gibt es noch viele gemeinsame Zeichen. Die ins Japanische übernommenen Kanji haben sich jedoch hinsichtlich ihrer Funktion usw. bereits so weit von den Kanji im Chinesischen entfernt, daß es besser wäre, sich vorzustellen, sie hätten nichts miteinander zu tun. Das gleiche wäre es, wollte man die Notation des Englischen behandeln: Auch hier braucht man nicht die Beziehung zum Lateinischen zu berücksichtigen, nur weil das lateinische Alphabet zur Notation des Englischen verwendet wird.

Der zweite Grund ist der, daß die japanische Sprachwissenschaft seit der Meiji-Zeit stark von der einseitigen Sprachauffassung der modernen Linguistik beeinflußt wurde, die ja hauptsächlich von europäischen und amerikanischen Forschern begründet wurde, so daß sie die Schrift als etwas außerhalb des Bereichs der Linguistik Liegendes vernachlässigten oder sie allenfalls als Material für phonetische Studien betrachteten.

Selbstverständlich hat die moderne Linguistik in den westlichen Ländern enorme Erfolge aufzuweisen. Doch die Sprachauffassung, die durchgängig dahintersteht, ist, wie erklärungskräftig sie auch sein mag, letzten Endes nur eine mögliche Sichtweise.

Doch viele japanische Linguisten, die von der westlichen Linguistik angeregt wurden und sich unter ihrem erdrückenden Einfluß entwickelten, neigten dazu, die japanische Sprache, die sich in einer Reihe von Punkten in ihrem Charakter doch beträchtlich von den europäischen unterscheidet, gleichwohl mit einem für jene entwik-kelten Analyserahmen anzugehen. Aber dies ist kein auf Japan be-grenztes Phänomen, sondern es läßt sich in gleicher Weise auch in den Wissenschaften von Ländern wie die Türkei und China beob-achten, die wie Japan ihre Modernisierung als Reaktion auf die Herausforderung des Westens einleiteten.

In allen diesen Ländern läßt sich gleichermaßen verfolgen, daß dort zwanghaft linguistische Fragen behandelt werden, die von der betref-fenden Landessprache selbst her gesehen gar nicht unbedingt von Be-deutung sind, während dagegen wichtige Fragen, die eigentlich auf-gegriffen werden müßten, übersehen werden, weil sie zufällig in den europäischen Sprachen keine Rolle spielen. Ein typisches Beispiel dafür ist der sogenannte Wortartenstreit, die unter den chinesischen Grammatikern vom neunzehnten bis zur Mitte des zwanzigsten Jahr-hunderts strittige Frage, wie viele Wortarten es im Chinesischen gebe. In meinem Buch „Sprache und Kultur" (Kotoba to bunka, Tôkyô: Iwanami 1973) habe ich mich bereits mit diesem Punkte auseinander-gesetzt und mit meiner Beschreibung und Analyse der Personalpro-nomina im Japanischen ein Beispiel dafür geliefert, zu welchen Er-gebnissen man gelangen kann, wenn man das Japanische unabhängig von der Sichtweise der westlichen Sprachen untersucht.

Auch bei der Frage der Kanji-Notation im Japanischen, auf die ich im folgenden eingehen werde, handelt es sich um die schädlichen Auswirkungen einer solchen fehlgeleiteten Anstrengung, eine Theo-rie, die ursprünglich für einen andersgearteten Gegenstand entwik-kelt worden war, mit Gewalt auf Phänomene im eigenen Land anwenden zu wollen.

Ich möchte dabei so vorgehen, daß ich zunächst erläutere, wie in der bisherigen westlichen Linguistik die Beziehung zwischen Spra-che und Notation aufgefaßt wurde, und von diesem knappen Rück-blick über die Schriftauffassung im Westen aus werde ich dann die besonderen Merkmale der japanischen Kanji behandeln.

Die linguistischen Kenntnisse derjenigen, die sich bisher für Fragen der japanischen Sprache und Schrift interessierten, beruhen zu ei-nem nicht geringen Teil auf den Schriften von Jespersen und Bloom-field. Und so möchte ich mit einer Überprüfung der Schriftauffas-sung dieser beiden Linguisten beginnen.

3. Die westliche Auffassung: Schrift ist nicht Sprache

In seinem bekannten Buch „The Philosophy of Grammar" (Erstausgabe 1924) schreibt der berühmte dänische Linguist Otto Jespersen über die Beziehung zwischen Schrift und Sprache:

> „... daß das gesprochene und gehörte Wort die primäre Sprachform und von weit größerer Bedeutung ist als die sekundäre Form, die in der Schrift (Druck) und beim Lesen Verwendung findet. ... wir werden nie verstehen können, was Sprache ist und wie sie sich entwickelt, wenn wir nicht beständig zuallererst und vor allem die Tätigkeiten des Sprechens und Hörens in Betracht ziehen und eine zeitlang vergessen, daß Schreiben nur ein Ersatz für Sprechen ist." (ebenda, S. 17)

Zehn Jahre nach Jespersens Buch erschien in Amerika das Buch „Language" (Erstausgabe 1933) von Leonard Bloomfield, das der strukturellen Linguistik ein festes Fundament gab und gleichzeitig als Bibel der Linguistik die amerikanische Sprachforschung der Folgezeit entscheidend beeinflußte.

Darin äußert sich Bloomfield über die Schrift ähnlich wie Jespersen, doch sogar noch prononcierter.

> „Schrift ist nicht Sprache, sondern lediglich eine Weise, Sprache mit Hilfe sichtbarer Zeichen aufzuzeichnen. ... Eine Sprache ist dieselbe, gleich, welches Schriftsystem man zu ihrer Aufzeichnung verwendet, so, wie eine Person dieselbe ist, gleich, wie man sie fotografiert. ... Um die Schrift zu erforschen, müssen wir etwas über die Sprache wissen, doch dies gilt nicht umgekehrt." (ebenda, S. 21)

Die Denkweise Jespersens und Bloomfields, die Schrift als Sprach-Ersatz zu betrachten, der außerhalb der Sprache liegt und deren unvollkommene Abbildung sei, war für die Entwicklung der westlichen Linguistik in der ersten Hälfte des zwanzigsten Jahrhunderts von überaus großer Bedeutung, und sie setzt sich direkt in der Sprachdefinition aus dem Werk „The Study of Language" des Professors für Psychologie an der Harvard-Universität J. B. Carroll fort, das einen Abriß der Linguistik und der benachbarten Wissenschaften gibt. Sprache ist laut Carroll folgendes:

„Eine Sprache ist ein strukturiertes System arbiträrer Stimm-
laute und Lautfolgen, die gebraucht wird oder gebraucht werden kann in der zwischenmenschlichen Kommunikation
durch eine Ansammlung menschlicher Wesen und die recht
erschöpfend die Dinge, Ereignisse und Vorgänge in der
menschlichen Umgebung aufzählt." (ebenda, S. 10)

Dieser Standpunkt, alles, was nicht Laut ist, für nicht sprachlich
zu erklären, war in der internationalen Linguistik der ersten Hälfte
dieses Jahrhunderts sozusagen ein Gemeinplatz und zugleich eine
Prämisse der linguistischen Forschung.

Daß daher viele japanische Linguisten seit der Meiji-Zeit, die in
Europa oder Amerika studierten und sich die Ergebnisse und Ar-
beitstechniken der westlichen Linguistik aneigneten, nach ihrer
Heimkehr zwar beachtliche Aktivitäten auf Gebieten wie Sprach-
deskription, Herkunftsforschung und Dialektologie entfalteten, der
Frage der Schrift jedoch keine Aufmerksamkeit schenkten, kann in
gewissem Sinne als nur natürlich gelten.

Doch wie ich im folgenden ausführen werde, ist es gerade das
Gebiet der Schrift, auf dem Linguisten mit der Muttersprache Japanisch anhand eines konkreten Beispiels die Einseitigkeit der westlichen Sprachauffassung aufzeigen und gleichzeitig der ungeduldi-
gen, an den westlichen Sprachen orientierten Schriftreform-Befür-
wortung einige überzeugende, zum Nachdenken anregende Tatsachen entgegenstellen könnten.

Überblickt man die lange Geschichte der menschlichen Sprache,
so ist die Phase des Schriftgebrauchs im Vergleich dazu, wie die
westlichen Wissenschaftler betonen, sehr kurz, und auch jetzt noch
gibt es nicht wenige Völker, die keine Schrift besitzen; insofern ist
der Gedanke, die Sprache sei primär gesprochene Lautsprache,
grundsätzlich richtig. Und zweifellos ist auch bei Völkern, die eine
Schrift besitzen, für die meisten Menschen das Sprechen und Hören
weit wichtiger als das Schreiben und Lesen.

Nicht einverstanden bin ich dagegen mit der Vorstellung, alle Arten
von Schriftnotationen seien Ersatz für gesprochene Sprache, und
die Schrift sei im Verhältnis zur Sprache etwas lediglich Passives,
Schattenhaftes, d. h. etwas, das außerhalb der eigentlichen Sprache
läge.

Ich bin dagegen folgender Auffassung: Wenn eine Sprache erst einmal eine Schriftnotation besitzt, so wird sich nach einiger Zeit die Sprache aufgrund der Schrift verändern, und zwar auf eine Weise, die ohne Schrift nicht denkbar gewesen wäre. In diesem Sinne ist die Schrift nicht ein bloßer Ersatz für die Sprachlaute und auch nicht nur ein passives, fügsames Gefäß. Schrift und gesprochene Lautsprache wirken vielmehr intensiv aufeinander ein, und die Schrift dringt in die Sprache ein. Weit gefehlt daher, wer meint, es sei nicht nötig, die Schrift zu kennen, wenn man die Sprache erforscht! Im Gegenteil, es gibt nicht wenige Sprachprobleme, die man nie wird lösen können, wenn man sich nicht gut genug mit dem Schriftsystem auskennt.

Es gibt jedoch, je nach Notationsart, große Unterschiede hinsichtlich des Ausmaßes, in dem Sprache und Schrift fundamental miteinander in Verbindung stehen. Wenn die Schriftnotation prinzipiell auf phonetischer Repräsentation beruht, so ist die Einflußnahme der Notation, von der die Rede war, sehr schwach ausgeprägt, und nur aus diesem Grunde scheint es in den westlichen Sprachen auf den ersten Blick so, als habe die Schrift mit dem Wesen der Sprache nichts zu tun.

Die Verschriftung des Japanischen erfolgt durch Kombination der phonetischen Silbenschrift mit den logographischen Kanji, die wiederum auf eine spezifisch japanische Weise funktionieren. Diese Kanji-Notation weist eine auf der ganzen Welt einmalige Struktur auf. Sie ist daher im Japanischen ein wichtiges sprachbildendes Element und damit ein Teil der Kraft, die auch heute noch das Japanische aktiv verändert.

4. Schrift ist auch Sprache

Die phonetische Notation, die mittels der Schrift erfolgt, weist, wenn sie erst einmal etabliert und gefestigt ist, eine sehr konservative Tendenz auf. Es gibt nicht wenige Fälle, in denen sie sich, wie das Beispiel Japanisch oder Englisch zeigt, über Jahrhunderte zumindest in ihren wesentlichen Teilen nicht verändert.

Das liegt zum einen daran, daß die Weitergabe der Notation ein Gegenstand bewußter Erziehung ist, und insofern, als das Erlernen mit Anstrengung verbunden ist, wächst ihr leicht ein normativer und überzeitlicher (zeitdurchgängiger) Charakter zu. Demgegenüber ist bekannt, daß die hauptsächlich unbewußt erlernte und weitergegebene lautliche Seite der Sprache sich unabhängig von der festgelegten Schriftnotation – es sei denn, es bestünden diesbezüglich besondere Forderungen seitens der Religion oder der Kultur – relativ schnell verändert.

Aus diesem Grunde kommt es zu der bekannten Tatsache, daß sich im Laufe der Zeit mehr oder weniger große Differenzen und Verschiebungen zwischen Schrift und Aussprache ergeben. Englisch und Französisch, in deren Notation viele Buchstaben auftauchen, die nicht ausgesprochen werden, sind gute Beispiele dafür, daß sich die Aussprache in großem Umfang wandelte, seit sich die Notation etabliert hatte. Ähnlich liegt es mit dem Japanischen bis zur Einführung der neuen Orthographie (im Jahre 1946, A. d. Ü.).

Diese Verschiebung zwischen Notation und Aussprache wird kein großes sprachliches Problem, solange nur ein kleiner Teil der Gesellschaft gebildet ist, während die meisten Analphabeten bleiben, und auch, solange sich die Menschen kaum von ihrem Geburtsort entfernen und die modernen Kommunikationsmittel noch nicht entwickelt sind.

Orthographische Aussprache *(spelling pronunciation)*

Wenn Bildung jedoch zum Allgemeingut wird und die Alphabetisierungsrate steigt, kommt es zu dem Phänomen, daß diejenigen, die von einer Diskrepanz zwischen Notation und Aussprache nichts wissen, ein bestimmtes Wort gemäß der allgemeinen Lesart auszusprechen beginnen, wobei die gebräuchliche Aussprache ignoriert wird. Dies geschieht zum einen, wenn die Mobilität der Gesellschaft zunimmt und man ohne weiteres in fremde Orte reisen kann, aber auch dann, wenn man in Zeitungen u. ä. von Ereignissen in fernen Gegenden liest. Ein solches Phänomen nennt man orthographische Aussprache *(spelling pronunciation)*. Ich unterscheide hierbei drei verschiedene Arten.

Der erste Typ besteht in der Wiederbelebung einer Aussprache einer früheren Epoche aufgrund der Schreibung des betreffenden Wortes. Diese Art der buchstabierenden Aussprache ist in jenen Sprachen anzutreffen, deren Notationssystem ursprünglich phonologisch war. Das Englische weist viele Beispiele auf.

Im mittleren Südengland gibt es eine kleine Stadt namens Daventry, die von den Einheimischen seit langer Zeit [déintri] genannt wurde. Doch da in der jüngsten Zeit viele Ortsfremde den Stadtnamen entsprechend seiner Schreibung [dǽvəntri] lasen, paßten sich schließlich auch die Einheimischen dieser Aussprache an.

Die Orthographie des Gegenwarts-Englischen stabilisierte und verfestigte sich zum größten Teil, als sich gegen Ende des Mittelalters die Druckereikunst ausbreitete, und in dieser Form existiert sie bis auf den heutigen Tag. Man kann also davon ausgehen, daß zum Zeitpunkt, als die Schreibung dieses Stadtnamens entstand, Aussprache und Orthographie einander in etwa entsprachen (oder besser gesagt: man schrieb, wie man damals aussprach).

Die neue Version [dǽvəntri] bedeutet also, einen jahrhundertelangen Aussprachewandel seit dem späten Mittelalter mit einem Streich rückgängig zu machen und zu einer Aussprache zurückzukehren, die der damaligen annähernd gleichkommen dürfte.

Auch im Japanischen gibt es vergleichbare Erscheinungen. Ein Ortsname bei Kyôto, Fukakusa 深草 geschrieben (mit den Zeichen für „tief"-„Gras"), wurde zu Fukôsa, doch um die Konnotation von „Unglück" 不幸 („fukô") zu vermeiden, soll man sich wieder auf „Fukakusa" geeinigt haben. Ähnliche Beispiele finden wir auch unter den heutzutage grundsätzlich in Kana-Notation zu schreibenden Tier- und Pflanzennamen. Ein in Berg und Feld häufig anzutreffender kleiner Vogel etwa heißt „hôjiro" und wurde ursprünglich mit den Zeichen in der Bedeutung von „Wange" („hoho") und „weiß" 頬白 („shiro")[1] geschrieben. Nun gibt es besonders unter der jungen Generation viele, die in ihrem Leben

---

1 Aufgrund der sogenannten „rendaku"-Regel („Lauttrübung bei Verkettung") wird „shiro" als zweiter Bestandteil eines Kompositums zu „-jiro".

noch nichts von diesem Vogel gehört haben und die, wenn sie auf den Namen in geschriebener Form stoßen, ihn folglich der üblichen Lesung der Zeichen entsprechend „hohojiro" aussprechen. Mittlerweile hat man diese Aussprache sogar in ornithologischen Büchern übernommen.

Ein solches Phänomen, in dem die mit der modernen Aussprache nicht mehr übereinstimmende Notation eine Rückkehr zur alten Aussprache auslöst, nenne ich die atavistische Form der orthographischen Aussprache. Doch wie kann man jemandem einen solchen plötzlichen Aussprachewandel einleuchtend erklären, wenn er die Schriftnotation der betreffenden Sprache nicht kennt! Und bei schriftlosen Völkern gibt es keinerlei Möglichkeit, eine frühere Form der Aussprache wiederzubeleben.

Die zweite Form der orthographischen Aussprache beruht auf der spezifisch japanischen Leseweise der Kanji, folglich gibt es sie weder in den europäischen Ländern noch im Ursprungsland der Kanji, in China. Das Beispiel ist diesmal ein Ortsname in der Nähe von Sapporo auf Hokkaidô, der in der Sprache der dortigen Ureinwohner, der Ainu, Tsukisap lautete. Die Japaner adaptierten den Namen und schrieben ihn mit den Zeichen für „Mond" – „tsuki" und „kalt" – „samu" 月寒, um ihn damit annähernd in seiner Lautgestalt wiederzugeben. Doch Ortsfremde und solche, die die korrekte Aussprache des Namens nicht kannten, orientierten sich an den untergelegten Zeichen und lasen ihn demnach „Tsukisamu" statt „Tsukisap". Inzwischen hat sogar die halbstaatliche Rundfunk- und Fernsehgesellschaft NHK diese Aussprache übernommen, und die Einheimischen schlossen sich dem an. (Daß den Einheimischen die Aussprache sozusagen von außen aufgezwungen wird, d. h. von Institutionen und Organisationen mit nationaler Verbreitung, die mit Ortsnamen zu tun haben wie etwa Post, Eisenbahn oder Rundfunk, ist eine weltweite Erscheinung.)

Aber die neue Aussprache in unserem Beispiel kam ja dadurch zustande, daß das Wort mit Kanji geschrieben wurde und japanisch, in der sogenannten *kun*-Lesung, „Tsukisamu" lautet. Zwischen der alten und der neuen Aussprache gibt es demnach keine phonologisch erklärbare Beziehung. Weder hat sich „sap" im Laufe der Zeit zu „samu" gewandelt noch umgekehrt. Daß Shiska auf der Insel Sachalin zeitweise „Shikka" ausgesprochen wurde, hat den gleichen Hintergrund. Auch hier hat man nämlich, um die Lautform möglichst weitgehend zu reproduzieren, eine Kanji-Schreibung gewählt, die üblicherweise jedoch „Shikka" gelesen wurde.

Bei diesem Typus der orthographischen Aussprache haben wir es nicht mit der Wiederbelebung einer älteren Sprachform, die sich in der Schreibung erhalten hat, zu tun, sondern er kommt vielmehr dadurch zustande, daß sich die Lesart der ursprünglich in lautlicher Annäherung gebrauchten Kanji durchsetzt, d. h., man wechselt zur regulären Aussprache der Zeichen über, eine Erscheinung, die ich Mutation nenne. Die besondere Notation bewirkte in diesem Falle eine Veränderung der Aussprache bzw. des Wortes, wobei die Veränderungsrichtung nicht vorhersagbar ist. Wäre „Tsukisap" von Anfang an der Aussprache entsprechend in Kana geschrieben worden, wäre der Name „Tsukisamu" nicht entstanden.

Mehrfach war schon von den verschiedenen Lesungen der Kanji die Rede. Um das Beispiel für den dritten Typus der orthographischen Aussprache im Japanischen erklären zu können, muß ich diese Lesungen kurz erläutern.

Wie jeder Japaner weiß, haben fast alle der im Alltagsgebrauch geläufigen Kanji mindestens zwei verschiedene Lesarten, die *on*- und die *kun*-Lesung. Die *on*- oder sinojapanische Lesung geht auf den chinesischen Lautwert des betreffenden Zeichens zurück. Das gleiche Zeichen kann aber auch rein japanisch gelesen werden, was als *kun*-Lesung bezeichnet wird. In vielen Fällen gibt es noch weitere Lesungen für ein Zeichen. In dem Sinne, daß die Kanji im Rahmen des Japanischen grundsätzlich zwei verschiedene Lesarten besitzen, könnte man ihnen die Eigenschaften des doppelköpfigen Janus zuschreiben. (Hierauf werde ich später wieder zurückkommen.)

Sinojapanisch werden vor allem die mit Kanji geschriebenen Nominalverbindungen gelesen.

Bei dem nun folgenden Beispiel handelt es sich um den Namen eines bekannten Dichters. Alter Familientradition folgend, sprach er seinen Familiennamen „Tsuchii" aus, was der rein japanischen *(kun-)* Lesung der beiden gebrauchten Kanji 土井 entspricht. Viel üblicher aber ist es bei Familiennamen mit dieser Schreibung, das erste der zwei Kanji in der sinojapanischen *(on-)* Form zu lesen, so daß der Name Doi lautet. Lange Zeit bemühte sich der Dichter vergeblich, die für ihn inkorrekte Lesung seines Namens bei anderen zu korrigieren, doch der Usus war übermächtig, so daß er schließlich aufgab und sich als Doi registrieren ließ.

Wenn man sich nun klarmacht, daß die *on*-Lesung ja auf die chinesische Aussprache eines Kanji zurückgeht, während die *kun*-Lesung das dieser Bedeutung entsprechende japanische Wort darstellt, so bedeutet der Wechsel von einer Lesung zur anderen eigentlich einen Übergang von einer Sprache zu einer anderen von völlig unterschiedlichem Typus. Dieser für uns Japaner gar nicht ungewöhnliche Wechsel zwischen *kun*- und *on*-Lesung ist eigentlich etwas Großartiges.

Da China das Ursprungsland der Kanji ist, legte man in den Diskussionen über die Kanji im Japanischen immer besonderen Wert auf die Meinung von Sinologen oder Kanbun-Spezialisten[1]. Wenn man etwa in der Volksrepublik China an eine Abschaffung der Kanji denkt, hört man bei uns sogleich das Argument, nun fänden sogar die Chinesen selbst die Kanji unpraktisch und wollten sie abschaffen, da dürfe Japan den Zug nicht verpassen. Und wenn schließlich China neue Zeichenkürzel einführt, tritt sofort jemand auf und behauptet, es sei praktischer, wenn wir unsere japanischen Kurzzeichen dem anpaßten.

Wie abwegig diese Vorstellungen sind, läßt sich schon mit dem Hinweis auf den wichtigen Unterschied zwischen beiden Sprachen belegen, daß nämlich die Kanji im Chinesischen keine *on*- und *kun*-Doppellesung haben. Angesichts der immer wieder zu hörenden Meinung, die Kanji müßten im Chinesischen und im Japanischen gleich behandelt werden, möchte ich einmal eine betont provokante Formulierung wagen: Wenn man bezüglich der Kanji unbedingt mit China im Gleichschritt zu gehen wünscht oder beunruhigt ist, weil Japan sich mit seiner Schrift angeblich international isoliere, dann sollte man einen Sonderbeauftragten nach China schicken mit dem

---

1 Kanbun: „chinesischer Text", chinesisches Schrifttum. Im speziellen Sinne bezeichnet Kanbun auch die in chinesischer Schriftsprache abgefaßte Literatur Japans.

Vorschlag, die Chinesen sollten die Kanji beibehalten, da auch die Japaner nicht gedächten, sie abzuschaffen. Dies wäre doch zumindest denkbar!

Und da es nun zwei verschiedene Kürzelsysteme für Kanji gibt, wieso kommt da japanischerseits niemand auf die Idee, den Chinesen vorzuschlagen, das japanische zu übernehmen? Ich möchte nur an den zuvor geschilderten Fall Israel erinnern. (Ob der Vorschlag von der anderen Seite akzeptiert würde, ist eine andere Frage.)

Doch kehren wir nach diesem kleinen Exkurs wieder zu dem Problem Tsuchii versus Doi zurück. Daß der Name gegen den Willen des Betreffenden in einer *on-kun*-Mischlesung statt rein japanisch ausgesprochen wurde, ergab sich aus dieser doppelten Lesbarkeit der Kanji. Hinzu kommt in diesem Fall aber, daß die Form Doi bei Familiennamen die üblichere ist. Eine solche Form der orthographischen Aussprache, bei der die Lesung eines Zeichens von *on* nach *kun* wechselt oder umgekehrt, nenne ich Kreuzung *(crossing)*.

Ein Ort in Mitteljapan, der seit alters her den Namen „Shirouma" trägt, wird neuerdings häufig „Hakuba" genannt. Auch hier liegt eine Kreuzung zugrunde, aber der Fall ist noch komplizierter. Wenn im Frühling in den dortigen Bergen die Schneeschmelze einsetzt, ergeben sich an den Hängen täglich neue weiße Flächenformationen. Für die Bauern ist nun das Erscheinen einer Fläche in der Form eines Pferdes 馬 (japanisch „uma") das traditionelle Signal, um mit der Bearbeitung der Reisfelder 苗代 (japanisch „nawashiro" bzw. „shiro") zu beginnen. „Shirouma" bedeutet also „das Pferd, das die Saison der Feldbestellung ankündigt" und wurde mit den Zeichen für „Acker" und „Pferd" 代馬 geschrieben. Da „shiro" („Acker") aber ein Homonym von „shiro" 白 („weiß") ist und sich der Ausdruck ja auf eine weiße Schneefläche bezog, begann man mit der Zeit, das Kanji für „Acker" durch das Kanji für „weiß" zu ersetzen. Ein weiterer Schritt bestand darin, die Zeichen nicht mehr rein japanisch *(kun)*, sondern sinojapanisch zu lesen, was „Hakuba" ergibt.

Der Wandel von „Shirouma" 代馬 zu „Hakuba" 白馬 kam aufgrund des außerordentlich komplizierten japanischen Notationssystems zustande. Hätte man das Japanische von Anfang an nur mit phonetischen Silbenzeichen oder dem lateinischen Alphabet geschrieben, wäre ein solcher Wortwandel absolut ausgeschlossen.

Man könnte, nähme man es noch genauer, außer den drei beschriebenen weitere Arten der orthographischen Aussprache isolieren wie etwa den Typus, der sich mit dem aus der Schreibung von „Ameri-ka" hervorgegangenen Landesnamen „Beikoku" exemplifizieren läßt. Die traditionelle Notation eines solchen fremden geographischen Namens erfolgte für gewöhnlich, so auch hier, auf die Weise, daß man den einzelnen Silben Kanji unterlegte, deren Lautwert der japanischen Aussprache des betreffenden Wortes entspricht, wobei der semantische Zeichenwert keinen Bezug auf die Wortbedeutung nimmt. Aus dieser „A-me-ri-ka" 亜米利加 gelesenen Zeichenverbindung entnahm man zwecks Kürzung die zweite Silbe „me" (kun-Lesung in der Zeichenbedeutung „Reis"), kombinierte sie mit dem Zeichen für „Land" und las die Kombination in sinojapanischer Aussprache, was den heute allgemein üblichen Ausdruck „Beikoku" 米国 als Bezeichnung der Vereinigten Staaten ergab.

Ein weiterer möglicher Typus entspricht der Wortbildung „kakukai" 角界 („Welt des Sumô-Sports", „Sumô-Szene") in Analogie zur Schreibung von „sumô" 角力, wobei auch hier die unterschiedliche Lesung des jeweils identischen ersten Zeichens den Wandel bewirkt. Die wichtigsten Formen aber sind die zuvor beschriebenen, und hier verdienen die Mutation und die Kreuzung als spezifisch japanische besondere Beachtung.

Worum es mir bei der Erörterung der orthographischen Aussprache ging, war folgendes: Ich wollte zeigen, daß eine zunächst ja nur in gesprochener Form existierende Sprache, wenn sie eine Schriftnotation erhält, sich mit der Zeit in eine Richtung entwickelt, die sie ohne diese Notation nie eingeschlagen hätte, und daß diese Richtung außerdem entscheidend davon abhängt, um welche Notationsart – eine phonographische oder eine logographische – es sich handelt. Es liegt auf der Hand, daß man bei einer solchen Erforschung der Sprache, nicht nur im Falle des Japanischen, sondern selbst für das Englische oder das Französische, die Notationsweise unbedingt kennen und einbeziehen muß.

Der zweite Grund, auf den ich meinen Widerspruch gegen die Auffassung der westlichen Linguisten stütze, welche die Ansicht vertreten, die Schrift sei etwas der Sprache Äußerliches und lediglich ein Mittel, momentane Sprachlaute auf eine praktische Weise festzuhalten, betrifft das Phänomen der Volksetymologie.

Volksetymologie bedeutet, daß die Herkunft eines Wortes oder Ausdrucks von Laien eine sprachgeschichtlich gesehen falsche und willkürliche, aber gleichwohl treffende Deutung erfährt. Dazu zählen halb scherzhafte Deutungen wie die Erklärung von „chokki" („Weste") aus „chotto kiru" („sich beiläufig überwerfen" oder „etw. Leichtes tragen") aber auch altüberlieferte Deutungsweisen wie die des Wortes „neko" („Katze"), das man von „nezumi no ko o matsu" („auf junge Mäuse warten") oder „nezumi o konomu" („Mäuse bevorzugen") ableitet. Deutungen dieser Art waren bereits im alten Griechenland weit verbreitet, und sie sind auch heute noch überall zu finden.

Mir scheint die Volksetymologie im Falle des Japanischen deshalb besonders wichtig zu sein, weil sich die Notation eines Wortes hier aufgrund der volkstümlichen Deutung sehr leicht verändert, wodurch ein neues Wort mit einer anderen Bedeutung entsteht.

Der Hauptgrund dafür liegt darin, daß es im Japanischen so viele homophone Kanji gibt. Ein Beispiel mag dies erklären. Es gibt den Ausdruck „shikô sakugo", ursprünglich ein Terminus aus der Psychologie, der mittlerweile in den allgemeinen Sprachgebrauch übergegangen ist. Es handelt sich um eine Kombination aus vier Zeichen, von denen die ersten beiden „Versuch" und die letzten beiden „Irrtum" bedeuten. Dieser Ausdruck ist die Übersetzung des englischen *trial and error* und bezeichnete als solcher ein Problemlösungsverfahren, bei dem man ohne bestimmtes Ziel so lange herumprobiert, bis man die richtige Lösung gefunden hat.

Als ich jedoch neulich den Aufsatz eines Linguisten las, fiel mir darin die Wendung „shikô sakugo o kurikaeshite" auf, wobei der erste Teil der Zusammensetzung nicht mit den Zeichen für „Versuch", sondern mit den gleichlautenden Zeichen in der Bedeutung „Denken" geschrieben war, so daß man die Wendung im Sinne von

„Denk-Irrtümer wiederholend" anstelle von „trial-and-error wiederholend" aufzufassen hätte. Nun kommt ja die zweite Deutung im
Sinne von „verschiedene Gedanken wälzen und nach mehrmaligem
Scheitern eine Lösung finden" dem Sinn des eigentlichen Ausdrucks
„shikô sakugo" als „trial and error" sehr nahe. Wenn man nur die
Lautung „shikô sakugo" und den Zusammenhang kennt, in dem er
erscheint, wäre es überhaupt nicht abwegig, zur Notation von „shikô" die Zeichen mit der Bedeutung „Denken" zu gebrauchen. Ach-
tet man einmal darauf, so stellt man fest, daß der Ausdruck in der
zweiten Version auch in den schriftlichen Prüfungsantworten der
Studenten vorkommt, und womöglich hat er sich schon in dieser
Form durchgesetzt.

Nach dem gleichen Muster fungiert der Ersatz von „ippatsu" („ein
Haar") durch „ippatsu" („ein Schuß") in dem Ausdruck „kiki ippatsu" („um Haaresbreite der Gefahr entgegen"). Die Ausdrücke
sind dem Sinn nach so gut wie identisch, deswegen ergibt sich hier
sofort eine Verbindung zu einer Notation, die nicht die ursprüngliche ist. Die schriftlichen Examensantworten der Studenten sind
neuerdings gespickt mit Fehlschreibungen aufgrund solcher Volks-
etymologien. Aber zuweilen kann man auch nicht einfach von Fehlschreibungen oder falschem Wortgebrauch sprechen. Betrachtet
man etwa den Ausdruck „yosan o gôriteki ni tsukau" („den Etat
rationell einsetzen"), wobei „gôriteki" („rationell") durch eine
gleichlautende adhoc-Bildung im Sinne von „nutzbringend" ersetzt
wurde, so fragt man sich, ob es sich hier um eine Fehlschreibung
von „gôriteki" oder nicht etwa um eine neue Wortbildung aufgrund
einer Volksetymologie handelt.

In Sprachen wie z. B. dem Englischen, dessen Notation sich vorwiegend an der Lautung orientiert, kommt es kaum vor, daß eine
Volksetymologie nach Art der bisherigen Beispiele, in denen ein
akustisch aufgenommenes Wort zwar vom Wortinhalt her einigermaßen korrekt erfaßt, aber bezüglich seiner Herkunft falsch inter-
pretiert wird, sich auf der Ebene der Notation sofort zu erkennen
gibt und das falsche Verständnis sich entlarvt.

„Flame" etwa ist das englische Wort für „Flamme". Gleichzeitig ist
es auch ein Verb mit der Bedeutung „flammen", „lodern". Das entsprechende Adjektiv im Sinne von „brennbar" lautet „flammable".

Nun gibt es aber auch eine synonyme Sonderform dieses Adjektivs mit dem Präfix „in-", die „inflammable" lautet. Da aber das Präfix „in-" im Englischen oft im Sinne der Verneinung gebraucht wird, verstehen manche das Wort „inflammable" als Gegensatz von „flammable", d. h. als „nicht brennbar". Ein solches auf einer individuellen Deutung beruhendes Mißverständnis könnte zwar zu einem schweren Unfall führen, aber es wird in der Notation des Wortes nicht sichtbar. Ob man „inflammable" als „brennbar" oder als „nicht brennbar" versteht, ändert nichts an der Orthographie des Wortes.

Im Japanischen erkennt man ein falsches Wortverständnis dagegen sofort, wenn man es in geschriebener Form sieht. Auch wenn man zunächst „jun-naichimai" („Quasi-Inlandsreis") – in Wirklichkeit eine andere Bezeichnung für Importreis – mit „jun-naichimai" („rein japanischer Reis") verwechseln sollte – das Mißverständnis klärt sich, sobald man die Schriftzeichen vor sich hat.

Diese Thematik berührt sich mit dem Homonymenkonflikt, dem Gegenstand des folgenden Abschnitts, daher sei sie hiermit zunächst abgeschlosssen.

Festzuhalten bleibt hier, daß die Volksetymologie, das überall und zu allen Zeiten herrschende Bedürfnis der Sprecher, die Wörter zu erklären und zu motivieren, eine außerordentlich produktive Kraft entfaltet, wenn es mit der einmaligen Notationsweise der japanischen Kanji zusammentrifft, und bei bestimmten Wörtern völlig unerwartete Veränderungen bewirkt. Auch hieran wird wieder deutlich, daß Bloomfield nicht recht hat, wenn er behauptet, die Sprache sei völlig unabhängig von der Notationsweise.

Der Homonymenkonflikt

Die dritte Begründung für meine Behauptung, daß die Notation sehr wohl ein Teil der Sprache sein kann, steht im Zusammenhang mit Phänomenen des Homonymenkonflikts im Japanischen.

Der Homonymenkonflikt *(collisions homonymiques)* wurde in der letzten Hälfte des neunzehnten bis zum zwanzigsten Jahrhundert im Rahmen der von dem Franzosen Jules Gilliéron begründeten Sprachgeographie aufgedeckt, und er bildet einen wichtigen Faktor im Sprachwandel.

Gilliéron entdeckte, daß eine unbewußte Tendenz besteht, eines von zwei nicht verwandten Wörtern, die ihrer Bedeutung nach verschieden sind, jedoch dem gleichen Assoziationsfeld angehören, fallenzulassen, wenn sie infolge von Lautverschiebungen gleiche Lautformen annehmen. Um mögliche Verwechslungen zu vermeiden, verzichtet man auf eines der beiden Homophone.

Sein mittlerweile klassisch zu nennendes Beispiel ist folgendes: In der französischen Gascogne gibt es kein Wort für „Hahn", er wird statt dessen mit Wörtern bezeichnet, die „Fasan" oder „Vikar" bedeuten. Das liegt daran, daß in dieser Gegend das aus dem späten Latein abgeleitete Wort für Katze („cattus") „gat" lautete, während lateinisch „gallus" für „Hahn" mit „Katze" zusammenfiel, nachdem in jener Gegend eine allgemeine Lautverschiebung von [ll] zu [t] stattgefunden hatte. Nun wäre es für Menschen auf dem Lande außerordentlich unpraktisch, wenn sowohl die Katze als auch der Hahn mit dem Homonym „gat" benannt werden müßten. Die beiden Wörter werden nämlich oft gleichzeitig verwendet und in ähnlichen Situationen thematisiert. Das heißt, sie gehören dem gleichen Assoziationsfeld an.

Also vermied man es, auch den Hahn als „gat" zu bezeichnen und wich statt dessen auf Alternativbegriffe wie den bereits als Beiname des Hahns gebräuchlichen „Vikar" (vicaire) – es heißt, der von weiblichen Gläubigen umgebene Priester ähnele dem Hahn auf dem Hühnerhof – oder den verwandten „Fasan" aus. Auf diese Weise vermied man von vornherein den Konflikt der Homonyme – so lautet Gilliérons Interpretation.

Im Englischen finden wir ein ähnliches Beispiel in dem Wort „let". Im heutigen Englisch ist „let" ein häufig gebrauchtes Wort mit der Bedeutung „lassen", „zulassen", daneben kann es nur noch in ein, zwei besonderen Ausdrücken in der Bedeutung von „verhindern" erscheinen. Es handelt sich dabei um zwei homonyme Wörter mit unterschiedlicher Bedeutung, die sich im Altenglischen durch ihre Vokale unterschieden, so daß weder von ihrer Form (der Lautform) noch von der Bedeutung her eine Gefahr der Verwechslung bestand. Durch die erfolgte Lautverschiebung aber wurden sie äußerlich identisch. Aber „lassen" und „verhindern" sind inhaltliche Gegensätze, und da sie außerdem in gleichartigen Situationen benutzt werden, entstand die Gefahr der Verwechslung.

Infolgedessen wurde der Anwendungsbereich von „let" in der Bedeutung „verhindern" weitestgehend eingeschränkt. Es hat sich nur noch in wenigen zusammengesetzten Ausdrücken wie z. B. „let ball" (Tennissprache: „Netzball") oder „without let or hindrance" („unbehindert") erhalten.

Ein anderes Beispiel sind die Wörter „queen" und „quean" im mittelalterlichen Englisch, die ursprünglich beide aus dem Wort für „Frau" hervorgegangen sind. Ersteres ist das auch heute noch gebräuchliche Wort für „Königin", das zweite bedeutete „Schlampe" oder „Prostituierte". Eine Verwechslung war nicht möglich, denn die Aussprache war klar unterschieden. Doch in der Neuzeit fand im Englischen eine große Lautverschiebung statt, als deren Folge alle „ea" geschriebenen und zuvor [e:] ausgesprochenen Silben nun als [i:] realisiert wurden. Da nun „queen" und „quean" Homonyme wurden, ergaben sich je nach Gebrauch Unterscheidungsschwierigkeiten, was dazu führte, daß man „quean" aus dem Alltagsgebrauch schließlich ausschloß. Heutzutage findet man das Wort nur noch in Dialekten und in der Literatur, wo es aufgrund seiner Schreibung eindeutig identifizierbar ist.

Es ließen sich weitere Beispiele dieser Art aus europäischen Sprachen anführen. Das Prinzip des Homonymenkonflikts, wie es sich aus der Untersuchung dieser Sprachen ergab, besteht, kurz gesagt, darin, daß zwei Wörter mit zusammenhängender Bedeutung, bei denen die Möglichkeit einer Verwechslung gegeben ist, nicht die gleiche lautliche Form annehmen dürfen, und falls dies aus irgendeinem Grunde eintreten sollte, müßte immer eines von ihnen verschwinden.

Wenn zwei Wörter die gleiche Lautform haben, jedoch keine Verwechslungsgefahr besteht, entsteht natürlich kein Homonymenkonflikt.

Im modernen Englisch sind z. B. die Wörter „bat" („Stock") und „bat" („Fledermaus") von ihrer Lautform her völlig identisch, aber da sie jeweils in einem völlig anderen Zusammenhang gebraucht werden, existieren sie beide nebeneinander weiter, denn die Gefahr einer Verwechslung ist ausgeschlossen. Auch „knight" („Ritter") und „night" („Nacht") kollidieren nicht, da sie zu völlig anderen Bedeutungsfeldern gehören.

In diesem Fall könnte man annehmen, daß die verschiedene orthographische Realisierung die Unterscheidung ermöglicht, aber dies trifft nicht zu. Zwar trägt auf der Ebene des Wörterbuchs die unterschiedliche Schreibung tatsächlich zur Unterscheidung bei, aber in Situationen des realen Gebrauchs geschieht dies aufgrund der unterschiedlichen Bedeutung und des anderen Gebrauchszusammenhangs. Folglich wird die identische Orthographie (Notation) in europäischen Sprachen überhaupt nicht zum Problem, solange eine Unterscheidung nach Bedeutung und Gebrauch möglich ist.

Wenden wir unseren Blick nun auf das Japanische. Schlägt man unter dem Stichwort „Homonymenkonflikt" im „Wörterbuch der japanischen Linguistik" (Kokugogaku jiten, hrsg. v. Kokugogakkai, Tôkyô 1955) nach, so findet man im Anschluß an das geschilderte Beispiel mit dem Hahn nur einen japanischen Fall aus dem Norden der Hauptinsel Honshu. In der Nordhälfte dieser Gegend sagt man „aba" oder „appa" für „Mutter", südlich davon bezeichnet „appa" einen Stummen. Der Linguist Kobayashi Yoshiharu erklärt dies damit, daß in der gesamten Region ein Homonymenkonflikt zwischen den Wörtern „Mutter" und „Stummer" stattfand, als deren Folge im Norden der Ausdruck „appa" für „Stummer" und im Süden für „Mutter" entfiel.

Doch im Japanischen hat der Homonymenkonflikt neben den Informationen zur Sprachentwicklung und Sprachgeographie einen noch weit wichtigeren Erkenntniswert. Wenn man sich nämlich an Gilliérons Theorie hält, so müßte man nun eine Erklärung dafür finden, daß es hier zahlreiche Homonyme gibt, die dem gleichen Begriffsfeld angehören und nun nicht etwa kollidieren, sondern ganz selbstverständlich koexistieren und sich auch noch ständig vermehren.

Uns Japanern ist das Phänomen der Homonyme mit verwandter Bedeutung durchaus vertraut, und wir beschäftigen uns auch oft damit, aber seltsamerweise fiel niemandem die interessante Tatsache auf, daß es dem allgemeinen Prinzip des Homonymenkonflikts, das sich in den verschiedensten Sprachen beobachten läßt, ganz und gar widerspricht.

Es ist richtig, wenn japanische Linguisten, die Gilliérons Theorie kennen, entsprechende Phänomene auch im Japanischen aufzuspü-

ren versuchen. Doch wenn man dabei auf Phänomene stößt, die
dieser Theorie frontal entgegenstehen – daß nämlich Homonyme
aus dem gleichen Begriffsfeld nicht nur nicht abgestoßen, sondern,
wie ich später ausführen werde, im Japanischen sogar noch begrüßt
werden –, und wenn man sich dann noch mit einem bloßen Nachweis der Phänomene begnügt, statt zu versuchen, sie mit der Theorie
des Homonymenkonflikts in Einklang zu bringen oder ein eigenes
Erklärungsmodell zu entwickeln – so muß sich dies gefallen lassen,
als einseitig kritisiert zu werden.

Das Vorhandensein einer großen Anzahl von Homonymen im Japanischen wird als überzeugendes Gegenargument gegen die zah-
lenmäßige Beschränkung oder die Abschaffung der Kanji verwendet. Denn wenn man sich ganz auf ein Silbensyllabar oder das
lateinische Alphabet umstellen würde, wären viele Wörter mit ähnlicher Bedeutung oder leicht verwechselbarem Inhalt nicht mehr
zu unterscheiden. Gesetzt den Fall, man läse „Am Abendhimmel
ist ein *suisei* zu sehen", wüßte man nicht, ob es sich dabei um den
Planeten Merkur 水星 (suisei) oder um einen Kometen 彗星 (suisei) handelt. Erst die Notation in den entsprechenden Zeichen, die
beide „sui" gelesen werden, ermöglicht die Unterscheidung.

So richtig diese Vorstellung ist, vermag sie jedoch nicht zu erklären,
weshalb im Englischen trotz unterschiedlicher Schreibung von
„queen" und „quean" das eine Wort wegfallen mußte, nur weil die
Aussprache identisch wurde.

Meiner Ansicht nach liegt der Grund dafür, daß die japanische
Reaktion auf den Homonymenkonflikt so anders ausfällt als in den
europäischen Sprachen darin, daß wir insgesamt unterschiedliche
Vorstellungen davon hegen, was Schrift und was Sprache sei.

5. Ein Kanji-Wort entsteht auf dem Kreuzpunkt
zwischen gesprochener Sprache und Schrift

Die Forschung zum Homonymenkonflikt im Japanischen wird nicht
etwa vernachlässigt – angefangen mit dem Band „Forschungen zur
Homonymie", herausgegeben vom Staatlichen Institut zur Erforschung der Landessprache („Dôongo no kenkyû", hrsg. v. Kokuritsu

kokugo kenkyûjo, Tôkyô 1961) gibt es eine ganze Reihe von Publikationen –, doch keine einzige geht der Frage nach, warum so viele Wörter im Japanischen nicht wie in den europäischen Sprachen kollidieren und verschwinden.

Ich will mich daher bei der Beschreibung der verschiedenen Homonym-Arten auf das Allernotwendigste beschränken, um mich dann mit dem Mechanismus zu befassen, der es ermöglicht, daß sie alle nebeneinander existieren.

Meine Klassifikation der Homonyme im Japanischen (viele gehören ursprünglich zur Schriftsprache, aber ich habe mich vorwiegend mit jenen beschäftigt, die auch in der Umgangssprache vorkommen) ergab die folgende Gruppenbildung:

Erstens gibt es Homonyme, die im Verhältnis von Ober- und Unterbegriffen zueinander stehen. Der Begriff „Chemiker" („kagakusha") etwa ist inkludiert in dem umfassenderen, dem Oberbegriff „Naturwissenschaftler" („kagakusha"), und der Satz „Er ist ein kagakusha" besitzt eine solche subsumierende Doppeldeutigkeit (Vieldeutigkeit). In gleicher Weise ist „shôshitsu" („Brandvernichtung") eine Form von „shôshitsu" („Verlust"), und die „Einleitung" („zenbun") der Verfassung ist ein Teil des „Gesamttextes" („zenbun").

Zweitens gibt es Homonyme, die analoge Begriffe bezeichnen, man denke etwa an die Begriffe „shiritsu" („privat") und „shiritsu" („städtisch"), mit denen man Schulen oder Krankenhäuser klassifiziert, an „minzokugaku („Volkskunde") und „minzokugaku" („Ethnologie"), an „suisei" („Merkur") und „suisei" („Komet"), die beide Sternarten bezeichnen, oder an „haisui" („Abwasser") und „haisui" („Drainage"). Die dritte Gruppe bilden Homonyme mit gegensätzlicher oder konträrer Bedeutung wie die philosophischen Begriffe „haigai" („dem Fremden feindlich") und „haigai" („das Fremde verehrend"), „kyûsuisha" („Wasserversorgungswagen") und „kyûsuisha" („Wasserabsaugwagen") oder „kôten" („stürmisches Wetter") und „kôten" („freundliches Wetter"). Viertens gibt es solche Homonyme, die einen begrenzten Gedanken- oder Sachbereich betreffen, z. B. „jûshô" („schwerkrank") und „jûshô" („schwerverwundet"), der „Geschäftsführer" („kanji") oder der „Inspektor" („kanji") in einer Firma, „kenshûin" („der Auszubildende") oder „kenshûin" („der Praktikant"). Aus dem Bereich geistiger Tätigkeit ließen sich Begriffspaare wie „sôzôryoku" („Phantasie") und „sôzôryoku" („Kreativität") oder „yogen" („Prophezeiung") und „yogen" („Weissagung") anführen.

Dabei ist besonders bemerkenswert, daß diese Begriffe, obgleich sie häufig verwechselt oder mißverstanden werden, obgleich sie also eindeutig kollidieren, gleichwohl weiter in Gebrauch sind. Im Falle einer europäischen Sprache wäre einer von beiden schon längst abgestoßen worden.

Dies liegt, wie ich später noch genauer ausführen werde, daran, daß Japaner die Schriftnotation als einen Teil der Sprache selbst begreifen. Solange die Notation differenziert, stört der Homonymenkonflikt einen Japaner nicht. Mehr noch, es läßt sich sogar die Tendenz beobachten, daß zu bereits vorhandenen Wörtern ständig neue, analoge Homonyme geschaffen werden.

Beispiele dafür sind „jiten" („Wörterbuch") und „jiten" („Lexikon"), „kanbô" („Erkältung") und „kanbô" („Grippe"), „nyûjôryô" („Eintrittsgeld") und „nyûjôryô" („Eintrittsgeld für ein Schloß") oder „yûenchi" („Vergnügungspark") und „yûenchi" („Vergnügungsteich"). Sie alle operieren nach dem Wortbildungsprinzip, das Gemeinsame an zwei Begriffen durch gleiche Lautform und den Unterschied zwischen ihnen dann durch eine andere Schreibung anzuzeigen. Das heißt, in der Doppelstruktur von Sprachlaut und Sprachnotation spiegelt sich auf raffinierte Weise das zugleich Ähnliche und Verschiedene. Daher kommt es, daß man solche neu gebildeten Homonyme im allgemeinen als besonders treffend empfindet. So liegt es nahe, daß sie oft in scherzhaften Wendungen und witzigen oder ironischen Sprachspielen Verwendung finden. Man trifft auf Formulierungen wie „meitô" („souveräne Antwort") und „meitô" („verwirrende Antwort"), „hashutsufu" („Aushilfsmädchen") und „hashutsufu" („Aushilfsmänner"), „Imin wa imin de aru" („Emigranten sind ein verlorenes (imin wörtlich: weggeworfenes) Volk") oder „Japaner sind kiyô binbô". Dieser allgemein geläufige Ausdruck bedeutet „geschickt, aber arm", hier wird er jedoch mit einem anderen Zeichen für „ki" geschrieben und meint dann: „Holz bearbeitend/verwendend und/aber arm". Was der Schöpfer dieser verfremdeten Floskel, ein Architekt, meinte, ist folgendes: Japaner verwenden zum Hausbau vornehmlich Holz, das als Material viel verwitterungs- und brandanfälliger ist als Stein. Im Gegensatz zu den Europäern, die in langlebigen Häusern wohnen, müssen Japaner ihre Häuser in viel kürzeren Abständen wieder neu errichten, sie sind somit arm infolge der Holzverwendung.

Daß wir bei Wörtern, die mit Kanji geschrieben werden, neben der Lautform auch die geschriebene Form als einen Teil des Wortes empfinden, läßt sich auch daran zeigen, daß homonyme Begriffe ohne weiteres nebeneinander existieren, von denen der eine mit angenehmen, der andere aber mit unangenehmen Konnotationen verbunden ist. Solange die Schriftzeichen selbst sich unterscheiden, bereitet dies keinerlei Irritation. „Gekkei" („Lorbeer") etwa existiert neben „gekkei" („Menstruation"), und neben „seibyô" für „Geschlechtskrankheit" gibt es auch „seibyô" in der Bedeutung „heilige Krankheit" (da man im alten Europa die Symptome der Epilepsie mit dem Zustand der Verzückung durch göttliche Inspiration verglich, wurde sie in vielen Sprachen ,heilige Krankheit' genannt, man vergleiche dazu etwa das italienische Wort ,male benedetto'). Zur Unterdrückung der negativen Assoziationen trägt nach japanischer Auffassung in solchen Fällen die Tatsache einer unterschiedlichen Schreibung bei.

Es ist höchst interessant, dies mit dem Beispiel eines Homonymenkonflikts im Englischen zu vergleichen, das der Semantiker Stephen Ullmann anführt. In einer Zeit vor der sogenannten sexuellen Revolution, als man in Amerika noch nicht ohne mit der Wimper zu zucken von Geschlechtlichem reden konnte, wurde ein Sextett in Quintett umbenannt, obgleich es nach wie vor aus sechs Musikern bestand, und zwar, um die anstößige Assoziation mit „sex" zu vermeiden.

Ich vertrete schon seit geraumer Zeit die These, das Japanische besitze als Kommunikationsmedium Eigenschaften, die denen des Fernsehens entsprechen. Auch wenn wir uns nämlich mündlich unterhalten, verfolgen uns gleichzeitig im Kopf die optischen Bilder der jeweils zugehörigen Kanji. Das besagt nicht, daß jeder sich jeweils jedes einzelne Kanji bis zur genauen Strichzahl vergegenwärtigt. Vielmehr bedeutet es, daß man sich beim Hören mehrere entsprechende, sinnverwandte (analoge oder konträre) Kanji vorstellt und sich aufgrund des Zusammenhangs für eines von ihnen entscheidet. Hört man in den

Nachrichten den Satz „Der Kanzleramtschef faßte einen *shian* ab", so spielt man im Kopf die Möglichkeiten von „shian" als „persönlicher Vorschlag" oder „tentativer Vorschlag" durch. Neuerdings geschieht es zuweilen, daß der Ansager freundlicherweise in leicht gedämpfter Stimme anmerkt, es handele sich um einen „persönlichen" Vorschlag, und auch in Alltagsgesprächen kommt es oft vor, daß man sein Gegenüber nach der Schreibung eines soeben gebrauchten Wortes fragt oder daß der Sprecher von sich aus Hinweise auf die Schreibung einfließen läßt. Sehr japanisch ist die Sitte, dem Partner die Schreibung eines Wortes zu erklären, indem man es mit dem Finger auf der Handfläche andeutet; die Europäer würden in einem solchen Fall das betreffende Wort fließend herunterbuchstabieren. Wir fühlen uns nicht wohl, wenn wir die Schreibung eines Wortes nicht genau vor Augen haben.

Im Vergleich mit dem Japanischen ähnelt das Sprechen von Sprachen mit lautgemäßer Notation dem Radio; hier werden alle Informationen ausschließlich akustisch übertragen. Daher werden Wörter mit gleicher Lautform (Homonyme), die in ähnlichen Kontexten erscheinen, so eindeutig gemieden, und es kommt zur Ausstoßung eines der beiden im Konflikt miteinander stehenden Wörter.

Zwei in der Sprachstruktur wurzelnde Gründe gibt es dafür, daß im Japanischen die Notation als optische Informationsquelle fungiert. Sie bedingen einander gegenseitig und hängen insofern eng zusammen, doch als Phänomene kann man sie auch einzeln betrachten.

Zum einen gibt es, wie wir schon im Zusammenhang mit den Homonymen sahen, eine sehr große Zahl von Kanji, die gleich klingen und außerdem semantisch in bestimmter Hinsicht miteinander zusammenhängen. Es gibt z. B. im normalen Sprachgebrauch fünfundsiebzig Kanji, die alle „kô" ausgesprochen werden. Diese Zahl stammt aus dem Index der Taschenausgabe des Iwanami-Wörterbuchs der Landessprache („Iwanami kokugo jiten", Tôkyô 1963), in größeren Wörterbüchern läge die Zahl aber sicherlich weit höher. Welche von diesen fünfundsiebzig Kanji in echten Gesprächen möglicherweise Homonymenkonflikte verursachen, läßt sich nicht ohne weiteres feststellen. Denn in Abhängigkeit vom Gesamtkontext und seinem Verlauf können unerwartete Bedeutungsvermischungen oder Verwechslungen auftreten. Sicher ist, daß Beispiele

wie „kôten" 荒天 („stürmisches Wetter") und „kôten" 好天
(„freundliches Wetter") oder „Kôkai" 紅海 („Rotes Meer") und
„Kôkai" 黄海 („Gelbes Meer") kollidieren. In solchen Fällen sorgt
die Kenntnis der jeweiligen Schreibung, d. h. die optische Information, für die Auflösung der Mehrdeutigkeiten.

Aber die große Zahl homonymer Kanji ist nicht nur für den Homonymenkonflikt verantwortlich. Daß eine bestimmte Lautform,
z.B. „kô", vielen, nicht unbedingt miteinander zusammenhängenden
Bedeutungen entsprechen kann, heißt zugleich, daß diese Lautform
kaum selbständig existieren kann. Um ein Beispiel zu nennen: In
letzter Zeit wurde die Kontrolle des Propangasverbrauchs in Pri-
vathaushalten verfeinert, und es wurde Pflicht, einen Zähler anzu-
bringen, der die genaue Menge des in der Flasche enthaltenen Flüs-
siggases anzeigt. Als im Fernsehen darüber berichtet wurde, sagte
der Ansager, es könne dabei ein Problem geben, da der/die/das
„hakkiritsu" in jeder Region aufgrund der spezifischen Bedingungen etwas anders sei. Kaum ein Japaner, der diese akustische Form
„hakkiritsu" hier zum erstenmal hörte, wird auf Anhieb verstanden
haben, was damit gemeint war. Auch ich war einen Augenblick
lang verwirrt. Aber als dann auf dem Bildschirm das Nachrichten-
stichwort erschien, verstand ich es sofort. Aus der Schreibung war
zu entnehmen, daß es sich um die „Entweichquote" handelte. Da
es nämlich leichter ist, einen Zähler zu konstruieren, der den Druck
des entweichenden Gases mißt, anstatt das Gewicht des Flüssigga-
ses in der Flasche zu messen, schließt man von der gemessenen
„Entweichquote" auf das Gewicht der noch in der Flasche befind-
lichen Gasmenge.

Wenn im Japanischen die Form „ha-" mit Verdoppelung des anschließenden Konsonanten[1] nur einer einzigen Bedeutung, nämlich
„etwas entsteht, beginnt" entspräche, so könnte man diese Bedeutung in jeder Schriftform, nein, sogar nur aufgrund der akustisch

---

1 Das Zeichen hat, wenn es selbständig steht, die *(on-)* Lesung „hatsu",
nur wenn es das vordere Glied von Zusammensetzungen bildet, tritt
eine sog. „Lauterleichterung mit Spannungslaut" *(soku onbin)* ein, hier
vereinfachend als Verdoppelung des anschließenden Konsonanten beschrieben.

wahrgenommenen lautlichen Form identifizieren. Doch es gibt noch eine ganze Reihe anderer möglicher Notationen und damit Bedeutungen für „ha-" mit Verdoppelung des anschließenden Konsonanten. Schlimmer noch ist es mit „ki", das für vierzig bis fünfzig verschiedene Wörter oder Wortteile stehen kann. Es ist also nicht verwunderlich, wenn man nicht versteht, was „hakki" bedeutet. Wenn man aber die lautliche Information „hakki" durch die optische mittels der Zeichen ergänzt, ist die Bedeutung sofort fixiert.

Doch nicht nur das. Wenn man ein geschriebenes Zeichen sieht und seine Aussprache nicht kennt oder sie einem vorübergehend entfallen ist, so kann man trotzdem seine Bedeutung verstehen – eine Erfahrung, die wohl schon jeder einmal gemacht hat. Das läßt sich mit dem Fernsehen vergleichen: Wenn man den Ton abstellt und nur das Bild sieht, weiß man trotzdem ungefähr, worum es geht. Wenn man dagegen das Radio ausstellt, bricht die Kommunikation zusammen.

Wie aus diesen Beobachtungen deutlich wurde, weisen Notationssysteme mit prinzipiell phonetischer Notation wie etwa die der europäischen Sprachen naturgemäß eine starke Redundanz im Bereich der optischen Information, d. h. der Schrift, auf. Das bedeutet, die Schriftnotation bringt keine zusätzliche Information in den sprachlichen Kommunikationsakt ein. Daher taucht die Behauptung auf, es sei gleichgültig, welcher Schrift man sich bediene, die Sprache bliebe dieselbe.

Im Gegensatz dazu kann im Falle der Kanji-Wörter im Japanischen die Schrift eine vom Sprachlaut unabhängige, eigene Informationsquelle sein, und daher ist es natürlich, daß hier auch im Falle homonymer und semantisch verwandter Wörter keine Ausstoßung aufgrund des Homonymenkonflikts erfolgt, solange die Schriftzeichen sich unterscheiden.

In diesem Punkte sind das Chinesische und das Japanische sehr anders, obwohl beide Kanji benutzen. Da das japanische Lautsystem im Vergleich zum chinesischen sehr einfach ist, wurde die Aussprache der ins Japanische übernommenen Kanji so stark simplifiziert, daß man ihre ursprüngliche Lautung kaum noch erkennen kann. Das Japanische kennt keine Unterscheidung von (vier) Tönen, keine Opposition von aspirierten und nicht aspirierten Lauten wie das Chinesische und erlaubt keine Konsonanten am Silbenende. Viele Kanji, die im Chinesischen eine völlig unterschiedliche Lautform besaßen, wurden daher im Japanischen gleich ausgesprochen, und so ergab sich eine für das Chinesische unvorstellbar große Zahl homonymer Kanji mit unterschiedlicher Bedeutung. Die Begriffe bzw. Bedeutungen, die diese japonisierten Kanji bezeichnen, können als akustische Information bereits nicht mehr selbständig existieren, vereindeutigt werden sie vielmehr erst auf dem Kreuzpunkt zwischen optischer und akustischer Information. Die japanischen Kanji als Schriftnotation existieren nicht als Ersatz oder als Schatten eines mit einer bestimmten Bedeutung ausgestatteten Sprachlauts, sondern sie fungieren als Zusammenführung und Vereinigung von Bedeutung und Sprachlaut. Dies ist mit der Behauptung gemeint, bei einem großen Teil der Kanji-Wörter sei die Notation die Sprache selbst.

Ich behaupte nicht etwa, daß diese mit dem Fernsehen vergleichbare Form der Sprachkommunikation der Radio-Form überlegen sei. Beide haben Vor- und Nachteile, die zu kompliziert sind, als daß man einfach bestimmen könnte, welche Form praktischer ist. Was ich sagen möchte, ist nur, daß eine Betrachtungsweise, die das Japanische auf gleicher Ebene wie die europäischen Sprachen (und auch das Chinesische) behandelt, viel zu undifferenziert ist.

6. Was ist „on" und was ist „kun"?

Daß man sich in Japan bisher kaum ernsthaft mit sinojapanischen Wörtern und den Kanji im Rahmen des Japanischen befaßt hat, liegt, wie bereits angedeutet, daran, daß man sie aufgrund ihres chinesischen Ursprungs unwillkürlich diesem Land zuordnet. Der Spezialist für Kanji ist der Kanbun-Lehrer[1] und nicht etwa der Philologe, der sich mit japanischer Literatur befaßt. Und auch die Tatsache, daß ein Wörterbuch speziell für sinojapanische Wörter und Kanji „Chinesisch-japanisches Zeichenlexikon" (Kanwa jiten) heißt, während es parallel dazu ein „Lexikon der Landessprache" (Kokugo jiten) gibt, verweist auf das Verhältnis zwischen beiden.

---

1 Siehe Anmerkung auf S. 73.

Trotz der langen Zeitspanne seit der Übernahme der chinesischen Wörter und Zeichen ins Japanische behandelten die Gelehrten sie kurz gesagt als fremde Elemente, d. h. sie faßten sie als Fremdwörter auf.

Distanziert man sich jedoch einmal von einer solchen Voreingenommenheit und macht sich den Standpunkt zu eigen, daß sinojapanische Wörter und Kanji bereits ins Japanische integriert sind und nichts mehr mit dem Chinesischen zu tun haben, so tauchen plötzlich verschiedene interessante Probleme auf, die bisher fast völlig ignoriert wurden.

Daß eine Sprache die Schrift einer anderen oder auch einzelne Wörter aus ihr übernimmt, ist eigentlich eine allgemeine Erscheinung, die sich, in mehr oder weniger starker Ausprägung, in fast allen Sprachen der Welt beobachten läßt. Der größte Teil des begrifflichen und abstrakten Vokabulars in den modernen europäischen Sprachen stammt aus dem alten Griechisch oder Latein, und es ist allgemein bekannt, daß Neologismen oft aus Elementen dieser klassischen Sprachen zusammengesetzt werden.

Viele Wörter der arabischen Sprache, dem Träger der islamischen Kultur, bilden heute noch das Fundament des gehobenen Wortschatzes im Türkischen, Persischen, Malaiischen und Indonesischen. Im Falle des Türkischen, wo man zeitweise stark bestrebt war, die islamischen Elemente zu beseitigen, bemühte man sich, alle Wörter arabischen Ursprungs abzustoßen und sie durch reines Türkisch (öz türkçe) zu ersetzen, doch nicht nur die gehobene Sprache, sondern auch viele unverzichtbare Wörter des Alltagsgebrauchs waren vom Arabischen durchsetzt, und man mußte erkennen, daß es unmöglich war, sie alle zu ersetzen, so daß die Reformbewegung auf halbem Wege stecken blieb.

Als Sprache, die anderen Sprachen gehobene Begriffe lieferte, darf das indische Sanskrit nicht übergangen werden. Man kann wohl ohne Übertreibung sagen, daß keine der Sprachen im südlichen und südostasiatischen Raum nicht durch das Sanskrit bereichert worden wäre.

Doch die weltweit zu beobachtende Rezeption von Fremdwörtern ist etwas grundsätzlich anderes als das Einfließen einer großen Zahl chinesischer Lehnwörter in die japanische Sprache über einen großen Zeitraum hinweg, wie im folgenden zu zeigen sein wird.

Es gab verschiedene Modi bei der Aufnahme chinesischer Wörter und Zeichen ins Altjapanische, doch im Hinblick auf den grundlegenden Unterschied zwischen diesem bis auf den heutigen Tag wirkenden Einfluß des Chinesischen und dem Einfluß, den das Griechische, das Latein, das Arabische und das Sanskrit auf die Nachbarländer ausübten, sind zwei Punkte besonders aufschlußreich.

Zum einen entwickelten die Japaner aus den Kanji, während sie sie gleichzeitig in großer Zahl direkt übernahmen, eine völlig eigenständige Schrift namens Kana. Dabei gebrauchten sie die Wortschriftzeichen ohne Rücksicht auf ihren semantischen Wert in rein phonetischer Funktion und entwickelten daraus ein System von Silbenzeichen, nämlich die Kana, zur Notation des Japanischen, um damit die morphologischen Elemente der Sprache, die sich mit den chinesischen Wortschriftzeichen, den Kanji, nicht wiedergeben ließen, eindeutig zu bezeichnen.[1]

Nun kommt es durchaus nicht selten vor, daß bei der Notation der eigenen Sprache mittels einer aus einer anderen Sprache entlehnten Schrift bestimmte Phoneme der eigenen Sprache sich damit nicht adäquat wiedergeben lassen, so daß man zu diesem Zweck zusätzliche Zeichen erfindet und so die ursprüngliche Schrift bis zu einem gewissen Grade verändert.

Als das Persische die Schrift aus dem Arabischen übernahm, gab es z. B. die persischen Konsonanten p oder g nicht im Arabischen, und sie fehlten somit auch im Arsenal der arabischen Schrift. Die Perser wandelten daher das b der arabischen Schrift (ﺏ) durch zwei zusätzliche diakritische Zeichen ab, um damit ein p zu bezeichnen (ﭖ), und durch Hinzufügen einer waagrechten Linie zum arabischen k (ﻙ) entstand das g (ﮒ). Auch die aus der griechischen entwickelte kyrillische Schrift wurde durch Buchstaben wie Ш, Ц und Щ erweitert, die für bestimmte Phoneme des Russischen stehen.

Doch das Besondere an der japanischen Schrift ist, daß hier nicht nur aus der entlehnten Schrift eine grundlegend andere, dem Lautsystem der eigenen Sprache angepaßte, völlig neue, nämlich besagte Kana-Silbenschrift entwickelt wurde – was schon ein sehr seltener Fall sein

---

1 Vgl. die Fünfzig-Laute-Tafel auf S. 215.

dürfte –, sondern daß daneben auch noch die ursprünglichen Kanji in ihrer alten Form weiter in Gebrauch sind. Eine solche Doppelstruktur dürfte wohl einmalig sein. Das ursprüngliche Kanji und das daraus entwickelte Kana-Silbenzeichen existieren im Japanischen nebeneinander im sogenannten „Kanji-Kana-Mischtext" *(kanji kana majiri-bun)*, der Normalform schriftlicher Fixierung des Japanischen.

Zum anderen benutzte man neben den auf diese Weise zur Wiedergabe der japanischen Wörter entstandenen Kana die chinesischen Zeichen auch noch als Lehnwörter, indem man sie in der ursprünglichen chinesischen Form (dem japanischen Lautsystem entsprechend allerdings stark abgewandelt) aussprach, und dieselben Kanji wurden außerdem noch mit dem semantisch entsprechenden japanischen Wortschatz gelesen. Das erstgenannte ist die *on-*, das zweite die *kun-*Lesung.

Im Zusammenhang mit der orthographischen Aussprache kam ich bereits darauf zu sprechen, daß für uns Japaner die Tatsache, daß fast alle japanischen Kanji eine solche *on-kun-*Doppellesung aufweisen, allzu selbstverständlich ist, so daß wir darüber nicht weiter nachdenken, aber dies ist etwas wirklich Großartiges.

Stellen wir uns einmal das Zeichen für „Wasser" vor. Was bedeutet es, daß die *on-*Lesung „sui" und die *kun-*Lesung „mizu" lautet? Es bedeutet nichts anderes, als daß der Begriff „Wasser" im alten Chinesisch die Lautform „sui" hatte und im Japanischen mit „mizu" akustisch realisiert wird. Und bevor der Begriff „Wasser" diese lautliche Realisation erfuhr, wurde er mit dem optisch wahrzunehmenden Zeichen für „Wasser" (水) notiert.

Daß wir Japaner die *on-* und die *kun-*Lesung eines Zeichens kennen, bedeutet nichts anderes, als daß in unserem Kopf ein einzelnes Zeichen als Verbindung zwischen der akustischen Realisation eines Begriffes in zwei verschiedenen Sprachen fungiert.

Da nun im Japanischen diese *on-kun-*Entsprechungen der Zeichen auch noch durchgängig vorhanden sind, kennt ein Japaner mit durchschnittlicher Bildung die grundlegenden Begriffe für natürliche Phänomene wie Wasser (SUI, mizu)[1], Feuer (KA, hi), Wind

---

1 In Großbuchstaben ist die *on-*, in kleinen Buchstaben die *kun-*Lesung angegeben.

(FÛ, kaze), Regen (U, ame), Gras (SÔ, kusa), Insekt (CHÛ, mushi), Vogel (CHÔ, tori) jeweils paarweise als ursprünglich japanisches und als altchinesisches Lehnwort.

Dasselbe ist der Fall bei den sogenannten Verben, die Aktionen und Bewegungen bezeichnen wie „gehen" (KÔ, yuku), „kommen" (RAI, kuru), „zu Fuß gehen" (HO, aruku), „laufen" (SÔ, hashiru), „stehen" (RITSU, tatsu), „sitzen" (ZA, suwaru), „sehen" (KEN, miru), „hören" (BUN, kiku), „sprechen" (WA, hanasu), „essen" (SHOKU, taberu) und „trinken" (IN, nomu). Bei den Adjektiven etwa „lang" (CHÔ, nagai), „kurz" (TAN, mijikai), „groß" (DAI, ôkii), „klein" (SHÔ, chiisai), „leicht" (KEI, karui) und „schwer" (JÛ, omoi), dann die Wörter, die Positionen bezeichnen wie vorn, hinten, links, rechts, oben, Mitte, unten, innen oder außen – sie alle verfügen über eine doppelte Lesung. Auf diese Tatsache bezog ich mich, als ich zuvor davon sprach, daß diese durchgängige doppelte Wahrnehmung aller grundlegenden Begriffe im Japanischen dem zweigesichtigen römischen Gott Janus gleiche.

Selbstverständlich gibt es auch im Englischen oder in anderen Sprachen Beispiele dafür, daß ein Begriff und ein Bedeutungsinhalt gleichzeitig in der eigenen und der entlehnten Sprache nebeneinander existieren. „Water", das englische Wort für „Wasser", wird daneben auch noch mit dem ursprünglich lateinischen „aqua" und dem griechischen „hydro" bezeichnet, etwa in Wörtern wie „aquatic" (Wasser), „aquarium" (Aquarium) oder „hydrophobia" (Tollwut, krankhafte Wasserscheu) und „hydrogen" (Wasserstoff). Aber im Bewußtsein des Durchschnitts-Engländers oder -Amerikaners sind die aus den klassischen Sprachen stammenden Formen höchstens parallel existierende synonyme Elemente im Vergleich zu dem eigentlichen englischen Wort „water", und es gibt diese Art der Doppel- bzw. Mehrfachformen nicht etwa für alle Grundbegriffe.

Der große Unterschied zum Japanischen besteht nun darin, daß man „water" nicht „aqua-" [ǽkwa] oder „hydro-" [háidro] lesen kann und daß man umgekehrt auch nicht „aqua-" oder „hydro-" als „water" ['wɔːtə] aussprechen darf.

Wenn ich im Ausland die Bedeutung des japanischen *on-kun*-Systems erkläre, greife ich immer auf das folgende Beispiel zurück. Wenn man etwa einen englischen Text schreibt, gibt es eine Anzahl häufig gebrauchter Kurzzeichen, etwa „e. g." als Zeichen mit der Bedeutung „zum Beispiel". Es sind die zwei Anfangsbuchstaben des lateinischen „exempli gratia". Liest man diese Zeichen laut, so geschieht dies manchmal in Form der Buchstaben, also [i:] [dʒi:], oft aber drückt man auch die Bedeutung aus und sagt dann auf Englisch „for example". Einige wenige Gebildete führen das „e. g." auf das zugrundeliegende Latein zurück und lesen es ein wenig versnobt als „exempli gratia". Diese verschiedenen Lesarten einer einzigen Notationsform – daß nämlich „e. g." sowohl englisch als „for example" als auch lateinisch als „exempli gratia" ausgesprochen werden kann – kommen dem japanischen *on-kun*-Prinzip sehr nahe.

Es gibt noch eine kleine Zahl weiterer Beispiele dieser Art. Häufig gebraucht wird das Zeichen „i. e." mit der Bedeutung „das heißt". Es wird entweder auf Englisch als „that is" oder in lateinischer Form als „id est" ausgesprochen. „Etc." kann parallel zum lateinischen „et cetera" auch „and so forth" gelesen werden. Wenn man Engländern und Amerikanern nun erklärt, daß die Japaner allgemein eine solche doppelte Lesung, wie sie im Englischen für diese Kurzzeichen gilt, fast für alle Begriffe bzw. Kanji kennen, so sind sie allesamt erstaunt, wie großartig Sprache und Schrift bei uns funktionieren. Der Grund, weshalb sie dies so bewundern, ist folgender.

Bei Durchschnittsjapanern ist es zunächst einmal so gut wie ausgeschlossen, daß jemand nicht weiß, daß das „sui" in Wörtern wie „suizokukan" (Aquarium) oder „suiso" (Wasserstoff) mit „mizu" (Wasser) identisch ist. Bei Engländern und Amerikanern jedoch bedeutet die Tatsache, daß man Wörter wie „hydrogen" oder „hydrophobia" kennt, nicht immer auch, daß man weiß, daß „hydro" die gleiche Bedeutung wie „Wasser" hat. Selbst wenn man die Bedeutung eines Wortes als Ganzes kennt, ist es durchaus üblich, daß man den semantischen Wert der fremdsprachigen Konstituenten eines Wortes (die meist lateinischen oder griechischen Ursprungs sind) nicht genau benennen kann, es sei denn, es handele sich um jemanden mit guter Bildung.

Da die konkrete Bedeutung dieser Wortkonstituenten im Englischen unklar bleibt, heißt das, umgekehrt ausgedrückt, daß viele schwierige

Wörter, also der gehobene Wortschatz, außerhalb der Verständniskapazität des durchschnittlichen Erwachsenen liegen. Das ist einer der Gründe, weshalb Bürger, die keine höhere Schulbildung genossen haben, über eine für uns Japaner unvorstellbar geringe Bildung in Fragen der Sprache verfügen. Und dies ist umso gravierender, als im Unterschied zu Japan in englischsprachigen Ländern nur ein geringer Bruchteil der Bevölkerung in den Genuß höherer Bildung kommt.

In einem englischen Roman stieß ich neulich auf eine junge Stenotypistin, der das Wort „anthropology" untergekommen war und die nun überlegte, was es wohl heißen könne. Ich wollte wissen, ob sie nur ungebildet war oder ob Stenotypistinnen solche Wörter im allgemeinen nicht kennen und fragte aus diesem Grund einen englischen Japanologen von der Cambridge-Universität. Seine Antwort lautete, daß Stenotypistinnen, die ja keine Hochschulbildung hätten, ein solches Wort selbstverständlich nicht kennen würden.

Doch wie wäre das im Japanischen? Selbst wenn man nicht genau wüßte, was für einen Wissenschaftszweig die Anthropologie (jinruigaku) 人類学 darstellt, so wüßte doch gewiß jeder dreizehn- bis fünfzehnjährige Schüler, daß „jinrui" 人類 (geschrieben in den Zeichen für „Mensch" und „Gattung") die „Gattung Mensch" bzw. „die Menschheit" bedeutet. Im Englischen aber gehört es nicht zur Allgemeinbildung zu wissen, daß „anthropo-" oder „-anthrope" im Griechischen „Mensch" bedeutet.

Der Reichtum an Kanji im Japanischen und die Tatsache, daß man diese sowohl japanisch *(kun)* als auch sinojapanisch *(on)* liest, ist ein wichtiger Grund dafür, daß gehobene Begriffe oder schwierige Wörter nicht das Monopol einer kleinen geistigen Oberschicht bilden.

Gewiß braucht man viel Zeit, um die Kanji zu lernen. Aber man sollte sich wieder bewußt machen, daß die einmal gelernten Kanji als ein wirklich kostbares sprachliches Medium fungieren, welches die festgefügte Sprache im banalen Alltagsleben der Japaner mit den in hohem Maße abstrakten Begriffen verbindet.

Nun gibt es aber einen Wissenschaftler, der den Vorschlag machte, die *kun*-Lesung der Kanji abzuschaffen, um dadurch das Japanische zu entschlacken, und der dies selbst bis zu einem gewissen Grade praktizierte.

Es handelt sich dabei um den Sozialanthropologen Umesao Tadao. Er ist ein Anthropologe eigener Prägung mit naturwissenschaftlicher Vorbildung, bekannt für seinen eigenständigen Entwurf einer Zivilisationsgeschichte, ein Mann mit weitem Wissenshorizont. Im Unterschied zu den fanatischen Schriftreformern sind Umesaos Kenntnisse der japanischen Schrift recht genau.

In seinem Aufsatz „Probleme des Schriftgebrauchs im heutigen Japan" (Gendai Nihon moji no mondaiten in der Vierteljahresschrift „Energy", Band 6, Nr. 2, Sondernummer zum Thema „Die Schrift in der modernen Gesellschaft", April 1969, herausgegeben von der Esso Standard Oil Co.) meldete er sich mahnend zu Wort. Die Tatsache, daß das Japanische noch immer keine feste Orthographie besäße, stelle im Hinblick auf die Kommunikationsindustrie ein großes Problem dar. Es bestünde die Gefahr, daß Japan im kommenden Zeitalter der integrierten Kooperation von Mensch und Maschine zurückbliebe und daß das Japanische als eine Sprache, die dem neuen Zeitalter nicht angemessen sei, völlig von anderen Sprachen aufgesogen werden könnte.

Dieser Aufsatz zur japanischen Schrift dürfte auch in Zukunft einen nicht geringen Einfluß auf die Allgemeinheit ausüben – ein Wissenschaftler vom Format Umesaos publiziert ihn in „Energy", zwar einer Public-Relations-Zeitschrift einer Firma, die jedoch bereits seit zehn Jahren erscheint und aufgrund ihrer originellen Redaktionspolitik und neuartiger Inhalte die Beachtung der sogenannten „opinion leader" der ganzen Nation fand. Daher möchte ich hier ein wenig detaillierter darauf eingehen.

„Unter den Sprachen der Gegenwart gibt es keine einzige, die ein so kompliziert strukturiertes Notationssystem besitzt wie das Japanische." Mit diesem Satz beginnt Umesaos Text, in dem keine *kun*-Lesung der Kanji vorkommt. Weiter heißt es:

> „Die japanische Schrift verfügt neben den Kanji noch über zwei Kana-Syllabare, das heißt also über zwei formal und hinsichtlich ihres Funktionsprinzips völlig unterschiedliche Systeme, und diese werden gemischt gebraucht. Es gibt dabei so gut wie keine Regeln für das Mischungsverhältnis. Man kann zwar nicht sagen, es gäbe keine, aber sie sind sehr lose. D. h., verschiedene Rezepturen für die Mischung

sind denkbar. Dies war es, worauf sich die Behauptung bezog, die Notationsweise des Japanischen sei strukturell außerordentlich kompliziert. Vielleicht sollte man sie eher instabil als kompliziert nennen."

Im folgenden beschreibt Umesao die allgegenwärtigen Phänomene der Instabilität im Notationssystem des modernen Japanisch, die man zutreffender noch als chaotisch bezeichnen müsse.

„Es ist zum Beispiel fast unmöglich, eine eindeutige mündliche Entsprechung für einen geschriebenen japanischen Text zu finden. Personen mit einem hohen Grad an intellektueller Erfahrung mögen ihn zwar einigermaßen identisch lesen können, aber dazu bedarf es einer geradezu akrobatischen Technik. Und es gibt selbst für den erfahrenen Akrobaten noch jede Menge Beispiele, die er nicht richtig lesen kann.

Beim Umsetzen von der geschriebenen zur gesprochenen Sprache halten sich die Probleme noch in Grenzen. Doch was geschieht, wenn man versucht, das gesprochene Japanisch in geschriebenes umzusetzen? Eine totale Verwirrung tritt ein. Man lese einmal einen Satz und lasse ihn von zehn verschiedenen Japanern niederschreiben. Als Ergebnis wird man wahrscheinlich zehn verschiedene Versionen bekommen. Man kann sich kaum vorstellen, zwei völlig gleiche Versionen zu erhalten. Ein solches Notationssystem kann man wohl nur als unvollkommen bezeichnen."

Umesao wendet sich hier nicht etwa gegen die Kanji oder die *kun*-Lesung an sich. Er hält die Kanji als Schriftform für sehr gelungen. Und von der *kun*-Lesung gibt er zu, daß sie für sich genommen eine sehr originelle und interessante Erfindung sei. Das Problem besteht für ihn darin, daß die Kanji in der *on*- und der *kun*-Lesung gemeinsam mit den beiden Kana-Syllabaren ein System bilden. Und er meint, es sei unter diesen Umständen kaum möglich, eine stabile Orthographie zu entwickeln. Er fährt fort:

„Wie könnte man unter Beibehaltung des gegenwärtigen gemischten Notationssystems im Japanischen feste orthographische Regeln schaffen? Die einzige Möglichkeit besteht wahrscheinlich in der Abschaffung der *kun*-Lesung der Kanji. Die Kanji werden also nur noch sinojapanisch (in der *on*-Lesung) gelesen. Auf diese Weise würde unter anderem auch das Problem der uneinheitlichen Okurigana[1] wegfallen. Der Begriff Okurigana selbst würde damit überflüssig."

Aus dem ausführlich zitierten Text von Umesao geht eindeutig hervor, daß er in seinem Aufsatz zur modernen japanischen Schrift eine Festlegung der Orthographie auf der Basis einer eins-zu-eins-Entsprechung von Notation und Sprachlaut als Ziel anstrebt. Seiner Ansicht nach sollte es möglich sein, etwas Geschriebenes eindeutig in gesprochene Sprache umzusetzen, d. h. jeder, der den Text liest, müßte ihn identisch aussprechen, und umgekehrt sollte man einen gesprochenen Text automatisch in eine einheitliche schriftliche Form bringen können – ohne orthographische Regeln, die dies bewirken, werde das Japanische in der kommenden Phase der technologischen Entwicklung nicht mithalten können.

Meiner Ansicht nach enthalten Umesaos Vorstellungen einige Probleme von unterschiedlichem Gewicht. Zuerst werde ich auf die weniger wichtigen eingehen.

Umesao meinte, es sei so gut wie ausgeschlossen, daß mehrere japanische Sprecher einen Text identisch läsen, doch das trifft keinesfalls nur auf das Japanische zu. In bestimmter Hinsicht ist das Englische hier noch viel extremer. Personen mit einem hohen Grad an intellektueller Erfahrung könnten einen Text zwar einigermaßen identisch akustisch realisieren, doch dazu bedürfe es einer geradezu akrobatischen Technik, schreibt Umesao. Da er kein Beispiel gibt, weiß man nicht genau, auf welche Schwierigkeiten er sich hier bezieht, doch falls er Fälle wie die folgenden meint – daß man z. B. „reihai" (An-

---

1 Okurigana, die sogenannten „begleitenden Kana", dienen der Angabe morphologisch-syntaktischer Elemente im japanischen Satz. Bei der *kun*-Lesung von Kanji ergeben sich mehrere Möglichkeiten, Okurigana einzusetzen, vgl. etwa das Beispiel des Qualitativums „hell" – „akarui". Der erste (und sinntragende) Teil des Wortes wird mit dem Kanji wiedergegeben, doch es ist möglich, statt eines auch zwei oder drei Okurigana hinzuzusetzen, also entweder akaru-i, aka-rui oder a-karui zu schreiben (wobei der Wortteil vor dem Bindestrich jeweils in Form eines Kanji, derjenige nach dem Bindestrich in Kana geschrieben wird).

betung, religiöse Verehrung) auch „raihai" lesen kann oder „daikibo"
(großer Maßstab) auch, wie es neuerdings ein Parlamentsabgeordne-
ter tat, „ôkibo" ausspricht –, wenn er also die Tatsache meint, daß man
ein und dasselbe Wort verschieden ausspricht, dann ist das Englische
noch viel weniger festgelegt als das Japanische.

Ob man nun im Aussprachewörterbuch von Kenyon/Knott nach-
schlägt, das als Autorität für die amerikanische Aussprache gilt,
oder im Aussprachewörterbuch von Daniel Jones, dem langjährigen
Standardwerk für England, das keine Dialektformen, sondern nur
Standardenglisch anführt – es dürfte jedenfalls nicht schwerfallen,
auf jeder Seite Beispiele dafür zu finden, daß ein einzelnes Wort
auf zwei oder drei, manchmal sogar auf vier oder fünf verschiedene
Weisen ausgesprochen werden kann.

In dem Punkte, daß die gleiche Notation je nach Zusammenhang
eine andere Aussprache erfährt, d. h. daß sich Schreibung und Aussprache nicht entsprechen, sind das Japanische und das Englische
einander ebenfalls ähnlich. Das japanische Zeichen für „Leben"
生 kann -zigfach verschieden gelesen werden, z.B. „ki", „nama",
„SHÔ", „SEI" usw. Es ist ein gutes Gegenstück zu dem Bestandteil
„-ough" in den englischen Wörtern „enough", „cough", „bough",
„ought", „borough", „through" und „though", der jeweils verschieden, nämlich [ʌf], [ɔːf], [au], [ɔː], [ə], [uː], [ou] ausgesprochen wird.
(Diese Tatsache dürfte Herrn Umesao natürlich auch bekannt sein,
und in der Tat sagt er in einem in derselben Zeitschrift an anderer
Stelle publizierten Gespräch wiederholt, das Japanische sei in dieser
Hinsicht problematisch, das Englische aber noch viel schlimmer.)

Da er zugibt, daß die Probleme bei der Umsetzung vom Geschriebenen ins Gesprochene im Japanischen geringer seien, will ich es
hier damit bewenden lassen und nun auf sein Argument eingehen,
die Umsetzung vom Gesprochenen ins Geschriebene sei weit pro-
blematischer, hier träte eine „totale Verwirrung" ein.

Wenn man, wie Umesao schreibt, einen Satz vorliest und ihn von zehn
verschiedenen Japanern niederschreiben läßt, so ist es durchaus denkbar, daß man tatsächlich zehn verschiedene schriftliche Versionen erhält. Auch hier enthält uns Umesao ein Beispiel vor, aber ich könnte
mir denken, daß er mit „totaler Verwirrung" wahrscheinlich auf die
folgenden Schwankungen in der Notation anspielt.

Zum einen ist die Zahl der benutzten Kanji individuell verschieden. Wenn in dem betreffenden Text zehn Wörter vorkommen, die mit Kanji geschrieben werden können, so ergibt allein das schon 1024 verschiedene Versionen. Theoretisch ist es durchaus vorstellbar, daß zwischen den beiden Extremen, nämlich jemandem, der überhaupt keine Kanji benutzt, und jemandem, der alle zehn einsetzt, zahllose weitere Möglichkeiten des Kanji-Einsatzes liegen.

Der zweite Punkt ist der unterschiedliche Einsatz von Okurigana. Die Möglichkeit, das Wort „akarui" (hell) entweder „akaru-i" 明い, „aka-rui" 明るい oder „a-karui" 明かるい zu schreiben – wobei der vor dem Bindestrich stehende Teil des Wortes jeweils für das Kanji und der dahinter stehende Teil für das bzw. die Okurigana in Form von Kana-Silbenzeichen steht – kommt noch zu den bereits erwähnten Variationsmöglichkeiten im Einsatz von Kanji hinzu. Und je größer die Zahl der benutzten Kanji in der *kun*-Lesung ist und je häufiger damit Okurigana eingesetzt werden, desto größer fällt folglich auch die Variationsbreite in der Notation aus.

(Wenn nun in dem Text auch noch Homonyme vorkommen, die semantisch verwandt sind, könnte es sein, daß die schriftliche Version auch noch je nach Schreiber Kanji mit völlig unterschiedlicher Bedeutung enthält. Doch darauf hat sich Umesao wahrscheinlich nicht bezogen, als er von „totaler Verwirrung" sprach, und je länger der betreffende Text ist, desto eher wird man solche Mißverständnisse auch vermeiden können.)

Die „totale Verwirrung" bei der Niederschrift eines akustisch aufgenommenen Textes, von der Umesao spricht, ist also auf Unterschiede in der Umsetzung in Kanji und im Einsatz der Okurigana zurückzuführen. Aber bedeuten diese Unstimmigkeiten wirklich ein so unkontrollierbares und großes Problem, wie es der Ausdruck „totale Verwirrung" suggeriert?

Wenn man von der Bedingung ausgeht, daß es umfassende Regeln darüber geben müßte, welche Wörter man in Kanji zu schreiben habe und wie die Okurigana einzusetzen seien, dann erscheint die Notationsweise des Gegenwartsjapanischen tatsächlich völlig unüberschaubar und uneinheitlich. Aber warum darf es denn nur eine einzige Art und Weise geben, wie man einen gesprochenen Text niederschreibt? Manch einer mag vielleicht behaupten, eine von

100

Person zu Person differierende Schreibweise sei unpraktisch, aber was bedeutet „unpraktisch" in Wirklichkeit? Umesao gibt selbst zu, daß letztlich nicht festzustellen ist, welche Schreibung von „akarui" die richtige ist – ob „akaru-i", „aka-rui" oder „a-karui". Fast könnte man sagen, jede sei richtig. Das Geschriebene hat seine Funktion erfüllt, wenn es nur richtig gelesen wird. In Fällen, wo ein Kanji mehrere *kun*-Lesungen aufweist wie etwa „komakai" 細かい (klein, detailliert) und „hosoi" 細い (dünn), muß die Differenzierung über den unterschiedlichen Einsatz von Okurigana erfolgen. Eine Okurigana-Schreibung „-kai" im Anschluß an das entsprechende Kanji ist daher ein eindeutiges Signal für die Lesung „komakai", während man beim Okurigana-Anschluß „-i" auf das Wort „hosoi" schließt. Aber es wäre auch nicht falsch, wenn man „komakai" 細まかい oder „ho-soi" 細そい schriebe. Vom Gesichtspunkt der Rationalität aus betrachtet ist es jedoch am praktischsten, so wenig Okurigana wie möglich zu verwenden, solange die Gefahr der Verwechslung oder des Mißverständnisses ausgeschlossen bleibt. Ein möglichst ökonomischer Okurigana-Einsatz nach dem Muster „akaru-i", „hoso-i" und „koma-kai" ist daher wünschenswert, aber es besteht keine Notwendigkeit festzulegen, daß es so und nicht anders sein dürfe. Daß viele meinen, der Einsatz der Okurigana im Japanischen bedürfe vereinheitlichender Regeln, kommt mir sozusagen als ein Scheinproblem vor, wie die moderne Philosophie es definiert: Man stellt ein Problem auf, für das es keine einheitliche Antwort gibt und das auch keiner einheitlichen Antwort bedarf, und quält sich nun aus freien Stücken damit herum. Umesao fand es erstaunlich, daß das Japanische immer noch nicht über eine geregelte Orthographie verfügt und bisher ohne sie auskam, während in den Sprachen der am weitesten entwickelten Länder die Orthographie schon längst geregelt sei. Aber das Japanische ist aufgrund seines besonderen Kanji-Kana-Mischstils und der Eigenheit einer *on-kun*-Doppellesung eine Sprache, die prinzipiell keine einheitliche Orthographie entwickeln kann und ihrer auch nicht bedarf, und aus eben diesem Grund kam sie bisher ohne feste Orthographie aus. Es ist ein großer Fehler, sie mit den völlig anders strukturierten europäischen Sprachen zu vergleichen und sie dann als unterentwickelt oder verworren zu bezeichnen.

Für den Fall, daß man in Zukunft Geräte nach Art einer akustischen Schreibmaschine benutzen wird, reicht es aus, wenn man speziell für diese Maschinen eine bestimmte Art der Verschriftung von Lauten konstruiert, und es wäre ja nicht weiter schlimm, wenn diese nicht mit der Verschriftung von Texten im täglichen Leben übereinstimmt, und erst recht besteht keine Notwendigkeit, daß sich die alltägliche Schreibweise an einer Eignung für Maschinen zu orientieren habe. Telegramme werden bereits in Kana geschrieben. In jüngster Zeit ging man dazu über, die Personennamen im Führerschein nach einem bestimmten Kode zur Entschlüsselung der Kanji durch den Computer in Kana zu schreiben. So liest sich mein Name auf dem Führerschein etwa Susuki Kôo, und diese Kana-Schreibung ermöglicht es dem Computer, aus einer Reihe alternativer Kanji-Schreibungen für den Vornamen „Takao" meine individuelle Namensschreibung zu identifizieren. Solange man in der Vorstellung befangen ist, es müsse unbedingt eine einheitliche Orthographie geben, die den gesamten Bereich sprachlicher Aktivitäten regelt, ist es nur natürlich, daß man zu der Folgerung gelangt, eine Abschaffung der *kun*-Lesung bei den Kanji wäre praktisch und würde für größere Einheitlichkeit sorgen.

Wie bereits eingehend dargelegt wurde, ist die Mehrzahl der japanischen Kanji über die *kun*-Lesung fest in unserem Sprachbewußtsein verankert. Man darf also nicht übersehen, daß durch Abschaffung der *kun*-Lesung die Kanji und die Kanji-Wörter im Japanischen letztendlich selbst gefährdet würden. Wenn man nämlich die japanischen Kanji nur sinojapanisch läse, wäre die Zahl der Homonyme zu groß und sie könnten ihre Selbständigkeit als Morpheme kaum noch aufrechterhalten. Umesao schreibt in seinem Aufsatz weiter:

> „Die Sprache ist ein System. Wenn man also über die Schrift nachdenkt, muß man nicht nur über jedes einzelne Zeichen, sondern auch über die gesamte Struktur dieses Systems nachdenken. Im Falle der Notation des Japanischen gilt es folglich nicht nur, die Eigenschaften sowie die Vor- und Nachteile der Kanji, der Katakana und der Hiragana einzeln zu betrachten, sondern zugleich auch das gesamte Notationssystem im Auge zu behalten, das sich aus diesen drei Schriftformen zusammensetzt."

Umesaos Ansicht, daß man bei Betrachtung der Notation nicht nur die einzelnen Teile für sich ins Auge fassen, sondern sie auch in ihrer Beziehung zum Ganzen zu erörtern habe, halte ich für richtig. Und gerade deswegen möchte ich noch einen Schritt weitergehen und behaupten, daß es notwendig ist, das Notationssystem, das ja im Hinblick auf die Sprache insgesamt nur einen Teilbereich darstellt, im größeren Rahmen des umfassenden Systems der japanischen Sprache als Ganzem zu betrachten.

Die spezifisch japanische Verwendung der Kanji in der *on-kun*-Doppellesung ist in der Tat einerseits für die Uneinheitlichkeit der Notation verantwortlich. Dies könnte man für sich genommen als einen Nachteil empfinden. Aber gerade aus dieser *on-kun*-Doppellesung ergibt sich der bereits erwähnte und in keiner anderen Sprache auszumachende Vorteil einer Verbindung des Alltagswortschatzes mit dem gehobenen Wortschatz, und angesichts dieses Faktums zeigt sich die Gefahr, daß um der Beseitigung eines Nachteils willen ein großer Verlust in Kauf zu nehmen wäre. Umesaos Argument, die *kun*-Lesung der Kanji müsse um der Übersichtlichkeit der japanischen Schrift willen abgeschafft werden, erinnert an den sprichwörtlichen Stier, den man tötet bei dem Versuch, seine Hörner zu begradigen, das heißt, mir scheint, er verliert um der ausschließlich verfolgten Effektivität eines Teils der Sprache die Ausgewogenheit des gesamten Sprachsystems aus den Augen.

Eine Sprache ist ein historisches und kulturelles Produkt, und es läßt sich nicht in jeder Hinsicht klar und effektiv gestalten. Daß das Japanische allerdings insgesamt gesehen nicht unbedingt eine uneffektive Sprache ist, läßt sich auch daran erkennen, daß dieses Land unter ausschließlichem Gebrauch der japanischen Sprache zu einem wichtigen modernen Staat heranwachsen konnte. Kaum ein Land bringt es wie Japan fertig, mit nur einer einzigen Sprache für sämtliche Bereiche auszukommen – eine Tatsache, die es unbedingt zu berücksichtigen gilt, wenn von Effektivität der Sprache die Rede ist.

Denkt man etwa an Beispiele wie Kanada, wo Englisch und Französisch Landessprache sind und der gesamte offizielle Bereich daher zweisprachig abgewickelt wird, an die Schweiz, die drei offizielle und vier Landessprachen anerkennt, oder an ein Land wie Indien, wo auf einem Geldschein der Betrag in Fünfzehn verschiedenen Sprachen

aufgedruckt sein muß, dann klingt angesichts sprachlicher Ineffektivität auf Staatsebene in diesen Ländern das Argument, einzig Japan
würde wegen der Ineffektivität seiner Orthographie international gesehen zurückbleiben, nicht sehr überzeugend.

Im folgenden Kapitel werde ich noch etwas ausführlicher darauf
eingehen, wie sehr fast alle Länder der Erde mit Vielsprachigkeit
zu kämpfen haben und wie glücklich wir Japaner uns dagegen
schätzen können, die wir von der Grundschule bis zur Universität
mit einer einzigen Sprache auskommen, denn mir ist schmerzlich
bewußt geworden, wie wenig man in Japan allgemein über die
sprachlichen Verhältnisse in so vielen anderen Ländern weiß. Statt
dessen erklärt man die Seinsweise der europäischen Sprachen zum
einzig möglichen Ideal und versucht, etwas von der Sprache insgesamt her gesehen außerordentlich Unwichtiges zu perfektionieren
– eine traurige, weil abwegige Tendenz.

7. Über den strukturellen Unterschied zwischen Fremdwörtern und sinojapanischen Wörtern

Zahllose Wörter aus europäischen Sprachen wurden als Fremdwörter ins Japanische aufgenommen. Viele dieser Wörter, die grundsätzlich mit Katakana geschrieben werden, kommen nur der japanischen Vorliebe für Ausländisches entgegen; sie sind oft nicht
wirklich notwendig, sondern werden einfach gedankenlos gebraucht. Besonders die Damenartikel-Abteilungen in den Kaufhäu-
sern oder die Werbung für neue Produkte ist voller Katakana- bzw.
Fremdwörtern, was häufig Gegenstand der Kritik von Sachverstän-
digen wurde.

Der Zweck, zu dem ich hier die europäischen Lehnwörter aufgreife,
ist ein Vergleich zwischen der Stabilität solcher Katakana-Wörter
im Japanischen mit den Kanji und den sinojapanischen Wörtern,
die ja zunächst auch Lehnwörter waren. Einige japanische Linguisten glauben, daß auch die Katakana-Wörter nach längerer Zeit
völlig mit dem Japanischen verschmelzen und eine mit den Kanji
vergleichbare Produktivität und Stabilität entwickeln werden. Meiner Ansicht nach aber wird der größte Teil der Katakana-Wörter

für den Durchschnittsjapaner, der keine weiterreichenden Fremd-
sprachkenntnisse besitzt, aufgrund der Tatsache, daß hier keine
Möglichkeit für eine *kun*-Lesung wie bei den Kanji und den sinojapanischen Wörtern besteht, immer ein isoliertes, fremdes Element
bleiben oder das Schicksal eines instabilen Vokabulars erleiden, das
ständigen Veränderungen unterworfen ist. Ich will dies anhand einiger Probleme erläutern.

Das erste Problem der in Katakana geschriebenen Fremdwörter besteht darin, daß in der Ursprungssprache völlig identische Lexeme ihre wechselseitige Identität im Japanischen verlieren.

So gibt es z. B. das Fremdwort aus dem Englischen „doraibâ" (driver). Es bedeutet „Autofahrer" und hat sich in Verbindungen wie
„nichiyô doraibâ" (Sonntagsfahrer) oder „ônâ doraibâ" (owner driver = den eigenen Wagen selbst chauffierender Fahrer) eingebürgert. Aber „doraibâ" heißt auch „Schraubenzieher", und auch diese
Verwendungsweise ist in der Alltagssprache üblich. Drittens gibt
es auch einen Golfschläger, der „doraibâ" heißt. Derjenige, der
nicht gerade sehr gut im Englischen bewandert ist, wird diese drei
„doraibâ"-Sorten wahrscheinlich als drei verschiedene, aber homonyme Wörter mit identischer Schreibung auffassen, denn von ihrer
Bedeutung her lassen sie keinen klar ersichtlichen Zusammenhang
erkennen.

Nun sind diese drei Wörter im Englischen ursprünglich aber völlig
identisch. „Drive" bedeutet als Verb: „auf etwas Kraft ausüben und
gewaltsam in eine Richtung bewegen", „treiben". Also sagt man
z. B. „Tiere treiben", oder man benutzt das Wort im Sinne von
„Pferde mit der Peitsche antreiben, damit sie die Kutsche vorwärts-
ziehen"; der Kutscher ist also derjenige, der „treibt", also der „driver". Als man dann von der Kutsche auf das Auto umstieg, nannte
man auch den Fahrer „driver". Der Schraubenzieher wiederum ist
ein Gegenstand, mit dem man durch Kraftanwendung eine Schraube
in etwas hineindreht, und er wird ebenso wie der Golfschläger, den
man für besonders kräftige Schläge verwendet, „driver" genannt.

Jemand, dessen Muttersprache Englisch ist, wird diese drei „driver"-
Arten ohne Schwierigkeiten miteinander in Verbindung bringen. Japaner dagegen, die es nicht gewohnt sind, das Gemeinsame zwischen
den Wörtern „Fahrer", „Schraubenzieher" und „Golfschläger" zu se-

hen, werden sie daher als zufällig homonyme, aber unterschiedliche Lexeme auffassen. Selbstverständlich kann ein normaler Japaner nicht die innere Struktur des Lexems „driver" durchschauen.

Ein weiteres Beispiel sind die Wörter „rôrâ sukêto" (Rollschuhe) und „rôrâ kanaria" (Kanarienvogelsorte, coracias garrulus). „Rôrâ sukêto" (roller skates) sind Schuhe, die sich auf Rädern fortbewegen, und wenn jemand ein wenig Sprachgefühl für das Englische mitbringt, wird er die Walze (rôrâ) auf dem Tennisplatz oder die Walze (rôrâ), die man beim Anstreichen verwendet, damit in Verbindung bringen können.

Derselbe wird aber kaum vermuten, daß das „rôrâ" im Namen des Kanarienvogels, der so schön singt, etwas mit dem „rôrâ" der Rollschuhe zu tun haben könnte. Aber „rôrâ" heißt im Englischen „roller", und das Verb „to roll" bedeutet „rollen". Der Kanarienvogel verdankt seinen Namen dem ausdauernden Gesang, der so klingt, als würden in seinem Rachen Kügelchen rollen, und so sind das „roller" in dem Vogelnamen und das „roller" bei den Rollschuhen ein und dasselbe. Ein gutes Beispiel ist auch das Wort „paipu" (pipe – Pfeife, Rohr). Die Pfeife (paipu), die man zum Rauchen verwendet, und das Rohr (paipu) für Wasser- oder Gasleitungen leiten sich ursprünglich von einem Wort „pipe" her, das einen langen, runden und innen hohlen Gegenstand bezeichnet. Auch eine Flöte heißt „pipe". Im Kontext des Japanischen geht diese semantische Beziehung allerdings völlig verloren. Würde man „paipu" in der Originalform einführen und es in lateinischen Buchstaben „pipe" schreiben und gäbe es den Brauch, das Wort in einer Art *kun*-Lesung „kuda" (Rohr) auszusprechen, so würde man „paipu" in seinen verschiedenen Bedeutungen wohl nicht auseinanderdividieren. Auf diese Weise verfährt man im Japanischen mit den Kanji. Würde man nun die Kanji-Notation abschaffen (das heißt, nur noch ein Kana-Syllabar oder das lateinische Alphabet verwenden) oder würde man die *kun*-Lesung der Kanji aufgeben, würden ganz offensichtlich die gegenwärtig sinojapanisch *(on)* gelesenen Kanji bzw. die sinojapanischen Wörter ihren gegenseitigen Zusammenhalt verlieren und auf der Stelle in viele homonyme Lexeme mit unterschiedlicher Bedeutung auseinanderfallen. Jedes einzelne der so entstandenen Wörter wiederum verlöre seinen semantischen Gehalt;

es würde zu einem bloßen Namen für eine Sache oder eine Tätigkeit, zu einem Etikett, das für sich genommen keine Bedeutung hat. Weil etwa das Wort „sekitan" (Steinkohle) gegenwärtig mit dem Zeichen für „Stein" und „Holzkohle" geschrieben wird, kann man Ursprung und Bedeutung des Wortes sehr leicht erschließen. Die *kun*-Lesung der Kanji ermöglicht dies, denn mit Hilfe der entsprechenden japanischen Wörter läßt sich die Bedeutung der Kanji auch dann erschließen, wenn uns die sinojapanischen Begriffe nicht geläufig sein sollten. Schafft man aber die *kun*-Lesung der Kanji ab oder gibt die Kanji sogar insgesamt auf, so muß man „sekitan" als Ganzes und als die Bezeichnung für einen Gegenstand memorieren, der so ähnlich wie Holzkohle ist. Außerdem würde dadurch der Zusammenhang mit anderen Wörtern, die das Element „seki" enthalten – z. B. „sekibutsu" (Steinbuddha) – auf der lexematischen Ebene für viele Sprecher nicht mehr durchschaubar, da es zahlreiche Homonyme gibt.

Auch in jeder anderen Sprache gilt, daß bei der Aufnahme fremdsprachiger Lexeme wie in den Beispielen „driver" und „roller" die Aufbauprinzipien oder die semantische Struktur der betreffenden Wörter in ihrer Ursprungssprache nicht mehr durchschaut und daß sie, wie im Falle von „sekitan", als Ganzes einem bestimmten Gegenstand zugeordnet werden. Für die weniger Gebildeten bedeuten Lehnwörter oft eine Belastung; sie steigern die Mühe des mechanischen Auswendiglernens. Wenn also im Japanischen die Zahl der in Katakana geschriebenen Fremdwörter wächst, so bedeutet dies, daß für den Durchschnittsbürger die Wörter zunehmen, die er nicht recht versteht.

Das zweite Problem der Katakana-Wörter besteht darin, daß Wörter, die sich in der Ursprungssprache phonetisch und aufgrund ihrer Schreibung unterscheiden, im Rahmen des Japanischen die gleiche Lautung und Notation erhalten, wo das Japanische nicht entsprechend phonetisch differenziert, ein Umstand, der zu Verwechslungen führt und Verwirrung stiftet.

Wörter wie „bôringu" (die Sportart Bowling) und „bôringu" (boring – ein Loch in die Erde bohren) oder „bôru" (ball – der Ball) und „bôru" (bowl – eine Halbkugel-Schale) unterscheiden sich im Englischen sowohl durch ihre Schreibung als auch durch ihre Aussprache, doch im Japanischen sind sie aufgrund der identischen Aussprache und einer ähnlichen Bedeutung kaum auseinanderzuhalten. Ähnlich liegt der Fall bei „fûdo" als „Lebensmittel" (food) und als „Kapuze" (hood), „kôto" im Sinne von „Tennisplatz" (court) und von „Mantel" (coat) oder „rôn" als „(Immobilien-)Kredit" (loan) und als „Rasen" (lawn) in „rôn tenisu" (Rasentennis). Die „rinkusu" (links) beim Golf („Golfplatz") und der „rinku" (rink) als „Rollschuhbahn" unterscheiden sich im Englischen durch die Konsonanten „l" bzw. „r". Im Japanischen aber fällt nicht nur diese Unterscheidung weg, sondern da beide Begriffe sich auch noch auf einen großen Platz beziehen, werden sie oft verwechselt. Beim „Golfplatz" läßt man daher manchmal das „s" am Wortende weg, und umgekehrt spricht man zuweilen von „skate rinks". Dieselbe Verwechslung ergibt sich auch bei „barubu" im Sinne von „Ventil" (valve) und als „Birne" (bulb).

Drittens gibt es auch den Fall, daß ein und dasselbe Wort nacheinander zu verschiedenen Zeiten übernommen wurde und sich aus diesem Grund oder aufgrund unterschiedlicher Anwendungsbereiche verschiedene Aussprachen im Japanischen eingebürgert haben, so daß man meint, man habe es mit zwei phonetisch und semantisch verschiedenen Lexemen zu tun. Gute Beispiele dafür sind etwa „strike" als „sutoraiki" (Streik) und „sutoraiku" (Schlag); „glass" als „garasu" (Glas als Material) und als „gurasu" (Trinkglas) oder das Wort „part", dessen Pluralform „pâtsu" „Teile" bzw. „Ersatzteile" bedeutet, während „pâto" im Sinne von „part-(time)" „Teilzeitarbeit" bezeichnet. Ebenso verhält es sich mit „truck", das in der Aussprache und Schreibung „torakku" einen LKW, in der Form „torokko" dagegen einen Förderwagen meint.

So gesehen sind die in Kana geschriebenen Fremdwörter nicht nur aufgrund ihrer im Vergleich zu den Kanji und den sinojapanischen Wörtern weit kürzeren Geschichte im Japanischen weniger integriert, sondern sie werden auch nie ihre fundamentale Instabilität als Fremdwörter verlieren, da sie im Unterschied zu den Kanji nicht über eine *kun*-Lesung verfügen, welche sie stärker ins Japanische einbinden könnte, und da sie auch nicht ihre ursprüngliche Notation beibehalten, wodurch sich eine Verwechslung aufgrund der gleichen Aussprache vermeiden ließe.

Die Lehnwörter aus den modernen europäischen Sprachen unterscheiden sich von den sinojapanischen auch darin, daß sie im Laufe der Zeit extreme Verkürzungen erfuhren. So wird „sutoraiki" etwa zu „suto" und „rekôdingu" wird zu „reko" (in der Zusammensetzung „ofu reko" – „off recording"). In diesem Fall werden mehrere Wörter formal identisch, die in der Ursprungssprache nur partiell übereinstimmen. Wörter wie „puroguramu" (programme), „purofesshonaru" (professional), „purodakshon" (production), „puroretariâto" (Proletariat) und „purotsento" (Prozent) werden allesamt zu „puro" verkürzt.

Folglich beschränkt sich die Zahl derer, die sicher und korrekt mit Kana-Fremdwörtern umgehen können, auf den Teil der Intelligenz, der mit Fremdsprachen vertraut ist. In diesem Punkt verhält es sich also ganz ähnlich wie im Englischen oder Französischen, wo die aus dem Griechischen oder Lateinischen stammenden Fremdwörter dem ungebildeten Normalbürger ebenfalls Schwierigkeiten bereiten. So läßt sich auch anhand der Überlegungen zu den in Kana geschriebenen Fremdwörtern Bestätigung für meine These finden, daß viele Wörter des gehobenen Wortschatzes für die Allgemeinheit in Japan sprachlich instabil würden, wollte man die Kanji und die sinojapanischen Wörter auf die *on*-Lesung beschränken.

III

Die Stellung des Japanischen in der Welt

1. Japanisch als eine der großen Sprachen

Nehmen wir an, in einem unberührten tropischen Urwald oder wo auch immer hätte man einen kleinen Volksstamm entdeckt, der bisher in friedlicher Isolation ohne jeden Kontakt mit der Außenwelt gelebt hätte. In der Sprache dieser Menschen dürfte es keine Bezeichnung für den eigenen Stamm geben. Die Namen von Stämmen und Völkern entstehen, wenn sich die Notwendigkeit einer Unterscheidung von anderen Gruppen ergibt, und folglich werden sie in vielen Fällen von anderen gegeben. Menschen, die völlig isoliert von anderen Menschengruppen leben, haben daher keine Erfahrung in der Abgrenzung gegenüber anderen und kennen somit auch nicht die Notwendigkeit, eine Bezeichnung für sich selbst zu haben. Gleichermaßen haben diese Menschen kein Bewußtsein davon, welche Sprache sie sprechen, und folglich gibt es auch dafür keine Bezeichnung, denn sie hatten keine Gelegenheit, ihre eigene Sprache von einer fremden zu unterscheiden und sie ihr gegenüberzustellen.

Die Engländer nennen ihre Sprache English. Die Deutschen bezeichnen ihre Sprache als Deutsch. Wenn es um die eigene Sprache geht, faßt jedes Volk sie in Abgrenzung zu anderen Sprachen auf, und normalerweise wird sie mit einem Eigennamen bezeichnet.

Die Japaner jedoch bezeichnen ihre Sprache seltener in der Abgrenzung zu anderen als Japanisch, viel häufiger fassen sie sie als Landes- oder Nationalsprache (kokugo) auf. Das entspricht den Bezeichnungen Nationalliteratur (kokubungaku) für japanische Literatur, „Nationalsprachforscher" (kokugo gakusha) für die Linguisten, die sich mit dem Japanischen befassen, und „Untersuchungsausschuß für die Landessprache" für den Ausschuß, der das Japanische untersucht.

Englisch-Wörterbücher, die in England erscheinen, heißen „English Dictionary" oder „Dictionary of the English Language". Auch in Frankreich und Deutschland ist es üblich, die eigenen Wörterbücher und Grammatiken mit dem Eigennamen der eigenen Sprache zu bezeichnen; in Japan erscheinende Japanisch-Lexika heißen dagegen „Lexikon der Landessprache" (Kokugo jiten) und die Grammatiken „Grammatik der Landessprache" (Kokubunpô). Auch in Amerika sagt ein amerikanischer Student, der seine eigene Sprache an der Universität als Fach studiert: „I'm studying English", während die entsprechenden japanischen Studenten sagen, sie studierten die Landessprache, und es klänge irgendwie komisch, wenn sie sagten, sie studierten Japanisch.

Auch wenn man die Japaner nicht gerade mit dem erwähnten imaginären Volksstamm vergleichen kann, sind sie es meiner Ansicht nach doch kaum gewöhnt, ihre eigene als eine unter vielen menschlichen Sprachen zu betrachten, die sich mit anderen Sprachen auf eine Ebene stellen und mit ihnen vergleichen läßt. Alles außer der Landessprache ist Fremdsprache, und es hat den Anschein, als betrachte man beider Existenz als etwas völlig Unterschiedliches.

(Das soll natürlich nicht heißen, daß es nicht auch die Bezeichnungen „Japanisch" oder „japanische Literatur" gäbe. Wenn man die Absicht hat, das Japanische explizit anderen Sprachen gegenüberzustellen, sagt man etwa „Im *Japanischen* gibt es keine Unterscheidung von Singular und Plural" oder „Das *Japanische* ist die schwierigste Sprache der Welt". Und im Vergleich mit der Literatur anderer Länder spricht man auch schon von „Gesammelten Werken der *japanischen* Literatur". Andererseits ist es jedoch nicht üblich, die Geschichte der Nationalliteratur auch als „Geschichte der *japanischen* Literatur" zu bezeichnen.)

Unter Fachleuten hat sich neuerdings der Ausdruck „Japanisch als Fremdsprache" durchgesetzt, eine Wendung, die denjenigen, der sie zum erstenmal hört, ein wenig verblüffen mag, ein etwas angestrengt klingender Ausdruck, der eine relativ neue Auffassung bezeichnet, nach der unsere Sprache, das Japanische, nicht als Landes- bzw. Nationalsprache (kokugo), sondern, aus dem Blickwinkel von Ausländern gesehen, als eine unter vielen anderen Sprachen betrachtet wird.

Wenn Japaner ihre eigene Sprache als Landes- oder Nationalsprache bezeichnen, dann begreifen sie diesen Gegenstand ausschließlich von innen. Das Wort „kokugo" (Landes-/Nationalsprache) steht also für eine selbstgenügsame, den Standpunkt anderer nicht einbeziehende Gegenstandsauffassung, die nicht danach fragt, wie sich das Japanische den Augen der Ausländer zeigt und wie sie das Japanische einschätzen. Daher klingt es natürlich und angemessen, wenn Ausländer sagen, sie lernten *Japanisch*. Eine Wendung wie „Ich lerne die Landessprache (kokugo)" oder „Ich studiere kokubungaku (die Nationalliteratur)" nimmt sich in unseren Ohren dagegen seltsam aus.

Auf diese Weise spaltet man ein und dasselbe Objekt, nämlich eine einzige Sprache, subjektiv in zwei verschiedene Dinge auf – in dieser unbewußt vorherrschenden Haltung unterscheidet sich das Verhältnis der Japaner zum Japanischen in gewisser Hinsicht von der Beziehung, die die Engländer zum Englischen oder die Franzosen zum Französischen haben, und dies ist der Punkt, auf den es mir ankommt. Denn wie ich anschließend ausführen werde, hängt dies damit zusammen, daß wir ein merkwürdiges Volk mit einem internationalen sprachlichen Einbahnverkehr sind – einerseits haben wir es kaum erlebt, daß Ausländer unsere Sprache benutzen und erforschen, während wir selbst dagegen seit dem Altertum eine lange Tradition des Studiums der Sprachen fremder Völker, dazu noch fast ausschließlich schriftlicher Denkmäler, besitzen.

Dies gilt nicht nur für die Sprache. Auf kulturellem Gebiet insgesamt nehmen wir begierig Fremdes auf, doch wir bemühen uns nicht aktiv darum, Eigenes zu verbreiten. Wir geben uns alle Mühe, den anderen zu verstehen, aber wir kümmern uns nicht darum, uns selbst verständlich zu machen. Das Gefühl für eine gleichrangige Gegenseitigkeit in dem Sinne, daß, wenn das Ausland für Japan ein zu verstehendes Gegenüber ist, Japan für die andere Seite ebenso ein zu verstehendes Gegenüber ist, geht uns völlig ab. Dies heißt nichts anderes, als daß ein lebendiges Gegenüber im echten Sinne im Bewußtsein der Japaner nicht existiert. Zumindest nimmt man den Blick, mit dem man sich selbst sieht, und den Blick, mit dem die anderen einen sehen, nicht als derselben Dimension zugehörig wahr.

Unter Japanern wiederum müßte jeder andere ein solches Gegenüber sein, doch aufgrund der großen Homogenität der Japaner, auf die ich im folgenden Kapitel eingehen werde, betrachtet man den Landsmann nicht als ein Wesen, das einem von außen gegenübertritt und das man eventuell sogar nicht einmal verstehen kann. Vielmehr gestaltet sich die Beziehung so, daß man in Erweiterung des eigenen Ich sich in die andere Person hineinversetzt und sie auf diese Weise als einen Gegenstand begreift, den man in sich selbst aufnimmt. Im Rahmen eines solchen Verständnisses interpersonaler Beziehungen, das von einer Identifikation des Ich mit dem anderen ausgeht, hat ein Gegenüber im wahren Sinne des Wortes, das heißt, ein Gegenüber bzw. der andere als ein Wesen, das einem von außen gegenübertritt und mit dem man sich auseinandersetzen muß, keinen Platz.

Das größte Problem für Japan auf internationaler Ebene liegt meiner Ansicht nach in Zukunft darin, daß die Selbsteinschätzung der Japaner und die Einschätzung Japans durch das Ausland so häufig differieren oder aneinander vorbeilaufen. Es ist dieser Mangel an Erfahrung und an Fähigkeit, sich selbst auf internationaler Bühne objektiv betrachten zu können, den es in Zukunft als größte Schwierigkeit für Japan zu bewältigen gilt.

Von dem feinen Unterschied zwischen den Begriffen Landessprache (kokugo) und Japanisch (Nihongo) bin ich ein wenig ins Theoretische abgeglitten, doch worum es mir hier ging, war die Frage, wie weit Japaner in der Lage sind, ihre eigene Sprache, das Japanische, objektiv einzuschätzen.

In diesem Zusammenhang sei noch einmal untersucht, welche Stellung das Japanische unter den verschiedenen Sprachen der Welt hat und wo seine Besonderheiten liegen. Betrachten wir das Japanische in seiner gegenwärtigen Gestalt so vorurteilslos wie möglich anhand von Fakten, bevor wir Urteile über den Wert oder die Qualität dieser Sprache fällen.

Wenn dann auf der Basis einer solchen sozusagen phänomenologischen Erkenntnis des Japanischen noch jemand diese Sprache ablehnt, so wundert mich dies überhaupt nicht. Denn über Geschmack läßt sich streiten. Doch ich verlange gegenüber den auf mangelnden Kenntnissen und falschen Vorurteilen basierenden Ansichten, daß man zunächst einmal unvoreingenommen zu den Tatsachen zurückkehrt.

Ich bin überzeugt, daß jeder Japaner, der das Folgende aufmerksam liest, selbst diejenigen, die glauben, viel über das Japanische zu wissen, noch Neues über diese unsere Sprache erfahren werden, was wiederum meines Erachtens nur zeigt, wie einseitig die Kenntnisse der Japaner über das Japanische als eine unter vielen Sprachen sind.

Denken wir zunächst einmal darüber nach, an welcher Stelle unter den Sprachen der Welt das Japanische von der Zahl seiner Sprecher her gesehen rangiert.

Es heißt, daß gegenwärtig etwa 3000 bis 3500 verschiedene Sprachen auf der Welt in Gebrauch sind. Diese vage Ausdrucksweise erklärt sich daher, daß eine Entscheidung, ob es sich jeweils um zwei verschiedene oder eine einzige Sprache handelt, schwieriger ist, als man annehmen möchte.

Vergleicht man etwa das Japanische und das Englische, zwei Sprachen, die sich in allen Punkten deutlich unterscheiden, so wird jeder sofort erkennen, daß dies zwei verschiedene Sprachen sind. Im Falle verwandter und geographisch benachbarter Sprachen ist es jedoch sehr schwierig, Maßstäbe dafür aufzustellen, wie weit die Unterschiede gehen müssen, damit man von verschiedenen Sprachen reden kann.

So kommt es durchaus vor, daß zwei als verschieden betrachtete und folglich auch mit unterschiedlichen Namen bezeichnete Sprachen einander ähnlicher sein können als zwei sogenannte Dialekte, die einer einzigen Sprache zugeordnet werden. Denn mit den linguistischen Argumenten für die Abgrenzung einer Sprache vermischen sich häufig noch national, ethnisch, religiös oder durch den Schriftgebrauch bedingte Gründe von seiten der jeweiligen Sprecher.

Aus diesem Grund wird die auf den ersten Blick einfache Frage, wie viele Sprachen es insgesamt gibt, von den einen mit 3000 beantwortet, während andere Wissenschaftler behaupten, es gäbe über 3500.

Das Japanische hat etwa 110 Millionen Sprecher. Welchen Rang nimmt es damit zahlenmäßig unter den mehr als 3000 Sprachen der Welt ein? Ich habe diese Frage versuchsweise einigen Personen gestellt. Einer sagte, Japanisch stünde an fünfzehnter, ein anderer, es stünde vielleicht an dreißigster Stelle, doch der größte Teil der von mir Befragten antwortete, er habe noch nie darüber nachgedacht.

Wenn man von Sprachbenutzern bzw. Sprechern einer Sprache redet, so kann dies einerseits diejenigen bezeichnen, für die sie die Muttersprache darstellt, andererseits schließt man dabei jedoch zuweilen auch diejenigen ein, die diese Sprache als Zweit- oder Fremdsprache einigermaßen beherrschen. Im letzteren Sinn läßt sich die Zahl der Sprecher natürlich kaum in exakten Zahlen angeben, und daher will ich den Begriff hier zunächst nur im Sinne von muttersprachlichen Sprechern verstanden wissen. Betrachten wir in dieser Hinsicht also einmal die Rangfolge der Sprachen untereinander.

Gegenwärtig dürfte Chinesisch die meistgesprochene Sprache von allen sein. Allerdings ist das Chinesische kein homogenes Gebilde, sondern besteht aus sogenannten Dialekten, die so stark differieren können, daß man sich untereinander nicht verständigen kann. Greift man jedoch nur einmal die größte Dialektgruppe, das Nordchinesische, heraus, das allein schon fast 500 Millionen Sprecher zählt, so scheint es wohl berechtigt, das Chinesische an die erste Stelle zu setzen.

Es folgt das Englische mit angeblich mehr als 300 Millionen Sprechern in Großbritannien einschließlich Nordirlands, den Vereinigten Staaten, Kanada, Australien, Neuseeland, Südafrika u. a. m.

An dritter Stelle stehen das Spanische und das Russische. Da es keine aktuellen Statistiken gibt, läßt sich nichts Genaues sagen, doch ich nehme an, das Spanische verfügt über knapp 200 Millionen und damit über etwas mehr Sprecher als das Russische, das sich einschließlich des Ukrainischen und des Weißrussischen in einer Größenordnung von etwa 160 bis 170 Millionen bewegen dürfte. Die meisten Spanischsprechenden leben in Mittel- und Südamerika. Hierauf folgt Hindi, eine der offiziellen Sprachen Indiens, mit ca. 140 Millionen und darauf das Japanische mit über 110 Millionen gleichrangig mit dem Indonesischen einschließlich des Malaiischen. Weitere Sprachen mit mehr als 100 Millionen Sprechern sind vermutlich Portugiesisch und Bengalisch.

Daß das Japanische von der Zahl seiner Sprecher her gesehen unter den dreitausendfünfhundert Sprachen der Welt an sechster Stelle steht, werden wohl viele Japaner nicht so einfach glauben wollen. Auch mir wollte das zunächst gar nicht in den Kopf, doch als ich mich daraufhin noch gründlicher informierte, stellte sich heraus, daß es tatsächlich stimmt.

Es gibt gegenwärtig nur erstaunlich wenige Sprachen mit mehr als 100 Millionen Sprechern; selbst das uns so vertraute Deutsch zählt nur etwa 95 Millionen. Neben West- und Ostdeutschland und Österreich gibt es eine beachtliche Zahl Deutschsprechender in Polen, und in der Schweiz leben auch noch 3,5 Millionen. Außerdem wird in Amerika, besonders in Südamerika, viel Deutsch gesprochen. Das Französische verfügt mit Kanada, Belgien, der Schweiz und dazu den überseeischen Gebieten über circa 60 Millionen und liegt etwa gleich mit dem Italienischen. Das Arabische, das in jüngster Zeit zu einer offiziellen Sprache der Vereinten Nationen erklärt wurde, wird zwar auf einer geographisch großen Fläche und in vielen Ländern gesprochen, weist aber lediglich etwa 80 Millionen Sprecher auf.

Das heißt also, daß es weniger als zehn Sprachen mit mehr als 100 Millionen muttersprachlichen Sprechern gibt und daß darunter auch das Japanische fällt. Wieviele Japaner mögen gegenwärtig diese Tatsache kennen? Das Japanische ist also nicht, wie viele Japaner unwillkürlich glauben, eine unbedeutende Sprache, sondern es ist im Gegenteil zumindest im Hinblick auf die Zahl seiner Sprecher eindeutig eine große Sprache.

Aber ganz gleich wie groß die Zahl der Sprecher, die Bedeutung einer Sprache hängt wesentlich auch davon ab, ob ihr ein angemessen großer wirtschaftlicher Einfluß und eine gewichtige Kultur entsprechen. Wie steht es in dieser Hinsicht mit dem Japanischen? Die wirtschaftliche Kapazität und die hohe Kultur Japans sind, wenn auch vielleicht mit einigem Vorbehalt, ohne Frage international gesehen doch von großer Bedeutung.

Wenn wir das Japanische auf diese Weise nicht mehr nur als „Landessprache" von innen betrachten, sondern von außen, das heißt, wenn wir das Japanische als eine von vielen Sprachen sehen lernen, bekommen wir erstmals ein richtiges Gefühl für die Verhältnisse. Doch mit dem Japanischen als einer großen Sprache verbinden sich so manche Probleme.

2. Ein-Sprachen-Staaten und Mehr-Sprachen-Staaten

Damit Sie das Überraschende an und die Bedeutung der Tatsachen, die ich gleich schildern werde, unmittelbar erfassen können, stellen Sie sich bitte folgendes vor:

Gesetzt den Fall, wir reisen in Japan – überlegen wir uns dann jemals, wenn wir einen Passanten nach dem Weg fragen wollen, ob der Betreffende Japanisch spricht oder nicht? Haben wir uns beim Einkauf im Laden um die Ecke je gesorgt, ob der Verkäufer Japanisch kann? Es gibt wohl keinen einzigen Japaner, der sich solcherlei Gedanken gemacht hätte. Das Japanische wird in ganz Japan verstanden, und die Tatsache, daß jeder Japaner Japanisch kann, ist so selbstverständlich, daß es darüber kein Wort zu verlieren gibt.

Aber Japan ist wahrscheinlich das einzige größere Land, in dem man mit unzweifelbarer Sicherheit davon ausgehen kann, daß jeder Landsmann, dem man begegnet, dieselbe Sprache spricht. Japan ist perfekt einsprachig, und daß das Japanische darüberhinaus auch noch zu den größten Sprachen der Welt zählt, bringt in Zukunft sowohl für uns Japaner als auch für die Ausländer diverse Probleme mit sich.

Um die besondere Verbindung zwischen dem Japanischen und den Japanern aufzuzeigen, sei noch eine weitere Tatsache angeführt. Wenn wir Japaner ins Ausland reisen und dort irgendwo fließendes Japanisch hören, so muß es sich bei dem Sprecher um einen Japaner handeln.

Was soll denn das nun wieder, wird manch einer denken, doch nichts zeigt die feste Verbindung zwischen Japanern und dem Japanischen konkreter als eben diese Tatsache. Wenn man statt des Japanischen einmal das Englische oder das Französische einsetzt, wird deutlich, was ich meine.

Wenn ein Franzose mit einer internationalen Fluglinie reist und dabei zufällig schönes Französisch hört, so kann er nicht unbedingt erwarten, daß es sich um einen Franzosen handelt. In anderen europäischen Ländern gibt es viele, die fließend Französisch sprechen. Ja mehr noch, der Sprecher könnte auch ein reicher dunkelhäutiger Afrikaner oder ein schwarzhaariger vietnamesischer Herr sein.

Haben wir es nun gar mit dem Englischen zu tun, das überall auf der Welt gesprochen wird, so kann man aus der Tatsache, daß jemand gut Englisch spricht, so gut wie keine Informationen darüber ableiten, welcher Nationalität, Rasse oder Religion der Betreffende angehört. Ein Verhältnis wie dieses, daß man Japaner-Sein und Japanisch-Sprechen in identischem Sinne gebrauchen kann, stellt eine große Ausnahme dar.

Konzentrieren wir unsere Überlegungen nun einmal auf den Aspekt, ob in einem Land eine oder mehrere Sprachen gesprochen werden, und werfen wir einen Blick auf die sprachlichen Verhältnisse außerhalb Japans.

Wenn man davon spricht, daß es Länder mit mehreren offiziellen oder Landessprachen gibt, so denken die meisten als erstes an die Schweiz. Von den circa fünf Millionen Einwohnern sprechen fünfundsiebzig Prozent Deutsch; es folgen Französisch, Italienisch und das von nur wenigen gesprochene Rätoromanisch. Es wird zwar nur von etwa 40 000 Menschen gesprochen, ist aber gleichwohl als Landessprache anerkannt.

Wenden wir uns dem amerikanischen Kontinent zu, so ist Kanada bekannt dafür, daß es zwei offizielle Sprachen, das Englische und das Französische, besitzt. Besonders im Staate Quebec mit Montreal, der größten Stadt des Landes, kann selbst einem flüchtig Durchreisenden die konsequente Doppelsprachigkeit nicht verborgen bleiben. (Nicht zu vergessen, werden in Kanada auch Eskimo und verschiedene Indianersprachen gesprochen.)

Bei dem Staat mit der größten Flächenausdehnung, der Sowjetunion, liegt die Mehrsprachigkeit besonders nahe. Ihre 230 Millionen Einwohner sprechen sage und schreibe 130 verschiedene Sprachen, und eine Anzahl von ihnen ist auch als offizielle Sprache anerkannt. Natürlich besitzt das Russische als Verkehrssprache unter den verschiedenen Völkern und Sprachgemeinschaften in der Sowjetunion einen unantastbaren Stellenwert.

Ein kurzer Blick nach Südasien. Indien kam aufgrund allzu komplizierter sprachlicher Verhältnisse nicht umhin, trotz starker emotionaler Widerstände das Englische, das ihm zuvor von der alten Kolonialmacht aufgezwungen worden war, nach seiner Unabhängigkeit als eine von fünfzehn offiziellen Sprachen anzuerkennen.

Das Hindi hat seinen Einflußbereich als offizielle Sprache zwar erweitert, doch der Widerstand der nicht Hindi sprechenden Volksgruppen, insbesondere der Drawida-Gruppe, ist so stark, daß dies für politische Instabilität sorgt.

Für gewöhnlich bezeichnet man als Mehr-Sprachen-Staaten also jene Länder, die mehr als eine offizielle oder Landessprache besitzen. Doch selbst in jenen Fällen, wo es nur eine einzige offizielle oder Landessprache gibt, gebraucht ein Teil der Bevölkerung im privaten Leben oft noch eine weitere Sprache, die nicht offiziell anerkannt ist. Zu diesen faktisch mehrsprachigen Ländern zählen sogar England und Frankreich, über die japanische Intellektuelle so genau Bescheid zu wissen glauben. Doch mehr als das, von einer gewissen Größenordnung an zählen erstaunlicherweise fast alle Länder zu dieser Kategorie.

Sehen wir uns zunächst einmal die britischen Inseln an. Im Westen Großbritanniens, in Wales, wird von etwa 650 000 Menschen das keltische Walisisch gesprochen.

Im Norden gibt es eine kleine Zahl Gälisch-Sprechender, und in Nordirland hört man auch Irisch. Es sind dies die Sprachen der früheren Einwohner der britischen Inseln, bevor die germanischen Angelsachsen vom europäischen Kontinent dort eindrangen. Das Keltische der eroberten Stämme existierte daher lange Zeit nur im Verborgenen weiter, bis es im Zuge neuerlich weltweit wachsender Selbständigkeitsbestrebungen und der Volkssprachen-Renaissance in letzter Zeit allmählich wieder neue Lebenskraft gewann. In Großbritannien spricht man also nicht nur Englisch.

Auch Frankreich hat mehr als nur Französisch aufzuweisen. Im Nordwesten, in der Bretagne, spricht man das keltische Bretonisch, im Bergzug der Pyrenäen Baskisch, im Südwesten nahe der spanischen Grenze Katalanisch, und im Mittelmeerraum gibt es sogar eine Gruppe Italienisch-Sprechender. Im Elsaß, um das sich Frankreich und Deutschland lange Zeit stritten, wird Deutsch gesprochen. Es paßt so gar nicht in unser Frankreichbild, uns vorzustellen, daß es dort einen Deutsch sprechenden Bevölkerungsteil gibt.

Geradezu unvorstellbar kompliziert müssen in den Augen eines Durchschnittsjapaners die sprachlichen Verhältnisse in den Vereinigten Staaten erscheinen. Viele Japaner meinen, dort würde überall und ausschließlich Englisch gesprochen, und das ist kein Wunder, denn bis vor kurzem glaubten das sogar die Amerikaner selbst. Man war allgemein der Ansicht, Kultur und Sprache der nach und nach Eingewanderten verlören im Laufe der Generationen allmählich an Einfluß, und alles ginge im Schmelztiegel der gemeinsamen amerikanisch-englischen Sprache und der amerikanischen Kultur auf.

Im Jahre 1966 jedoch veröffentlichte der bekannte Soziolinguist J. A. Fishman in einer umfangreichen Studie mit dem Titel „Sprachenloyalität in den Vereinigten Staaten" die Ergebnisse langjähriger Untersuchungen und deckte darin eine sprachliche Diversität auf, die bis dahin selbst die Amerikaner nicht bemerkt hatten bzw. nicht hatten bemerken wollen.

Das Buch dokumentiert in mehr als einem Dutzend Kapiteln, wie tief verwurzelt und weit verbreitet eine Reihe anderer Sprachen im täglichen Leben der Amerikaner ist. So gibt es nicht-englischsprachige Zeitungen, Rundfunksender, Kirchen und Schulen.

Das Buch enthält etwa auch eine Untersuchung über fremdsprachige Rundfunksendungen, die vom American Council for Nationalities Services durchgeführt wurde. Darin heißt es, daß es allein im kontinentalen Teil der Vereinigten Staaten (das heißt ohne die Inseln Hawaii usw.) im Jahre 1965 1005 fremdsprachige Rundfunksender gab, die insgesamt durchschnittlich 5000 Stunden in der Woche Programme ausstrahlten. Vier Jahre später waren es 1300 Sender und wöchentlich 6200 Stunden Programm mit steigender Tendenz. Die verbreitetsten Sprachen sind, in der Reihenfolge ihrer Häufigkeit, Spanisch, Italienisch, Polnisch, Deutsch und Französisch, insgesamt werden jedoch Programme in ungefähr vierzig verschiedenen Sprachen ausgestrahlt.

Als ich selbst vorletztes Jahr Los Angeles besuchte und bemerkte, daß in den städtischen Bussen die Beschriftung sowohl auf Englisch als auch auf Spanisch angebracht ist, wurde mir bei dieser Gelegenheit bewußt, daß der Südwesten der Vereinigten Staaten ursprünglich spanischsprachiges Gebiet war.

Fishmans Studie führt die Sprachen der verschiedenen in Nordamerika ansässigen Indianerstämme nicht an; bezöge man auch sie unter dem Gesichtspunkt der Mehrsprachigkeit ein und überblickt noch einmal die sprachlichen Verhältnisse in den Vereinigten Staaten, so wird man erneut feststellen, daß sie, wenn auch mit anderen Erscheinungsformen, eines der Länder mit den meisten Sprachen nach der Sowjetunion sind.

Angesichts solcher sprachlichen Verhältnisse in den wichtigen Ländern der Welt versetzt uns die absolute sprachliche Egalität und Homogenität, wie wir sie in Japan vorfinden, in Erstaunen. In welches abgelegene Bergdorf man auch kommen mag, bis auf dialektale Differenzen wird überall Japanisch und ausschließlich Japanisch gesprochen. Auf Bahnhöfen und Straßenschildern – abgesehen von den wenigen Ausnahmen, wo man ausländischen Touristen zuliebe auch eine englischsprachige Beschriftung angebracht hat –, auf Banknoten, Briefmarken, offiziellen Dokumenten und in der schulischen Ausbildung kommt man überall grundsätzlich nur mit dem Japanischen aus, was für die Nation insgesamt gesehen von höchster sprachlicher Effektivität zeugt, wie sie kaum ein anderes Land kennt. Japan ist eine der wenigen modernen Nationen, in denen sprachliche (und auch rassische und religiöse) Probleme nicht zu einem politischen Streitpunkt werden, der die Nation spaltet.

Aber alles hat sowohl gute als auch schlechte Seiten. Zu der ungewöhnlichen sprachlichen Homogenität im Inland kommt hinzu, daß Japan von den Nachbarländern durch das Meer vollständig abgeschnitten ist und sich im praktischen Leben kaum Kontakt mit fremden Sprachen ergibt. Daraus resultieren eine besondere Haltung der Japaner gegenüber Fremdsprachen und eine sehr seltsame Auffassung über die grundlegende Beziehung zwischen Mensch und Sprache, wie wir sie sonst in keinem Lande antreffen. Auf diesen Punkt werde ich im folgenden Kapitel genauer eingehen.

In unseren bisherigen Betrachtungen stellten wir fest, daß der Fall Japans, wo eine Nation als politische Einheit nur mit einer einzigen Sprache auskommt, eher zu den Ausnahmen gehört. Gehen wir nun einmal umgekehrt an die Dinge heran und konzentrieren den Blick auf jene Nationen und Völker, die sich einer bestimmten Sprache bedienen, so wird auch im Vergleich hiermit wieder die besondere Eigenart des Japanischen deutlich.

Als es um die Feststellung ging, daß das Japanische ohne weiteres zu den meistgesprochenen Sprachen der Welt gezählt werden kann, erwähnte ich bereits, daß das Englische Landes- oder offizielle Sprache in Großbritannien, den Vereinigten Staaten, Australien, Neuseeland, Kanada, Südafrika und Indien ist, um nur die wichtigsten Fälle zu nennen; beim Französischen fallen einem sofort Frankreich, Kanada, Belgien und die Schweiz ein, und auch Deutsch und Spanisch beschränken sich nicht auf ein Land. Die großen Sprachen wie Russisch, Chinesisch, Arabisch und Hindi werden allesamt von verschiedenen Rassen und Volksgruppen gesprochen.

Berücksichtigt man bei den genannten Sprachen neben ihrer Verbreitung als offizielle oder Landessprachen auch noch das Ausmaß, in dem sie als Fremd- oder Zweitsprachen beherrscht und benutzt werden, so übersteigt die Verbreitung jeder der zuvor erwähnten Sprachen bei weitem den Rahmen einer einzigen Rasse, Volksgruppe, Nation oder Religion.

Das Japanische dagegen ist nur in Japan offizielle und Landessprache. Und die einzige Volksgruppe, die Japanisch spricht, sind die Japaner.

Gegenwärtig leben in Brasilien, auf Hawaii und in verschiedenen Gegenden Nordamerikas insgesamt etwa 1,2 Millionen Japanischstämmige, von denen etwa die Hälfte das Japanische bis zu einem gewissen Grade beherrschen soll, doch abgesehen von ihrer Staatsbürgerschaft – rassisch gesehen sind sie Japaner und stellen insofern keine Ausnahme dar. Die einzige Ausnahme bilden allenfalls die Ainu auf Hokkaidô, aber da sie zahlenmäßig so wenig ins Gewicht fallen, tragen auch sie nicht dazu bei, den Japanern vor Augen zu führen, daß ihre Sprache auch von anderen Völkern gesprochen wird.

Eher noch ist die Tatsache, daß in den ehemaligen japanischen Kolonien Korea und Taiwan viele Menschen das Japanische noch recht gut beherrschen, dazu geeignet, als Ausnahmefall das Sprachmonopol der Japaner für das Japanische zu durchbrechen.

Die Verschlossenheit der japanischen Sprache wird dadurch noch verstärkt, daß man sich mit ihr im Ausland weder im Schulunterricht noch wissenschaftlich genügend befaßt. Es ist allgemein bekannt, daß das Englische als faktisch internationale Sprache selbst in den Ländern des Ostblocks als wichtige Fremdsprache gelehrt wird und daß dort englischsprachiges Material auch ausgewertet wird. Die internationale Bedeutung von Sprachen wie Französisch, Deutsch,

Russisch oder Spanisch mag sich zwar im Einzelfalle wandeln, doch sind auch sie immerhin weltweit Gegenstand des Fremdsprachenunterrichts. Auch das Chinesische und das Arabische wurden bereits lange vor ihrer Anerkennung als offizielle UNO-Sprachen in vielen Ländern intensiv erforscht.

Die Sprache Japans jedoch, eines Landes, das immerhin zur Wirtschaftsmacht avancierte und das eine friedensorientierte Außenpolitik im Sinne der UNO betreibt, wurde so gut wie in keinem Land ernsthaft erforscht oder als wichtige Fremdsprache in das Unterrichtsprogramm aufgenommen. Zumindest findet man nirgendwo einen Japanischunterricht, der der Bedeutung Japans als Staat international gesehen entspräche. In Japan wiederum bildete das Erlernen fremder Sprachen, vor allem des Englischen, Französischen und Deutschen, einen beträchtlichen Teil der höheren Schulbildung, und dies hat sich bis heute nicht gewandelt. Auch in diesem Punkte herrscht wieder ein perfekter sprachlicher Einbahnverkehr.

In den neueren Statistiken der UNESCO über Publikationen nehmen Russisch und Englisch regelmäßig den ersten Rang ein. Japan steht an dritter Stelle. Doch ich meine, die ersten beiden Positionen lassen sich mit der dritten schwerlich vergleichen. Die englischsprachigen Publikationen sind nämlich nicht nur für das Inland bestimmt, sondern sie spielen auch eine große Rolle als Exportartikel. Russische Publikationen mögen zwar nicht in gleichem Umfang wie die englischsprachigen ausgeführt werden, doch auch sie werden nicht nur in den einzelnen Sowjetrepubliken, sondern in großer Zahl auch in den osteuropäischen und anderen Ländern gelesen.

Die japanischsprachigen Publikationen dagegen sind fast ausschließlich für den Inlandsmarkt bestimmt. Japan importiert Jahr für Jahr große Mengen fremdsprachiger Literatur. Auch der internationale Austausch von Publikationen ist also einseitig zu Lasten Japans.

Die Asahi Shinbun brachte am 23. Dezember 1970 einen Artikel, der diese hier geschilderte sprachliche Isolierung Japans konkret aufzeigt. Sein Autor Murakami, der New Yorker Korrespondent der Zeitung, berichtete darin über die wichtigsten Ergebnisse einer zweijährigen Studie zum „Stand der Japanforschung in den Vereinigten Staaten", an der mehr als vierhundert amerikanische Japanologen, darunter so bekannte wie Reischauer, J. Hall und S. Levine, beteiligt waren. In einem Satz zusammengefaßt, lautet der Inhalt dieses Berichts: Forschung und Lehre japanischer Kultur und Sprache sind in den Vereinigten Staaten auf einem erstaunlich niedrigen Stand, und dies könnte in Zukunft sogar zu Schwierigkeiten in den japanisch-amerikanischen Beziehungen führen.

„In dem Bericht heißt es, die Beziehungen mit Japan zählten für die Vereinigten Staaten zu den wichtigsten überhaupt. Besonders aufgrund des rapiden japanischen Wirtschaftswachstums in den letzten zwanzig Jahren und des damit wachsenden internationalen Einflusses sei es nötig, verstärkt Japanforschung zu betreiben, denn Japan sei für die Vereinigten Staaten in der Tat in wirtschaftlicher Hinsicht bereits wichtiger als Großbritannien, Frankreich und Deutschland, und es ließe sich, mehr noch, voraussehen, daß es auch zum bedeutendsten Faktor in politischer, wissenschaftlicher und kultureller Hinsicht avancieren würde. Dessenungeachtet stehen den jährlich zweitausend ins Japanische übersetzten englischsprachigen Titeln nicht mehr als fünfundzwanzig Übersetzungen aus dem Japanischen ins Englische pro Jahr gegenüber. Im Jahre 1968 betrug die Zahl der Japanisch-Studenten in den ganzen Vereinigten Staaten lediglich 4324, was einem Zehntel der Russisch-Studenten und einem Hundertstel der Französisch-Studenten entspricht.

Die Analyse enthüllt darüberhinaus, daß sechzig Prozent der Studenten mit dem Hauptfach Japanisch sich auf die Staaten Hawaii und Kalifornien konzentrieren, und bei der Mehrzahl von ihnen handelt es sich um Japanischstämmige in der zweiten oder dritten Generation, die das Japanische als Muttersprache ihrer Eltern oder Großeltern lernen. In den dreiundzwanzig Staaten des Südens und Mittelwestens gibt es laut Bericht keinen einzigen Hauptfachstudenten für Japanisch. (...)

Das Engagement für Japanisch ist in Amerika nicht gerade hoch, vergleicht man es mit Japan, wo man von Hokkaidô bis Okinawa von der Mittelschule, d. h. vom dreizehnten Lebensjahr an, Englisch lernt.

Und das gilt nicht nur für die Sprache. Von den 1500 Universitäten und Colleges in den USA führen nur 130 das Fach Japanologie. Nur 61 von ihnen bieten einen vollen Studiengang an, und nur ganze 11 haben auch noch Postgraduiertenkurse. Die Zahl der Studenten, die sich in den Vereinigten Staaten mit Japan befassen, beläuft sich daher gegenwärtig auf weniger als ein Prozent."

Auf diese Tatsachen berufe ich mich, wenn ich meine, daß die Besonderheit des Japanischen gar nicht in der Sprache selbst begründet liegt, sondern eher von der monopolistisch verschlossenen Beziehung der Japaner zum Japanischen und der erschreckenden Einseitigkeit im sprachlichen Austausch mit dem Ausland her zu verstehen ist. Sprachlich gesehen lebt Japan immer noch im Zeitalter der Isolation.

Internationaler Austausch bedeutet Empfangen und Geben, heißt, sich zu bemühen, den Partner zu verstehen und sich gleichzeitig selbst verständlich zu machen. Japan ist ein seltsames Land, das zwar seit den Gesandtschaften nach China im 7. bis 9. Jahrhundert seine gesamte Geschichte hindurch in großem Maßstab fremde Kulturen rezipiert, es aber gleichzeitig konsequent versäumt hat, sich selbst dem Ausland verständlich zu machen.

England hat den British Council, Frankreich die Alliance Française und Deutschland die Goethe-Institute, mit denen diese und andere Länder mittels enormen finanziellen Aufwands die Verbreitung der eigenen Kultur und Sprache fördern.

Von japanischer Seite aus wurde erst kürzlich die Japan Stiftung gegründet mit dem Ziel, die japanische Kultur und Sprache systematisch und kontinuierlich im Ausland bekanntzumachen. Zu begrüßen ist auch, daß das Staatliche Institut zur Erforschung der Landessprache in diesem Jahr endlich eine Abteilung für Japanisch als Fremdsprache eingerichtet hat. Wichtiger als alles andere aber ist, daß die japanische Bevölkerung allgemein sich der Bedeutung des Japanischen im internationalen Maßstab bewußt wird und die eigene Sprache selbstbewußt als etwas unersetzbar Wichtiges zu sehen lernt. Ohne dies kann man weder Ausländern Japanisch beibringen, noch könnte man sie dazu bewegen, Japanisch zu sprechen.

IV
Die Japanische Kultur
und die Sprachauffassung der Japaner

1. Japanischer Kontakt mit fremden Völkern und Kulturen

Japan ist ein Inselstaat am Ostrand des asiatischen Kontinents. England ist ein Inselstaat im Nordwesten Europas. Aufgrund dieser geographischen Ähnlichkeit wurden beide Länder in Japan oft verglichen.

In der Tat gleichen sich beide Länder auf den ersten Blick darin, daß sie vom Meer umgeben sind und keine direkten Grenzen mit benachbarten Staaten aufweisen. Außerdem hat das moderne Japan seit der Meiji-Restauration viel von England gelernt und es sich zum Vorbild genommen, so daß der Gedanke einer geographischen Ähnlichkeit die Japaner vielleicht irgendwie ermutigt und hoffnungsfroh stimmt.

Überprüft man diese Ähnlichkeit jedoch genauer im Hinblick auf die Entstehung und Charakteristik der beiden Kulturen, so erkennt man sehr schnell, daß es sich nur um einen oberflächlichen Vergleich handelt, der sich nicht weiterführen läßt. Das Meer, das beide Länder umgibt, ist nämlich völlig verschiedener Natur.

England ist zwar eine Insel, doch das sie umgebende Meer reichte nicht aus, um das Eindringen von Feinden aus dem Kontinent oder die Einwanderung fremder Völker zu verhindern. Die Straße von Dover ist so schmal, daß sie sich an Schönwettertagen durchschwimmen läßt.

Im Jahre 55 vor Christus überquerte das römische Heer unter Caesar den Ärmelkanal, landete auf der Insel und unterwarf ihre keltischen Einwohner. Bekanntlich gehen die noch heute in verschiedenen Gegenden Englands zu findenden Ortsnamen mit den Endungen „-chester", „-cester" und „-caster" auf lateinische Festungen zurück. Zu den Vorfahren der heutigen Briten zählen auch verschiedene germanische Stämme, die um das fünfte Jahrhundert, zur Zeit der germanischen Völkerwanderung, von der gegenüberliegenden Halbinsel Jütland aus das Meer überquerten und auf die Insel eindrangen, und selbst nach der englischen Staatsgründung stellten die wiederholten Überfälle der Dänen eine ständige Bedrohung für das Land dar.

Die letzte und größte Einwanderungswelle für die Britischen Inseln bildete die Eroberung durch die Normannen in der Mitte des elften Jahrhunderts. Die Normannen waren ursprünglich ein germanischer Stamm, der sich jedoch schon früh in der Normandie niedergelassen hatte, so daß er zum Zeitpunkt der Eroberung Englands fast vollständig romanisiert war. Aus diesem Grunde wurde der größte Teil des englischen Vokabulars, das bis dahin dem Deutschen sehr ähnlich war, durch frankophone Elemente ersetzt.

Betrachtet man auf diese Weise nur einmal den Zeitraum nach Eintritt in die Geschichte, so stellt sich England als Inselreich dar, das beständig unter dem Einfluß vom Kontinent einströmender fremder Völker steht. So ist England zwar eine Insel, kulturell aber könnte man es auch für einen Teil des Kontinents halten.

Der Inselcharakter Japans dagegen weist völlig andere Eigenschaften auf. Sieht man einmal von der prähistorischen Zeit ab, so haben die Hauptgebiete Japans von der Staatsgründung bis in die Gegenwart nie eine direkte Invasion fremder Völker erlebt. Das Japanische Meer und insbesondere die rauhe Genkai-See bei der Südinsel Kyûshû, welche dem Kontinent am nächsten liegt, fungierten lange Zeit als Schutzwall gegen die Invasion äußerer Feinde und fremder Völker. Im Hinblick auf die Rezeption fremder Kulturen darf dabei nicht übersehen werden, daß das Meer, das Japan vom Kontinent trennte, wiederum nicht so rauh und ausgedehnt war, daß es das Eindringen fremder Kulturen völlig unterbunden hätte.

Wäre Japan wie Hawaii eine isolierte Inselgruppe mitten im Ozean, so wäre es zwar lange Zeit von feindlichen Angriffen verschont geblieben, aber es wäre auch nicht in den Genuß der Segnungen großer Zivilisationen des Kontinents gekommen. Und hätte es bei gleicher absoluter Entfernung zum asiatischen Kontinent hinter Japan, auf der Pazifik-Seite, in erreichbarer Nähe noch einen anderen großen und prosperierenden Inselstaat gegeben, so hätte der

starke Drang der Völker vom Kontinent dorthin Japan wahrscheinlich zu einer Durchgangsbasis werden lassen.

Die sackgassenartige Randlage Japans, die sehr praktische Entfernung zum Kontinent – weder zu weit noch zu nah – sowie das
Vorhandensein einer genügend großen Fläche mit günstigen klima-
tischen Bedingungen in ihrer geographischen Nord-Südausdeh-
nung, die die Bildung einer autarken, isolierten Gesellschaft ermög-
lichte, – diese drei Bedingungen in ihrem zufälligen Zusammenspiel
bewirkten, daß hier eine in der Zivilsationsgeschichte der Welt einmalige Kultur mit ganz besonderen Eigenschaften entstand.

Verläuft die Rezeption fremder Kultur wie im Falle Englands in
der Form feindlichen Eindringens oder der Masseneinwanderung,
so kommt es naturgemäß zu direktem Kontakt zwischen Einheimischen und Fremden auf der Ebene des täglichen Lebens. Im Gegensatz dazu erfolgte die Berührung Japans mit fremden Kulturen
ohne direkten menschlichen Kontakt nur über schriftliches Material
und Produkte aus dem Ausland, wie Masuda Yoshirô dies in seinem
Buch „Bedingungen einer reinen Kultur" (Junsui bunka no jôken,
Tôkyô: Kôdansha 1967) anhand reichhaltiger Beispiele klar und
überzeugend darlegt. Diese indirekte Art und Weise der Rezeption
einer fremden Kultur stellt einen Ausnahmefall dar. Natürlich gab
es auch in Japan nicht selten kleinere Gruppen von Fremden, die
wegen besonderer technischer Fertigkeiten (z. B. Weberei oder Me-
tallverarbeitung) ins Land geholt worden waren, aber immer waren
sie gerufen worden und nicht etwa aus eigenem Antrieb gekommen,
und sie gingen schließlich in ihrer neuen Umgebung auf.

Ich schätze Masudas Ansichten zur Entstehung der japanischen
Kultur und seine These über die wesensmäßige Reinheit dieser
Kultur, die eben keine Mischkultur sei, auch als einleuchtende Erklärung für die besondere Sprachauffassung der Japaner. Im folgenden sei nun ein Abschnitt von Masuda zitiert, in dem er erläutert,
wie angenehm eine Kulturrezeption ohne Krieg oder Zwang ist.

„Japan ist ein unbekümmert-sorgloses Land. Das gilt meiner
Ansicht nach für alle Phasen der ausländischen Kulturre-
zeption seit Eintritt Japans in die Geschichte. Der Ausdruck
‚Rezeption‘ oder ‚Aufnahme‘ fremder Kultur klingt in seiner
Gelassenheit selbst eigentlich schon japanisch. Im Falle Ru-

mäniens oder Taiwans so zu tun, als ginge es um Rezeption oder Aufnahme fremder Kultur, ist kaum möglich. Hier marschierten Eroberer und Machthaber mit schlammigen Stiefeln ein! Sie gaben grausame Befehle, erhoben Steuern, requirierten Menschen, vergriffen sich an den Frauen. Aufgrund solcher erbärmlichen Zustände und scheußlicher Erfahrungen wird man gezwungen, die fremde Sprache zu erlernen, erhält Waren aus dem Überfluß der Besatzer und stiehlt heimlich von ihrer Kultur. War dies nicht die übliche Form? Im Gegensatz dazu sind wir in Japan nie vom Ausland beherrscht worden und haben keine fremde Invasion erlebt, während wir zugleich aber reichlich Kultur aus China und Europa übernehmen konnten."

(Masuda Yoshirô: Notwendigkeit oder Nicht-Notwendigkeit des Redens – Spanisch und Englisch, in: Meine Fremdsprache (Watakushi no gaikokugo), hrsg. v. Nagai Michio und Umesao Tadao, Tôkyô: Chûô kôron 1970, S. 185 f.)

Es ist tatsächlich ein himmelweiter Unterschied, ob Kulturrezeption im direkten Kontakt mit den Fremden im täglichen Leben oder nur indirekt auf dem Wege über die Lektüre schriftlichen Materials oder die Aufnahme fremder Techniken und Produkte stattfindet.

Im ersten Fall wird die fremde Kultur, wie Masuda aufzeigt, in der Tat zwangsweise aufgedrängt, ohne jede Rücksicht auf Wünsche und Voraussetzungen der Rezipienten. Und selbst, wenn man etwas Wertvolles erhält, so muß doch ein hoher Preis dafür gezahlt werden. Daher haftet der fremden Kultur immer etwas Bedrückendes, Widerwärtiges an. Außerdem bringt kultureller Austausch unter lebendigen Menschen immer auch ethnische Vermischung mit sich. So konnte die Bevölkerung im Falle Englands oder Südamerikas nach dem Eindringen der fremden Kultur nicht mehr das bleiben, was sie einmal war.

Wie steht es damit aber in Japan? Nicht nur in der Phase der Kulturrezeption aus China, sondern auch im Falle der Übernahme christlicher Kultur im Mittelalter und der westlichen Kultur gegen Ende der Tokugawa- und in der Meiji-Zeit bestanden deren Überbringer aus einer kleinen Zahl von Priestern, Gelehrten, Ingenieuren und Geschäftsleuten. Eine Masseninvasion von Soldaten oder Zivilpersonen hat es niemals gegeben.

Auch die Zahl derjenigen, die zum Studium ins Ausland gingen, war begrenzt. Sie erwarben hochwertige Gegenstände, die es in Japan nicht gab, eigneten sich neueste Techniken an, studierten hochgeistige Wissenschaften und Philosophie und kehrten damit nach Japan zurück. Da sie stets nur auswählten und heimbrachten, was ihnen als Japanern für ihr Land nutzbringend und wertvoll erschien, gehörte das, was ihre Landsleute dann zu Gesicht bekamen, oft zum Besten, was jene Länder zu bieten hatten. Man nahm fremde Kultur auf, indem man von einer hohen Zivilisation nur die besten Teile abschöpfte.

So ist es nur natürlich, daß man die fremde Kultur bedingungslos verehrte. Indes, wie wertvoll und notwendig etwas im Ausland auch sein mochte – wenn man es für Japan ungeeignet fand oder wenn es dem japanischen Geschmack nicht entsprach, wurde es völlig ignoriert. Wurde etwas Derartiges aus Versehen aber doch eingeführt, so verschwand es entweder heimlich im Laufe der Zeit wieder oder es wurde verändert. Obgleich man etwa die Zivilisation des alten China angeblich so konsequent absorbiert hatte, verzichtete man, wie der Kulturanthropologe Ishida Eiichi bemerkt, auf die Übernahme des für die Hirtenkultur typischen Beamtensystems oder besondere Strafformen.

Ein wichtiges Charakteristikum der traditionellen japanischen Kulturrezeption ist demnach die durchgängige Selektionsfreiheit des japanischen Rezipienten, und daher wurden fremdes Ideengut und Kultur japanischen Bedürfnissen entsprechend abstrahiert und idealisiert. Dies alles ist nur möglich aufgrund der ausschließlich indirekten Rezeption über Produkte und schriftliche Dokumente ohne jeden unmittelbaren Kontakt mit den Trägern jener Kultur.

Dieses Muster japanischer Kulturrezeption wurde nach allgemeiner Ansicht erstmals in der Geschichte durch die Besatzung im Anschluß an den Pazifischen Krieg weitgehend durchbrochen. In der Tat wimmelte es in den Städten von amerikanischen Soldaten, überall wurden Militärbasen errichtet, und das tägliche Leben wurde rapide amerikanisiert. Doch blickt man heute auf jene Zeit zurück, so fragt man sich, wie viele Menschen damals wirklich direkten menschlichen Kontakt mit Amerikanern erlebt haben mochten. Es war natürlich nicht verboten, Japanisch zu sprechen, und auch die

Währung und der Linksverkehr wurden, nur von Okinawa abgesehen, beibehalten.

Die amerikanische Besatzung in Japan mit ihrer geschickten indirekten Verwaltung, abzulesen daran, daß sie die Stellung des Tenno nicht antastete, wird oft als eine der erfolgreichsten und komplikationslosesten Okkupationen überhaupt bezeichnet, doch dies bedeutet zugleich, daß die Besatzung als solche die japanische Erfahrung mit Ausländern überhaupt nicht bereichern konnte. Daß es zwischen Besatzungsmacht und einheimischer Bevölkerung kaum Reibungen gab, bedeutet andererseits, daß es nicht zu echten, direkten Kontakten kam.

Eine tragische Ausnahme, Okinawa, darf natürlich nicht übergangen werden. Dort hatten direkte Kämpfe stattgefunden, und die Insel war danach ein Vierteljahrhundert lang besetzt, aber diese Besatzung war für Japan insgesamt gesehen viel zu indirekt und zu kurz, als daß sie das Auslandsbild in den tieferen Schichten der japanischen Psyche hätte verändern können. War es nicht vielmehr so, daß die meisten Japaner die amerikanische Besatzungsmacht wie ein seltsames Tier im Zoo mit einer Mischung aus Furcht und Neugier bestaunten? Und plötzlich waren die Amerikaner wieder verschwunden.

Was blieb, war ein amerikanisierter Lebensstil und eine Fülle an amerikanischen Erzeugnissen, ethnisch aber und in ihrem Ausländerbild blieben die Japaner unverändert wie zuvor.

In den späten fünfziger Jahren läßt sich mit der sprunghaften Industrialisierung und als Nebenprodukt des steigenden Volkseinkommens überall in den entwickelten Ländern eine massenhafte Einwanderung billiger ausländischer Arbeitskräfte beobachten. In England, Frankreich und der Schweiz führte die Einwanderung von Arbeitskräften aus den sogenannten südlichen Ländern zu ernsten sozialen Problemen; sie könnte sogar politische Krisen heraufbeschwören. In der Bundesrepublik Deutschland leben gegenwärtig mehr als eine Million türkischer Arbeitnehmer mit ihren Familien. Für sie gibt es sogar eigens türkische Radiosendungen. Selbst die Vereinigten Staaten bilden hier keine Ausnahme. Die andere Sprache und die fremden Lebensgewohnheiten der mexikanischen und puertorikanischen Arbeiter führen oft genug zu Problemen, die Ursache für Unruhen sind. Aber auch hier ist Japan wieder die Ausnahme. Die japanische Gesellschaft verfügt trotz ihres rapiden Wirtschaftswachstums nicht über Erfahrungen im Kontakt mit Ausländern, etwa mit Saisonarbeitern oder billigen Arbeitskräften. Und die Gegebenheiten sind so, daß dies selbst dann nicht möglich wäre, wenn wir es wollten.

So ist es also keine Übertreibung, wenn man feststellt, daß wir Japaner bislang noch nie den echten Schock einer wirklichen Berührung mit einer fremden Kultur von lebendigen Menschen erfahren haben. Japan ist nach wie vor noch ein echter Inselstaat. (Auf die Erfahrungen von Japanern in den früheren Kolonien Korea oder Taiwan und die China-Erfahrung vieler japanischer Soldaten samt ihren Nachwirkungen werde ich noch zu sprechen kommen.)

2. Zur Homogenität der japanischen Gesellschaft

Japan ist ein Inselstaat, und Japan ist ethnisch homogen. Für denjenigen, der sich mit Japan und seiner Kultur bereits ein wenig beschäftigt hat, wird diese Feststellung allzu selbstverständlich klingen.

Wer dieses Buch bis hierher gelesen hat, wird vielleicht gedacht haben, ich hätte etwas Besonderes, Außergewöhnliches zu sagen und sich nun enttäuscht fühlen, weil er nur Altbekanntes liest. Doch solange nicht eine sensationelle Entdeckung zur japanischen Geschichte gemacht wird und solange man nicht gerade aufgrund tiefgreifender Mißverständnisse völlig einseitig und eindimensional argumentiert, läßt sich zu Japan eigentlich nichts Überraschend-Neues schreiben.

Entscheidend ist vielmehr, ob solche Feststellungen einen wirklich berühren und in welchem Maße man aus ihnen praktische, konkrete Konsequenzen zieht. Sicher ist es wichtig, von bestimmten Dingen sagen zu können, daß man sie kennt und von ihnen schon gehört hat. Es ist jedenfalls viel besser, als sie nicht zu kennen. Doch wenn man wirklich Wichtiges nur oberflächlich als Ergebnis zur Kenntnis nimmt, bleibt kein Raum, um über seine Bedeutung nachzudenken und es wirklich zu verarbeiten, und dann ist die Gefahr nicht von der Hand zu weisen, daß man sich daran gewöhnt, sofort wieder neue Informationen und Ergebnisse zu suchen.

Es gibt unendlich abgestufte Möglichkeiten, etwas zu wissen oder zu verstehen, doch meiner Ansicht nach wird erstaunlich oft vergessen, daß man stets auf bereits Gewußtes und für selbstverständlich Gehaltenes zurückgreifen muß, um es anhand neuen Materials tiefer zu begreifen.

Am wichtigsten ist es, sich darüber im klaren zu sein, daß etwas erst als verstanden gilt, wenn man, wo notwendig, auch die entsprechenden praktischen Konsequenzen zieht.

In diesem Sinne seien im folgenden einige, vielleicht etwas merkwürdig klingende, Tatsachen anhand konkreter Beispiele dargestellt, verknüpft mit Überlegungen darüber, ob wir Japaner, meine Person eingeschlossen, sie wirklich begriffen haben.

Wenn man sich im Fernsehen einen amerikanischen Krimi ansieht, kann man interessante Beobachtungen machen. Wenn z. B. ein Polizist am Tatort aus dem Wagen steigt, teilt er der Polizeizentrale sofort per Funk das Aussehen und besondere Merkmale des Mordopfers mit. Er berichtet, ob das Opfer ein Weißer oder ein Schwarzer ist, welche Haar- und Augenfarbe, welche Größe und welches Gewicht der Betreffende hat. In diesem Zusammenhang fällt mir ein, daß ich in den Vereinigten Staaten oft an Busstationen oder in Postämtern Suchanzeigen für Schwerverbrecher gesehen habe, die dieselben Angaben enthielten.

Der Blickpunkt bei der Beschreibung von Mitmenschen ist naturgemäß je nach Kultur verschieden. In Japan etwa ist es nicht üblich, das Gewicht einer Person abzuschätzen, der man nur flüchtig begegnet. Man begnügt sich mit einer allgemeinen Einschätzung der Statur, in Amerika dagegen drückt man es gleich in Zahlen aus.

Stellt man sich nun vor, was ein japanischer Polizist in der entsprechenden Situation sagen würde, so macht man eine erstaunliche Entdeckung. Zunächst einmal ist die ethnische Unterscheidung nicht notwendig. Er wird auch nicht auf Haar- und Augenfarbe achten. Da in Japan der Brauch, Eheringe zu tragen, noch nicht sehr verbreitet ist, wird er auch nicht „verheiratet" oder „ledig" sagen. Statt dessen wird er als allererstes angeben, zu welcher Berufsgruppe das Opfer vermutlich gehört. Dann folgen wahrscheinlich auffällige körperliche Merkmale und die Art der Kleidung, aber das Körpergewicht wird nie in Kilogramm angegeben.

Den Prozeß der Identifizierung eines Mordopfers in den Vereinigten Staaten und in Japan verglich ich, um daran zunächst zu exemplifizieren, wie homogen die japanische Gesellschaft und die Japaner sind.

Wir sind davon überzeugt, daß jeder individuelle Eigenschaften hat und keiner wie der andere ist. Das stimmt zwar, aber wenn man die individuellen Unterschiede zwischen Menschen in Vielvölker-Städten wie New York oder Istanbul mit den äußerlichen Merkmalen und körperlichen Unterschieden zwischen Japanern vergleicht, so sind die Japaner einander einfach zu ähnlich.

So ist es nur verständlich, wenn ein Amerikaner, der gerade in Japan angekommen ist, sagt, er habe Schwierigkeiten, weil für ihn alle Japaner gleich aussehen. Schließlich haben alle die gleichen schwarzen Haare, die gleiche Augenfarbe, und selbst die Gesichtszüge sind recht ähnlich. Sogar hinsichtlich der Farbe der Kleidung und der Verhaltensweisen scheint eine Art Homogenität, die das Ganze beherrscht, eher ins Auge zu fallen als individuelle Unterschiede. Als ein ausländischer Lehrer das Klassenzimmer einer Mittelschule betrat und um sich schaute, kamen ihm die Schüler, wie er mir anvertraute, pechschwarz vor und er fühlte sich befremdet. Dieser Eindruck wurde sicher durch die schwarzen Schuluniformen verstärkt.

Zudem spricht man in Japan, wie wir im dritten Kapitel sahen, überall und ausschließlich Japanisch.

Vorwiegend äußerlich in Erscheinung tretende Merkmale der Homogenität, seien sie physischer oder sprachlicher Natur, fallen selbst einem flüchtig Durchreisenden auf, doch um etwas über die innere Orientierung, z. B. Denkweisen oder religiöse Einstellungen aussagen zu können, bedarf es genauerer Betrachtung.

Die religiöse Homogenität der Japaner läßt sich gut anhand des folgenden Beispiels erläutern. Nehmen wir an, wir fragten einen Durchschnittsjapaner mit Kindern im heiratsfähigen Alter danach, was für einen Partner er seinem Kind wünscht. Vermutlich wird er zuerst meist Bildung, Gesundheit und Charakter nennen. Auch wenn sich die meisten insgeheim jemanden aus reichem Hause wünschen, werden sie sicher sagen, die Person sei wichtiger als Geld. Aber ist es denkbar, daß irgend jemand sich zur Religion äußert und diesbezüglich Bedingungen stellt? Unter der städtischen Gebildetenschicht findet man sogar nicht wenige, die nach außen hin behaupten, es mache ihnen nichts aus, wenn der eigene Sohn eine Ausländerin heiratete. (Sollte der Fall aber wirklich eintreten, so löst dies meist einen Schock aus.) Was in Japan bei der Heirat aber in keinem Fall zum Problem wird, ist die Religion. Zwar findet in allen Ländern bereits eine Säkularisierung statt und man ist nicht mehr so streng wie früher, aber kaum ein Land ist in dieser Hinsicht so tolerant wie Japan.

Betrachten wir einen weiteren Fall. Wenn man Freunde und Bekannte zu sich einlädt, macht man sich dann je Gedanken, welcher Religion oder Konfession die Gäste angehören? In vielen Ländern muß man dies sorgfältig durchdenken und berücksichtigen, um überhaupt das Menü zusammenstellen zu können.

Was wir Japaner aufgrund unserer religiösen Homogenität für selbstverständlich halten, führt in anderen Ländern und Kulturkreisen zu höchst merkwürdigen Erscheinungen. Denken wir abschließend einmal über das Essen in der traditionellen japanischen Herberge, dem Ryokan, nach.

Bei einem Ryokan sind im Übernachtungspreis üblicherweise zwei Mahlzeiten, das Abendessen und das Frühstück, inbegriffen.

Das ist gewiß in Ordnung, doch das Problem liegt darin, daß sich Gäste und Hotelier nicht im voraus über die Zusammensetzung des Menüs verständigen.

Daß man dies als Gast alles dem Hotel überlassen kann, liegt daran, daß für die meisten Japaner keine religiösen Speisetabus existieren. Das hat wiederum damit zu tun, daß der japanischen Gesellschaft ein einheitliches religiöses Wertesystem zugrundeliegt. Die Religion ist überall, zumindest für den größten Teil der Bevölkerung, weniger ein Problem der Lehre oder Philosophie, sondern sie wird unmittelbar als detaillierte Anweisung in bezug auf die täglichen Lebensgewohnheiten begriffen. So gibt es normalerweise genaue Verhaltensregeln für den Alltag, etwa, was man an bestimmten Wochentagen nicht tun darf, daß man den Namen Gottes nicht leichtfertig aussprechen oder daß man für den toten Kanarienvogel oder Goldfisch kein Grab errichten darf. Bestimmte Speisen dürfen nie oder während festgelegter Zeiten nicht gegessen werden (Rindfleisch im Hinduismus bzw. Fleisch während der Fastenzeit im Christentum); zu gewissen Zeiten darf man gar nicht essen (im islamischen Fastenmonat Ramadan). Japan dagegen ist ein Land, in dem solche religiösen Speiseregeln praktisch nicht existieren.

Das religiöse Bewußtsein der Japaner ist vom Buddhismus geprägt. Nun kennt der Buddhismus zwar auch gewisse Speisetabus, doch haben sie heute im praktischen Leben so gut wie keine Bedeutung.

Da nun außerdem fast alle der gleichen Religion angehören, ergibt sich auch keine Gelegenheit zum Vergleich, wodurch ein Tabu erst als solches objektiv wahrnehmbar würde. Selbstverständlich gibt es in Japan auch noch andere Religionen, aber auch unter den Christen, die knapp ein Prozent der Bevölkerung ausmachen, gibt es nur sehr wenige, die die religiösen Verhaltensregeln im täglichen Leben streng beachten.

Das könnte daran liegen, daß Japaner geistig tief vom Schamanismus geprägt sind und auch als Christen nur wenig religiöse Intoleranz und Ausschließlichkeitsdenken entwickeln. Daß man vom japanischen Christentum zuweilen als „christlicher Abteilung des Nipponismus" spricht, scheint mir selbst eine ziemlich zutreffende Beobachtung zu sein.

Bei der Zusammenstellung einer Mahlzeit im Ryokan für einen Gast, den man noch gar nicht kennt, gibt es noch einen weiteren Punkt zu bedenken – die Frage nämlich, wie man den persönlichen Geschmacksvorlieben des Gastes gerecht wird. Man löst das Problem dadurch, daß man eine möglichst große Zahl an gleichzeitig servierten Gängen anbietet und eine Variationsbreite schafft, die dem Gast erlaubt auszuwählen. Im Ryokan erwartet man vom Gast nicht unbedingt, daß er alles verzehrt, was aufgetischt wurde. Dies ist auch für den Hotelier selbst lukrativer, als wenn er Einzelgerichte anbieten würde.

So wird in der japanischen Herberge das Essen festgelegt, ohne daß der Gast eine Speisekarte zu Gesicht bekommt, und das führt zu der seltsamen Erscheinung, daß, ganz unabhängig vom Appetit des Gastes, viele kleine Tellerchen aufgetragen werden.

Eine solche religiöse Einheit, wie wir Japaner sie gegenseitig als selbstverständlich voraussetzen, so daß wir uns dies noch nicht einmal bewußtmachen, führt oft dazu, daß wir gegenüber Ausländern oder Angehörigen anderer Religionen eine erschreckende Taktlosigkeit an den Tag legen.

Die Abendausgabe der Asahi Shinbun vom 24. Dezember 1970 brachte einen Artikel samt Foto unter der Überschrift: „Der fliegende Nikolaus": „Am vierundzwanzigsten, dem Heiligen Abend, bieten Stewardessen der Japan Airlines, als Nikolaus verkleidet, auf Inlandsflügen Bonbons und auf internationalen Flügen Acessoires an; außerdem werden Truthahngerichte serviert. Ausländische Fluggäste bedanken sich bei den fliegenden Nikoläusen lächelnd mit ‚Merry Christmas!'." Nun ist ja eine Frau als Nikolaus schon komisch, aber es ist darüberhinaus auch unverständlich, wieso man einfach davon ausgeht, daß alle Gäste auf internationalen Flügen Weihnachten feiern. Schließlich verfügt Japan Airlines doch über ein weltweites Streckennetz und reichlich internationale Erfahrung!

Angesichts des mangelnden Feingefühls der Japaner gegenüber Angehörigen anderer Nationen könnte man schon verzweifeln! Im Herbst 1972 veranstaltete das japanische PEN-Zentrum eine Konferenz zum Thema „Studien zur japanischen Kultur" in Tôkyô und Kyôto. Am zweiten Tag in Kyôto gab es für alle Teilnehmer zu Mittag ein Einheitsmenü für 1000 Yen. Zu meinem Entsetzen gab es ein Schweinesteak. Unter den ausländischen Teilnehmern waren vielleicht auch Vegetarier aus Indien. Für Personen aus islamischen Ländern wie Pakistan ist Schweinefleisch unrein; sie würden es nie anrühren. Auch strenggläubige Juden würden es nie verzehren. Selbst auf einer solchen internationalen Veranstaltung, in der es um Kulturaustausch und gegenseitige Verständigung geht, mit einem Veranstalter, in dessen Reihen es zahlreiche Spezialisten für Kultur und Religion der verschiedensten Länder gab, ist eine solche Panne nicht auszuschließen. Das Ganze fand außerdem im staatlichen Internationalen Kongreßzentrum in Kyôto statt, das eigens für internationale Konferenzen eingerichtet wurde. Ich wandte mich sofort über einen Bekannten an die Verantwortlichen. Zu meiner großen Erleichterung gab es am nächsten Tag einen traditionellen japanischen Picknick-Kasten. An amerikanischen Universitäten setzt man national und kulturell bedingte Unterschiede in den Essensgewohnheiten einfach voraus und berücksichtigt sie bei der Planung jeder größeren Veranstaltung. Wir Japaner, die wir bei der Wahl der Mahlzeit lediglich an individuelle Vorlieben denken, sind auch in dieser Hinsicht eine Ausnahmeerscheinung im internationalen Kreis.

3. Die Folgen der indirekten Kulturrezeption

Viele der spezifisch japanischen Denkmuster und Verhaltensweisen lassen sich sehr einleuchtend von der Tatsache her erklären, daß Japan mit fremden Kulturen nur auf indirekte Weise in Berührung kam.

Die effektivste Methode, ohne direkten Kontakt mit den Schöpfern und Trägern einer Kultur eine hohe Kultur zu übernehmen, führt, wie bereits erwähnt, über schriftliche Dokumente bzw. Bücher. Man erreicht dieses Ziel auch, indem man fertige Produkte, also hochwertige Werkzeuge, Maschinen und Kunstwerke, einführt. Dabei ergibt sich aber in beiden Fällen das Problem, daß die jeweils eingeführten Kenntnisse oder die konkreten Gegenstände losgelöst sind aus ihrem ursprünglichen Sinn- und Wertzusammenhang im Rahmen der Gesellschaft, aus der sie stammen. Sie werden zu einer unabhängigen „Einzelheit", einem Bruchstück, das Japaner oft beliebig in völlig unerwartete neue Zusammenhänge einordnen.

Ein eindrucksvolles Beispiel dazu bekam ich im Sommer vorletzten Jahres zu hören, als ich mit mehreren japanischen und amerikanischen Kollegen in Tôkyô an einer japanisch-amerikanischen Konferenz für Soziolinguistik teilnahm, bei der es um das Verhältnis von Sprache und Gesellschaft ging. Die amerikanische Linguistin für Japanisch, Eleanor Jorden, berichtete bei dieser Gelegenheit über Schwierigkeiten beim Verständnis fremder Kulturen und Brüche in der Kommunikation aufgrund argloser Mißverständnisse. In diesem Zusammenhang schilderte sie auch sehr hautnah ein Erlebnis bei ihrer Ankunft in Japan.

Beim Anflug auf Tôkyô wurden in der Maschine der Japan Airlines die Leuchtzeichen „Sicherheitsgurte anlegen" und „Rauchen verboten" eingeschaltet. Im Passagierraum ertönte dann, vielleicht, um die Fluggäste zu beruhigen, eine sanfte Musik. In diesem Moment blickten die amerikanischen Reisenden einander entsetzt an, denn die Musik, die sie da hörten, war der Zapfenstreich, den man auch bei der Totenehrung spielt. Wie makaber! Mit der für Ausländer typischen großen Gestik und einem echt erschrockenen Gesichtsausdruck erzählte Frau Jorden, daß sie dachte, das Flugzeug müsse jeden Augenblick abstürzen.

Ich erkundigte mich daraufhin und fand heraus, daß es sich um ein in Japan damals sehr populäres Stück des Trompetenspielers Nini Rosso mit dem japanischen Titel „Trompete am Nachthimmel" handelte. Ich selbst habe es auch mehrmals gehört; es hat eine ruhige, melancholische Melodie, die einen unmittelbar anspricht. Jeder Amerikaner weiß, daß diese Melodie ursprünglich als Zapfenstreich für das Militär komponiert wurde und u. a. bei Beerdigungen gespielt wird. Für die Japaner dagegen war es einfach eine stimmungsvolle Musik, und sie ahnten offenbar auch nicht, daß der Titel des Stücks ebenfalls Assoziationen an Beerdigungen hervorruft. Das heißt, das Stück verlor mit seiner Übernahme nach Japan die Bedeutung, die es im Kontext der amerikanischen Kultur besaß. Hier ist es lediglich ein schönes, lyrisches Stück – es bekam also dem Geschmack der Japaner entsprechend einen neuen Sinn.

Ich rief daraufhin gleich einen Bekannten bei Japan Airlines an. Dieser ließ die Angelegenheit überprüfen und erfuhr, daß man das Stück aufgrund von Beschwerden amerikanischer Fluggäste bereits abgesetzt hätte.

Selbst die Japan Airlines, die überall in Amerika Büros unterhält und dort viele japanische Mitarbeiter wohnen hat, kann Fehler dieser Art nicht vermeiden. Daß die Japaner früher oft total mißverstanden, was sie in ausländischen Büchern lasen, ist da nur allzu natürlich.

Erfolgt Kulturrezeption auf die Weise, daß man sie von massenhaft eingeströmten Eroberern oder Immigranten direkt übernimmt, so wird unweigerlich die Bedeutung und der Stellenwert jedes einzelnen Teils der fremden Kultur im täglichen Leben sichtbar. Die Kultur wird systematisch und umfassend rezipiert. Folglich gibt es auch nicht die Freiheit auszuwählen, was man übernimmt und was nicht.

Andererseits verringert sich dafür auch die Gefahr einer extremen Ästhetisierung und Idealisierung der fremden Kultur, denn man begreift aufgrund eigener Erfahrung, daß Schönes nie ohne Häßliches, Überlegenes nie ohne Minderwertiges vorkommt.

Im Falle einer indirekten Rezeption einer hohen Kultur, wie Japan sie bisher durchweg betrieb, war die Auswahl dagegen völlig frei, und da man dementsprechend natürlich nur Gutes übernahm, gab es keinerlei Möglichkeit, auch mit den negativen Seiten des Fremden Erfahrungen zu sammeln. Hinzu kommt, daß man das Übernommene den japanischen Gegebenheiten entsprechend in das eigene Wertsystem integrieren konnte, wie es einem paßte. So wäre es eher verwunderlich, wenn es dabei *nicht* zu Kuriositäten gekommen wäre.

Es ist schon einige Jahre her, daß in den westlichen Ländern die These aufkam, das sehr distanzierte, neutrale Verhalten der Mutter während der Kleinkindphase, womit sie eine möglichst frühe Selbständigkeit des Kindes fördern will, sei u. a. verantwortlich für die psychische Instabilität der Jugendlichen. Wenn ich mich recht erinnere, war es ein englischer Wissenschaftler, der vorschlug, man solle die Kinder öfter in den Arm nehmen und liebkosen. Es wurde sogar ein neues Wort – „skinship" – geprägt, das wörtlich übersetzt etwa „Hautkontakt" bedeutet. Sofort propagierten auch in Japan einige Wissenschaftler „skinship" mit dem Erfolg, daß das Wort sogar in den allgemeinen Sprachschatz einging. Fast fühlt man sich geneigt zu sagen: Es gibt kaum ein dümmeres Beispiel für direkten Wissenschaftsimport!

Was japanische Kinder brauchen, ist ein kühlerer, distanzierterer Erziehungsstil. „Skinship", Hautkontakte gibt es ständig, denn in Japan schläft das Kind bei der Mutter, und der Vater badet mit ihm. Mir ist sogar ein Fall bekannt, wo eine Mutter mit ihrem etwa dreizehn- bis fünfzehnjährigen Sohn gemeinsam badet. In Europa hat man eine andere Einstellung dazu, und außerdem ist das Bad anders konstruiert. Man kann sich dort jedenfalls nicht vorstellen, daß eine Mutter ihrem halbwüchsigen Sohn im Bad den Rücken wäscht. Man wäre entsetzt.

Japanische Kinder brauchen in der langen Phase der Vorbereitung auf die Aufnahmeprüfungen im Haushalt nicht zu helfen und haben keinerlei Verpflichtungen. Die Mutter ist ständig nervös um sie besorgt und hält sie mit Naschereien bei Laune. Die Eltern begleiten ihre Kinder nicht nur zu den Aufnahmeprüfungen der Universitäten, sondern sogar zu den Eignungstests der Firmen.

Ausgerechnet in Japan, wo eine Abnabelung der Kinder von den Eltern dringend nötig wäre, verfällt man auf die blödsinnige Idee, „skinship" zu propagieren. Hier haben wir es mit einer Haltung zu tun, die einfach punktuell etwas vom Westen aufgreift und für besser und damit nachahmenswert erklärt, wobei der soziokulturelle Kontext, dem es entstammt, völlig außer Acht gelassen wird.

Käme etwas Derartiges nur von Dilettanten, die wenig über das Ausland wissen, so könnte man es mit einem Lächeln abtun. Doch das Schlimme ist, daß sich eine solche Einstellung und Denkweise ausgerechnet bei japanischen Wissenschaftlern hartnäckig hält. Das liegt daran, daß man Wissenschaft in Japan, vor allem die Humanwissenschaften, über lange Zeit hinweg als bloßes Literaturstudium, als Lektüre ausländischer Quellen betrieb, ohne sich selbst direkt mit dem Gegenstand auseinanderzusetzen, ein Punkt, auf den ich noch zurückkommen werde. Die traditionelle Praxis der Exegese wird so bald nicht aussterben.

Der einzige Weg für die japanischen Geistes- und Sozialwissenschaften, sich aus dem Zustand einer bloßen Übersetzung westlicher Wissenschaft herauszulösen, besteht wohl darin, daß man von der kultur- und sozialanthropologischen Prämisse einer Relativität der Wertsetzungen und der Vielfalt und Pluralität menschlicher Gesellschaften ausgeht. Die historische Entwicklung der Menschheit eindimensional marxistisch oder darwinistisch zu betrachten und darüber in heftige Diskussionen zu verfallen, welches Land das fortgeschrittenste sei oder welche Gesellschaft man sich zum Vorbild setzen solle, führt zu nichts.

Mehr als tausend Jahre lang hatte sich die japanische Gelehrsamkeit aus den chinesischen Klassikern genährt und entfaltet, und in den hundert Jahren seit der Meiji-Restauration bemühte man sich mit aller Kraft um das Studium der Dokumente westlicher Wissenschaft. Als Folge dessen ist Japan heute eine allseits anerkannte bedeutende Nation. Insofern hat diese über die Beschäftigung mit schriftlichen Dokumenten führende Form der Aufnahme fremder Kultur ihre Funktion voll erfüllt. Selbst grobe Mißverständnisse und eigenmächtige Verdrehungen fallen solange kaum ins Gewicht, wie die japanische Wissenschaft unter sich bleibt. Die Illusionen wiederum, welche die Japaner gegenüber dem Westen hegen mitsamt ihren Idealisierungen, verhinderten einen Stillstand im Innern; sie fungierten als ständige Motivation, ohne international jedoch einen wesentlichen Einfluß auszuüben. Das heißt also, solange Japan fremde Zivilisation und Kultur nur rezipiert, entstehen keine Probleme, gleichgültig, wie die Rezeption verläuft.

Aber mit seiner Entwicklung in der Moderne gewinnt Japan allmählich auch auf internationaler Ebene an Bedeutung, und Japans Einstellung zum Ausland beeinflußt – ungeachtet dessen, ob die Japaner dies wahrhaben wollen oder nicht – in nicht mehr zu übersehendem Maße den eigenen Weg, aber auch das Schicksal anderer Länder. Dies hat sich vor allem seit der zweiten Hälfte der fünfziger Jahre mit dem Wiedererstarken des Landes nach dem Zweiten Weltkrieg, oder, um mit Rostow zu reden, mit Japans erfolgreichem wirtschaftlichen „take-off" zu einem ernsten Problem entwickelt. Denn wie Japan die entwickelten Länder des Westens einschätzt und wie es sich zu den sogenannten Entwicklungsländern in Asien und Afrika verhält, hängt unmittelbar mit der Selbsteinschätzung Japans, dem relativen Selbstwertgefühl im Verhältnis zu diesen Ländern zusammen.

Wirtschaftlich gesehen ist Japan ein bedeutendes Land. Abgesehen davon jedoch ist Japan nicht ohne weiteres mit anderen wichtigen Ländern vergleichbar. Das Japan von heute ist wie ein riesiger, unförmiger, humpelnder Elefant. Wie er sich auch bewegt, seine Umgebung wird davon stark in Mitleidenschaft gezogen. Unausgeglichen, wie sein Gang und sein Verhalten sind, ist er für andere Tiere nicht mehr berechenbar; er verhält sich völlig außerhalb der Norm. Außerdem ist dieser riesige Elefant stumm. Im vorigen Kapitel war bereits davon die Rede, daß wir Japaner mit der Welt nicht auf Japanisch kommunizieren können. Und wie ich im folgenden Kapitel ausführen werde, können wir uns andererseits auch in Fremdsprachen, vor allem in dem international gebräuchlichen Englisch, nicht ausreichend ausdrücken.

Wir Japaner scheinen dieses verzerrte Erscheinungsbild Japans nicht wirklich begriffen zu haben. Wir sind entweder maßlos überheblich oder verfallen in extreme Selbstunterschätzung. Das fördert international gesehen nicht gerade gegenseitiges Verständnis, nein, es sorgt für noch größere Verwirrung. Typisch ist etwa, daß man einerseits verkündete, das einundzwanzigste Jahrhundert gehöre Japan, andererseits war die ganze Nation in der Ölkrise so verzweifelt, daß man es nicht mitansehen konnte. Es ist wichtig, daß wir endlich von unserem Schwarz-Weiß-Denken loskommen und Japan sehen als das, was es ist, mit all seinen Unausgeglichenheiten und Verzerrungen. Es geht nicht darum, ob Japan groß oder klein ist – es ist beides. In diesem Sinne müssen wir uns, kurz gesagt, international gesehen richtig einschätzen lernen und begreifen, daß es verschiedene Wertsysteme gibt, doch gerade für Japan, ein Land von seltener Homogenität, ist das besonders schwer.

Man lernt nicht gern von jemandem, der unter einem steht oder weniger gilt. Überblickt man die Geschichte der Kulturkontakte in der Welt, so stellt sich heraus, daß Kultur in der Tat vom Höheren zum Niederen fließt; der umgekehrte Fall ist selten. Im Falle des japanischen Kontakts mit dem Ausland in der Moderne gilt es jedoch zu bedenken, daß man sich an einer eigenen, äußerst unrealistischen, ja illusionär zu nennenden Hierarchie simplifizierter Werte orientierte, die nichts mit den objektiven Gegebenheiten des jeweiligen Landes zu tun hatte. Man war nur bereit, von demjenigen zu lernen, der aus dieser Sicht gesehen überlegen erschien, während man etwas Derartiges im Falle eines Landes, das man für unterlegen hielt, noch nicht einmal in Betracht zog.

Was den Japanern der Moderne überlegen erschien, waren natürlich die hochentwickelten Länder Westeuropas; als unterlegen betrachteten sie die asiatischen Nachbarländer, z. B. China. Seit der Meiji-Zeit unterhalten wir engen Verkehr mit China. So hielten sich während des chinesisch-japanischen Krieges Hunderttausende von Soldaten und auch viele japanische Zivilisten jahrelang in ganz China auf. Auch Korea und Taiwan waren jahrzehntelang von Japan besetzt, und es dürfte zwischen Japanern und Einheimischen intensive Kontakte gegeben haben.

So gesehen würde meine These, daß Japaner nie direkten Kontakt mit einer fremden Kultur hatten, nicht ganz stimmen. Es war mir trotzdem wichtig, dies zu erwähnen, denn ich wollte zeigen, daß wir Japaner in unserer langen Geschichte zwar die Existenz einer überlegenen fremden Kultur anerkannten und auch von ihr lernten, aufgrund der indirekten Rezeption aber nicht lernten, wie das fremde Volk als Gegenüber zu behandeln sei. Wir haben uns statt dessen gegenüber China, Korea und Taiwan so verhalten, daß wir sie durchweg an Japan anglichen; wir erweiterten unser Ich und taten so, als seien die anderen wie wir. Es ging nicht etwa darum, wie man ein nach völlig anderen Regeln lebendes fremdes Gegenüber beherrschte, sondern man versuchte dieses Gegenüber als homogenes zu absorbieren, indem man es naturalisierte und japonisierte (dem Kaiser unterstellte). Der Form nach war dies zwar ein echter Kulturkontakt, von der psychischen Struktur her gesehen basierte es aber auf der Illusion einer einfachen Ich-Erweiterung.

Dies läßt sich auch an einem Vergleich erkennen: In Amerika wußte man bis zum Zweiten Weltkrieg kaum etwas über Japan, doch aus den Reihen der in Japan stationierten Okkupationstruppen gingen viele Japanforscher hervor, die gegenwärtig die Mehrheit der führenden Japanologen in Amerika ausmachen, wohingegen kaum ein Fall bekannt ist, daß für einen Japaner aus den Truppen, die sich seit dem Krieg mit China von 1937 an dort aufgehalten haben, dies zum Anlaß einer tiefgreifenden Auseinandersetzung mit der chinesischen Kultur geworden wäre, so daß er sich zum auf das moderne China spezialisierten Sinologen oder Chinakenner entwickelt hätte.

Hier zeigt sich der Gegensatz zwischen einer Auffassung, die meint, man könne von einem nicht modernen Land nichts lernen, und einer Einstellung, die etwas Fremdes aufgrund seiner Fremdheit zum Gegenstand des Interesses macht und sich damit auseinandersetzt, ganz unabhängig von seiner etwaigen materiellen oder industriellen Rückständigkeit.

Wenden wir uns nun dem Fall jener Japaner zu, die ins Ausland fahren, dort mit der fremden Kultur in Berührung kommen und direkten Kontakt mit Ausländern haben.

Vor dem Zweiten Weltkrieg sollen jährlich nur etwa zehntausend japanische Zivilisten ins Ausland gereist sein. Selbst Universitätsprofessoren schätzten sich glücklich, wenn sie einmal im Leben zum Studium ins Ausland fahren konnten. So wurden die aus dem Ausland Heimgekehrten mit neidvollen Blicken bedacht. In jüngster Zeit hat sich dies allerdings gewandelt. In den letzten Jahren schnellte die Zahl der Auslandsreisenden gewaltig empor, was sich gut an der Zahl der ausgestellten Reisepässe ablesen läßt: 1972 waren es 1,8, 1973 2,3 und 1974 über 3 Millionen. Sicher werden auch die vielen Auslandsreisen und die gestiegenen Chancen für ein Auslandsstudium dazu beitragen, daß unsere bisher nur einseitig auf Büchern beruhende Kenntnis fremder Kulturen und Lebensweisen langsam, aber stetig wächst.

Doch es gibt auch Aspekte, die keinen Optimismus erlauben. Es stimmt zwar, daß „einmal sehen besser ist als zehnmal hören" und daß „zwischen Hören und Sehen ein Riesenunterschied" liegt. Doch die menschliche Wahrnehmung funktioniert nicht so einfach-mechanistisch, als daß man alles aufnehmen und jede Differenz sofort bemerken könnte.

Von unserer Geburt an denken wir in unserer Muttersprache und sind es gewohnt, die Welt in den Kategorien dieser Sprache wahrzunehmen. Fast könnte man sagen, es sei damit schon halbwegs festgelegt, was wir sehen und hören.

Das bloße Ansteigen der Auslandsreisen ist daher noch nicht entscheidend, denn solange das Koordinatensystem der Werte, in das man die Erlebnisse einordnet, japanisch bleibt wie bisher, läuft alles entweder auf pure Kuriosität oder auf Fehldeutungen hinaus. In diesem Fall besteht keinerlei Unterschied zur zuvor beschriebenen Mißdeutung, indem etwas in ausländischen Büchern Gelesenes in japanischem Sinne umfunktioniert wird. Ein Beispiel:

In der Zeitung stand, daß ein japanischer Unternehmer, der in England eine Fabrik besichtigte, dort ein Plakat des britischen Arbeitsministeriums mit dem Motto „Sauberkeit und regelmäßige Körperpflege" und dem Bild eines duschenden Arbeiters sah und bewundernd feststellte, in diesem Land werde ja viel für die Hygiene getan.

Dies ist ein gutes Beispiel für meine Behauptung, die Japaner könnten aufgrund ihrer eigenen Voreingenommenheit die Phänomene vor Augen nicht richtig deuten.

Da englische Arbeiter nicht so oft baden wie die Japaner, sind Hautkrankheiten dort sehr verbreitet, was man schon längere Zeit als Problem erkannt hatte. Sie waschen sich so selten, daß die Regierung häufigeres Baden empfehlen mußte, um Arbeitsausfälle zu vermeiden. Kann man sich vorstellen, daß ein japanischer Arbeiter zum täglichen Bad erst aufgefordert werden müßte? Hier liegt ein Unterschied in den Lebensgewohnheiten, und wenn man davon nichts weiß, kann man auch den französischen Witz nicht verstehen, wo ein Arbeiter wegen einer Fußverletzung zum Arzt geht. Der Arzt fordert ihn auf, auch den anderen Fuß zu zeigen, doch der Mann zögert, und auf die Frage des Arztes, was er denn hätte, kommt es heraus, daß er den anderen Fuß sein ganzes Leben lang noch nicht gewaschen hat. Man witzelt sogar – natürlich ist dies eine Übertreibung –, ein europäischer Arbeiter wasche sich nur bei der Hochzeit und beim Sterben. (In den Vereinigten Staaten liegen die Dinge übrigens ganz anders.)

Meiner Meinung nach bereichern die vermehrten Auslandsreisen unsere Erfahrungen mit der fremden Kultur nicht unbedingt, denn wir haben schon vor Antritt der Reise feste Vorstellungen. Im Ausland, besonders in Europa, muß es herrlich sein. Es wäre interessant, einmal eine Reise zusammenzustellen, auf der man ausnahmsweise einmal nicht berühmte Orte, historische Denkmäler, Museen u. ä. besichtigt, sondern sich auf Orte und Objekte konzentriert, die zeigen, wie schmutzig und in gewisser Weise rückständig Europa ist und mit welchen unlösbaren Problemen man dort zu kämpfen hat. Bedenkt man, wie sehr Honda Katsuichis Buch über die unbekannten Seiten Amerikas – „Die Vereinigten Staaten von Amerika" (Amerika gasshûkoku, Tôkyô: Asahi shinbunsha 1970) – unser Verständnis für dieses Land vertieft hat, so könnte auch dieses Unternehmen eine nicht abzuschätzende Bedeutung haben. Es ist allerdings die Frage, ob sich überhaupt jemand dafür interessiert.

Vor einigen Jahren brachte die Asahi Shinbun im Rahmen einer Kampagne gegen die steigenden Verkehrsunfälle mit Fußgängern in Japan eine Serie über Fußgängerunfälle in den wichtigsten Städten der Welt. Mir steht das Material im einzelnen hier nicht zur Verfügung, aber was mich stark beeindruckte, war das Bekenntnis des zuständigen Redakteurs. Vor Beginn seiner Recherchen an Ort und Stelle war er überzeugt, daß Tôkyô die höchste Zahl an Fußgänger-Verkehrsopfern aufzuweisen habe. Am Ende seiner Informationsreisen stellte sich jedoch überraschenderweise heraus, daß Moskau international am schlechtesten abschneidet. Er erfuhr zu seinem Erstaunen, daß man wegen der breiten, gut ausgebauten Straßen und wegen der Trunksucht in Moskau die höchste Todesrate zu verzeichnen habe. Er hatte ursprünglich die Artikelserie mit dem Fazit beenden wollen, daß aufgrund der Mißachtung der Menschenwürde, der niedrigen Sozialmoral und der schlechten Straßenverhältnisse die Unfall-Todesrate in Tôkyô die höchste der Welt sei, doch es ging dann ganz anders aus.

Es ist ein Glücksfall, wenn man wie dieser Journalist seine eigenen Vorurteile anhand objektiver Recherchen korrigieren kann. Die meisten Japaner dagegen nehmen nur das wahr, was sie in ihrem Vorurteil bestärkt und wollen auch nichts anderes sehen, und genau da liegt das Problem.

Ich halte nichts davon, daß man Japanisches und Ausländisches vergleicht und emotionsgeladen darüber diskutiert, was besser sei. Das führt zu nichts. Doch man sollte sich eingestehen, daß es menschlich ist, stolz auf sein Land zu sein. Wenn Japaner also Vergleiche anstellen, sollten sie ein wenig gerechter und fairer sein. Wenn man die Nachteile im Japan von heute aufzählt, sollte man meiner Meinung nach gleichzeitig aber auch stolz darauf sein, daß in Japan als einzigem Land unter den hochentwickelten Industrienationen die Schwerkriminalitätsrate nicht nur stagniert, sondern sogar eine sinkende Tendenz zeigt, daß im Vergleich zu den USA oder Frankreich Drogen und Alkohol als Ursachen von Verbrechen und sozialen Problemen eine quantité négligeable darstellen und daß im Vergleich zu den Vereinigten Staaten so gut wie keine Schwerverbrechen oder Bestechung unter den Polizisten vorkommen.

Doch kehren wir nach diesem kleinen Exkurs wieder zum Thema zurück, den Gefahren, welche die Wissensaufnahme durch Bücher birgt, jener doch so unvergleichlich praktischen Erfindung der Menschheit. Wie wir bereits sahen, entstand die moderne japanische Kultur und Wissenschaft auf der Basis des Studiums ausländischer Texte, und mir scheint, man hätte eigentlich schon früher darüber nachdenken müssen. Ich möchte daher am praktischen Beispiel zeigen, daß Bücher, besonders westliche Schriften, ein sehr gefährliches zweischneidiges Schwert sein können.

4. Westliches Schriftgut als zweischneidiges Schwert

Was in ein Buch eingeht, ist das Ergebnis einer nach verschiedenen Kriterien vorgenommenen Auswahl. Der Autor wird normalerweise nicht das schildern, von dem er glaubt, daß es jeder weiß. Üblich ist, daß ein Autor das beschreibt, was er für merkwürdig oder darstellenswert hält. Man muß sich daher klarmachen, daß sich das im Buch Geschilderte und das vom Autor für selbstverständlich Gehaltene gegenseitig ergänzen.

Sind der Autor und die Leser gleicher Nationalität und sprechen die gleiche Sprache oder gehören sie zumindest dem gleichen Kultur- und Religionskreis an, so ist das Nicht-Geschriebene, das die Voraussetzung des im Buch Dargestellten bildet, zumeist identisch mit dem Vorwissen der Leser, so daß kaum Probleme entstehen, wenn man nur das Geschriebene herausgreift.

Die sogenannten Abendländer beschränken sich, grob gesprochen, auf den griechisch-römischen Kulturkreis, sie sprechen allesamt indoeuropäische Sprachen, die einen gemeinsamen Ursprung haben, und sie sind vom jüdisch-christlichen Weltbild geprägt. Zwar gibt es bei genauer Betrachtung eine Reihe von Differenzen, aber im Großen und Ganzen beruht der sprachliche Verkehr zwischen diesen Ländern auf einem Übermaß an Gemeinsamkeiten. Daher bedeutet das Fremdsprachenlernen in jenen Ländern im Grunde genommen nur das Ersetzen eines Wortes der eigenen Sprache durch das entsprechende Wort der fremden Sprache, und zumeist genügt es, wenn man die sichtbar-verfügbaren Elemente einfach einander gegenüberstellt. Man kann darauf verzichten, sich eigens die jeweils zugrundeliegende Struktur des unbewußten Wissens vor Augen zu führen.

Zwischen Japan und den westlichen Ländern existiert jedoch im allgemeinen kein gemeinsamer Rahmen, der eine solche große Homogenität gegenseitigen Wissens und Bewußtseins garantieren würde. Begibt man sich auf die Ebene des rein Menschlich-Kreatürlichen, so gibt es natürlich weder Ost noch West, aber in der Dimension menschlicher Existenz auf der Ebene der Kultur, die selbst das Unbewußte weitgehend präformiert, existieren zwischen Japan und dem Westen unvorstellbar große Unterschiede in den grundlegenden Prämissen – ein Faktum, das man nie genug betonen kann.

Da die Japaner eine fremde Kultur bisher fast ausschließlich mittels Schriftgut aufnahmen und zu verstehen versuchten, gewöhnten sie sich an, das nicht schriftlich Fixierte in den Texten durch die eigenen, japanischen Prämissen zu ergänzen und den Text vom eigenen unbewußten Wissen her zu interpretieren. Das ist meiner Ansicht nach der Grund, weshalb man, obwohl in Japan erstaunlich viele westliche Bücher gelesen werden und trotz der großen Zahl derjenigen, die sich wissenschaftlich mit der europäischen Kultur und Gesellschaft befassen, angesichts der Ergebnisse ein Gefühl des Mangels nicht unterdrücken kann.

Am 29. Juni 1973 brachte die Wochenzeitschrift „Asahi Journal" (Vol. 15 Nr. 25) in der Serie „Der Auslandskorrespondenten-Essay" den zweiten Teil eines Berichts des damaligen Hongkong-Korrespondenten Ono Yasuhiko mit dem Titel „Hongkong aus dem Hinterfenster". Es ging darin um „duftendes Fleisch".

„Zum traditionellen Neujahrsfest wurde ich von einem chinesischen Professor zum Dinner eingeladen. Auch ein frischgebackener englischer Diplomat, ein Inder und ein Franzose waren anwesend. Nacheinander wurden fritiertes Huhn und Schweinefleisch, Haifischflossensuppe und anderes aufgetragen, darunter auch eine Art Gulasch, wobei man von der Struktur des Fleisches her nicht sagen konnte, um was es sich handelte. Es schmeckte nicht schlecht. Als wir fertig waren, fragte ich den Gastgeber, was das für Fleisch gewesen sei, und er antwortete sachlich: ‚Duftendes Fleisch'.

‚Duftendes Fleisch' ist Hundefleisch, und bei der bloßen Erwähnung dieses Wortes im Winter läuft den Kantonesen schon das Wasser im Munde zusammen. Offiziell ist es in der englischen Kolonie Hongkong verboten. Mir machte es nichts aus, aber der junge Diplomat faßte sich erschrocken an den Mund."

Dieser Essay, der so beginnt, berichtet auf sehr amüsante Weise von den kuriosen Eßgewohnheiten der Kantonesen, die nicht nur Hunde und Katzen, sondern auch Schlangen, Kakerlaken und bis auf Flugzeuge alles, was Flügel hat, sowie von den Vierbeinern alles außer Tischen und Stühlen verzehren. Bei der Lektüre dieses Artikels überlegte ich mir, wie groß wohl der Kulturkreis sei, in dem man Hunde verspeist.

Im Chinesischen gibt es verschiedene Redewendungen, in denen Hundefleisch vorkommt, so der Ausdruck „Hammelkopf-Hundefleisch", der sich auf die betrügerische Geschäftspraxis bezieht, einen Hammelkopf vorzuzeigen und dafür Hundefleisch zu verkaufen, oder die Wendung „Nach dem Ende der Hasenjagd kocht man die Jagdhunde". Auch auf der koreanischen Halbinsel gibt es den Brauch, Hundefleisch zu essen. Früher hörte ich öfter auch in Japan sagen, das Fleisch von Hunden mit rotem Fell sei schmackhaft und verbreite Wärme im Körper. Ich wollte wissen, wie es in Südostasien und auf Mikronesien und anderen Südseeinseln ist, und da ich kein entsprechendes Buch zur Hand hatte, konsultierte ich die Encyclopedia Britannica.

Diese Enzyklopädie stammt aus England, und England ist bekanntermaßen hundefreundlich. In der vierzehnten Auflage von 1963 erfährt das Stichwort „Hund" mit achteinhalb Seiten Text eine ausführliche Behandlung, hinzu kommen fotografische Abbildungen auf vier Kunstdruck-Seiten. Aber obgleich der Artikel der Form nach so gut wie alles über den Hund, angefangen von der Abstammung über Rassen, Verwendung, Krankheiten und ihre Heilung usw., anführt, wird erstaunlicherweise mit keinem einzigen Wort erwähnt, daß Hunde in anderen Kulturen auch zur Nahrung dienen.

Der Artikel führt aus, wie der Mensch die Natur des Hundes bei bestimmten Rassen verbesserte und kräftigte, bei anderen dagegen degenerierte und schwächte; er züchtete verschiedene Hunderassen je nach Verwendungszweck, und gegenwärtig ließen sich die Hunde in folgende sieben Verwendungsklassen einteilen: 1. Jagdhunde, 2. Militär- und Wachhunde, 3. Hüthunde, 4. Zughunde, 5. Schoßhunde und Gefährten, 6. Blindenhunde und 7. Versuchshunde. Speisehunde werden dagegen völlig ignoriert. Es müßte außerdem noch Völker geben, die das Fell langhaariger Hunde scheren, um es zu verarbeiten, aber auch diese Kategorie fehlt.

Man kann also wohl nicht sagen, daß dieser Artikel objektive Auskunft gibt über die Verwendungsweisen von Hunden in der Welt.

Ich hatte eine bestimmte Vermutung und untersuchte deshalb anhand des Indexes alle weiteren Stellen, an denen von Hunden die Rede war. Dabei sah ich mir nicht nur die vierzehnte Auflage an, sondern verglich sie auch mit mehreren anderen, darunter das Faksimile der ersten Auflage aus dem Jahre 1771, das in der Bibliothek meiner Universität vorhanden ist. Dabei stellte sich etwas sehr Interessantes heraus.

Erstens kamen Hundekämpfe, die in England früher sehr populär waren und auch heute noch an verschiedenen Orten der Welt stattfinden, weder als Stichwort vor, noch wurden sie in anderem Zusammenhang erwähnt. Aber Hunderennen, bei denen auf einer Rennbahn schnelle Greyhounds hinter einem ausgestopften Hasen herjagen, wurden zwei Seiten lang erläutert.

Daß erstere nicht aufgeführt sind, liegt, so dachte ich, vielleicht daran, daß die Herausgeber alles, was mit Tierkämpfen oder blutigen Sportarten zu tun hat, bewußt nicht aufnehmen wollten, aber so einfach scheint es doch nicht zu sein.

Dem vor allem in Spanien beheimateten Stierkampf werden circa eineinhalb Seiten gewidmet, und auch der Hahnenkampf bildet ein eigenes Stichwort; eine Seite lang wird über seine weltweite Verbreitung und die Kampfmethoden berichtet.

Während ich die Behandlung der Hunde in der Encyclopedia untersuchte, fiel mir noch ein Aspekt auf, der fehlt – die Geschichte der Bulldogge. Die Bulldogge ist gegenwärtig wegen ihrer liebenswerten (?) Gesichtszüge und ihres komischen Körperbaus, wegen ihrer Treue und ihrer Verteidigungsbereitschaft als Haushund sehr beliebt. Und wegen ihrer Zähigkeit – was sie einmal packt, läßt sie so leicht nicht mehr los – gilt „Bulldogge" auch als Spitzname für den Engländer. Hinzu kommt, daß die Bulldogge im wesentlichen in England zu dem wurde, was sie ist; sie ist typisch für England.

In der Encyclopedia finden wir diesen Hund weder unter einem eigenen Stichwort, noch wird in dem allgemeinen Artikel erklärt, wie ein solcher drolliger Hund überhaupt zustande kam. Die Bulldogge hat in der Tat viel mit den grausamen Sportarten zu tun, die bis zum Beginn des letzten Jahrhunderts überall in England große Popularität genossen. Es handelt sich um die Sportarten „bull-baiting" und „bear-baiting". Das Verb „to bait" bedeutet, einen Hund auf Tiere zu hetzen und ihn zupacken zu lassen. In England hetzte man starke Hunde auf angekettete Stiere oder Bären, und die Zuschauer ergötzten sich daran, wie sie zerfleischt wurden. Dieser Sport war mehrere Jahrhunderte lang ein sonntägliches Vergnügen, bis er 1835 gesetzlich verboten wurde.

Für dieses „bull-baiting" wurde die Bulldogge verwendet, eine Weiterzüchtung der alten Hunderasse Mastiff. Ein Stier verteidigt sich, indem er den Kopf senkt und den Gegner mit den Hörnern angreift. Die Hunde wurden nun darauf abgerichtet, den Stier bei den Nüstern zu packen und ihn zu schwächen, wobei sie den Hörnern ausweichen müssen. Da nun die Schnauze des Hundes normalerweise ganz vorn liegt, vermag er wegen eintretender Atemnot nicht lange in dieser Stellung zu verharren und läßt los. Daher züchtete man einen Hund, der beim Beißen frei atmen kann, und es entstand die kurzköpfige Bulldogge mit ihren großen, zurückliegenden Nasenlöchern. Sie wurde außerdem so gezüchtet, daß der Schwerpunkt ihres Körpergewichts vorn liegt, und die Vorderbeine sind breit ausgestellt, um einen festen Stand zu ermöglichen. Damit ist sie wendiger, für die Hörner des Stieres schwerer zu erreichen und hat eine große Sprungkraft.

Mir, der ich dies schon wußte, war nun klar, daß hinter jener Herausgeberpolitik der „Britannica", auf die Sitte des Hundefleisch-Essens nicht einzugehen, Hundekämpfe zu ignorieren und die Herkunft der Bulldogge zu verschweigen, die besondere Zuneigung der Engländer zum Hund und die ihnen eigene Auffassung stand, wie sie sich seit dem achtzehnten Jahrhundert allmählich herausgebildet hatte. (Der Gerechtigkeit halber muß hinzugefügt werden, daß in der „Britanica"-Ausgabe von 1929 auf den Kunstdruck-Seiten zum Artikel „Hund" im Anschluß an allgemeine Ausführungen über die Bulldogge vermerkt wird: „It was originally used for bull-baiting and dog-fighting." Diese Erläuterung fiel in späteren Auflagen weg.)

Wie an solchen Fakten abzulesen ist, scheint eine Reihe äußerst grausamer Sportarten, bei denen Tiere blutig zugrunde gehen, eine lange Zeit hindurch bei den Engländern sehr beliebt gewesen zu sein, doch auf Drängen der stetig wachsenden Zahl jener, die den Tierschutz verfochten, wurden diese blutigen Sportarten bis zur Mitte des neunzehnten Jahrhunderts verboten. Im Laufe dieses Prozesses tendierte man vor allem dazu, alle Assoziationen an die schreckliche Vergangenheit im Falle des Hundes zu vermeiden und ihm als Freund des Menschen und treuen Begleiter eine besondere Stellung einzuräumen.

Für den heutigen Engländer heißt, einen Hund zu essen dasselbe wie einen Freund zu verspeisen, und es ruft daher denselben Abscheu hervor wie wenn man Menschenfleisch äße. Der Gedanke allein ist scheußlich; er wird tabuisiert.

Ein Tabu bedeutet das Verbot, von einer Sache zu sprechen, auch wenn man von ihr weiß. Wenn daher etwas – aus der Sicht des aufrechten Engländers – Unverzeihliches mit Hunden angestellt wird, so wird es schlichtweg ignoriert, solange es außerhalb der eigenen Reichweite geschieht. Wenn aber in ihrem eigenen Bereich eine solche Tabuverletzung stattfindet, folgt eine hysterische Empörung. Dazu läßt sich Genaueres im fünften Kapitel meines Buches „Sprache und Kultur" (Kotoba to bunka, Tôkyô: Iwanami shoten 1973) nachlesen.

Diese Tabuverletzung ruft ähnliche Reaktionen hervor wie der Gebrauch obszöner four-letter-words in der Öffentlichkeit – auch dies wird als amoralischer, asozialer Akt betrachtet.

Daß in England Hunde und Pferde einen ganz besonderen Stellenwert bekamen (Pferdefleisch zu essen, ist gesetzlich verboten), daß Grausamkeiten gegen Tiere allgemein und Kindesmißhandlungen, wie sie häufig in den Werken von Dickens und Lamb geschildert werden, etwa gleichzeitig gegen Ende des neunzehnten und zu Beginn des zwanzigsten Jahrhunderts gesetzlich verboten wurden, hängt wahrscheinlich mit der industriellen Revolution (1780–1850) und dem damit verbundenen sozialen Wandel zusammen. Es wäre für Japaner, die sich mit der Geschichte der Sozialideen in England befassen, ein lohnendes Thema.

Kehren wir wieder zu unserem Thema zurück. Es ist zwar nicht zu leugnen, daß die japanische, ausschließlich auf westlichen Texten basierende Beschäftigung mit der Kultur und Zivilisation des Abendlandes große Erfolge aufzuweisen hat, doch hier ging es darum, darauf hinzuweisen, daß die Lektüre ein zweischneidiges Schwert ist.

Waren wir uns etwa dessen wirklich bewußt, daß ein großartiges Buch wie die Encyclopedia Britannica nicht so sehr eine Sammlung objektiven Wissens ist als vielmehr eine Interpretation der Welt aus dem Blick der Engländer und auf der Basis des englischen Wertsystems?

Fukuhara Rintarô ist, im guten wie im schlechten Sinne, ein repräsentativer Intellektueller des modernen Japan, der wie viele andere Japaner das langgehegte – und auch jetzt noch nicht völlig ausgestorbene – Gefühl der Liebe und Verehrung für Kultur und Zivilisation des glorreichen Britischen Empire aufrichtig und in sehr typischer Ausprägung weiterhin vertritt. In einer seiner weisen, rei-

fen Schriften mit dem Titel „Ein Menschenleben und die Lektüre"
(Dokusho to aru jinsei, Tôkyô: Shinchôsha 1967) findet sich ein
Kapitel über Wörterbücher. Er erläutert zunächst kurz den Unterschied zwischen Wörterbüchern und Enzyklopädien und bemerkt
dann, daß sich England rühmen könne, in beiden Fällen die besten
ihrer Art zu besitzen. Nachdem er bewundernd schildert, was für
ein Jahrhundertwerk die dreizehnbändige Ausgabe des Oxford English Dictionary (abgekürzt O. E. D. oder N. E. D.) sei, kommt er
auf die Encyclopedia Britannica zu sprechen:

> „Ein weiteres Glanzstück englischer Nachschlagewerke ist
> die sogenannte Encyclopedia Britannica, die man ebenfalls
> als die beste der Welt bezeichnen kann. In jüngster Zeit war
> man auch auf amerikanisches Kapital angewiesen; sie er-
> scheint nun in den USA und wird von der Universität Chi-
> cago betreut. Sie wurde erstmals Mitte des achtzehnten Jahr-
> hunderts in England herausgegeben und gewann immer
> mehr an Umfang; die neunte Auflage ist besonders bekannt,
> da viele hervorragende Autoren daran mitwirkten. Ich selbst
> bewundere besonders die elfte Auflage, die 1910–1911 er-
> schien. Herausgegeben wurde sie von der Universität Cam-
> bridge. Sie ist wunderbar solide angelegt und bildet als
> Systematisierung der englischen Wissenschaften, vor allem
> zur viktorianischen Zeit, gleichsam ein Muster englischer
> Gelehrsamkeit. Die zwölfte und die dreizehnte Auflage sind
> im wesentlichen nur Erweiterungen dieser Ausgabe, aber
> von der vierzehnten Auflage an wurde sie amerikanisiert;
> man ging von großen, umfassenden Artikeln zu kleineren
> Stichworteinheiten über, der Text wurde mit Abbildungen
> versehen und dadurch optisch ansprechender und ge-
> brauchsfreundlicher." (ebenda, S. 140 f.)

Mittlerweile gibt es viele weitere Enzyklopädien, darunter auch
solche, die andere Eigenschaften und Vorzüge als die Encyclopedia
Britannica aufweisen. Aber unter den Intellektuellen im Vorkriegs-
japan gab es kaum einen, der nicht von der Encyclopedia Britannica
profitiert hätte, und einige lasen sie von der ersten bis zur letzten
Seite hintereinander durch. Man kann ohne weiteres davon ausgehen, daß die Gefühle und die hohe Wertschätzung des hier zitierten

Fukuhara gegenüber der Encyclopedia Britannica mit der bisherigen Einstellung der japanischen Intellektuellen allgemein übereinstimmen.

Was ich hier zur Diskussion stellen wollte, war die Frage, ob die Modalitäten der Rezeption einer so umfangreichen Quelle wie der glorreichen Encyclopedia Britannica durch Japaner, Angehörige einer ganz anderen Zivilisation und Kultur, ausreichend reflektiert worden sind.

Ein fremdsprachiges Buch zu lesen und daraus Wissen aufzunehmen, ist, als ob man ein zweischneidiges Schwert benutzt: ob es nützt oder schadet, hängt von der Haltung des Lesers ab und davon, ob er die intellektuelle Fähigkeit besitzt, sich von seinen Vorurteilen zu lösen.

5. Das Vorurteil, Ausländer verstünden kein Japanisch

Im ersten Kapitel war davon die Rede, daß Japaner seit der Meiji-Zeit ihre Muttersprache Japanisch mangelhaft und unvollkommen fanden. Viele scheinen gedacht zu haben, sie sei im Vergleich zu den europäischen Sprachen allzu unbedeutend. Im zweiten Kapitel erläuterte ich dann ausführlich, daß diese Vorstellung auf Mißverständnissen wie der nur oberflächlichen Kenntnis europäischer Sprachen und der blinden Anwendung westlicher Linguistik beruht.

Doch die Einstellung der Japaner zum Japanischen hat noch eine andere interessante Seite. Man glaubt nämlich, Ausländer dürften eigentlich kein Japanisch können. Unter den Lesern dieses Buches sind sicher auch solche, die viele gut japanischsprechende Ausländer kennen; außerdem schießen neuerdings Japanischlehrinstitute für Ausländer in Tôkyô wie Pilze aus dem Boden, so daß manch einer protestieren mag, er habe nie geglaubt, Ausländer könnten kein Japanisch. Doch ich spreche hier von ganz durchschnittlichen Japanern. Beobachtet man ihr Verhalten, so kommt man nicht umhin festzustellen, daß sie tief in ihrem Innern die Überzeugung hegen, Japanisch sei nur für Japaner bestimmt. Nun will ich diese kaum zu glaubende Tatsache nicht einfach als meine Meinung darstellen, sondern sie soll an den Aussagen von Ausländern, die Japan gut kennen, erhärtet werden.

Aussage Nr. 1

Der belgische Priester und Linguist W. A. Grootaers schrieb im fünf-
zehnten Jahr seines Japanaufenthalts das Buch „Ich möchte ein Japaner werden" (Watashi wa Nihonjin ni naritai. Ins Japanische übersetzt
von Shibata Takeshi, Tôkyô: Chikuma shobô 1964). Da er zuvor lange Jahre in China gelebt hatte, kennt er weit mehr Kanji als ein durchschnittlicher Japaner, doch wenn er Japanisch spricht, hat er einen
leichten ausländischen Akzent. Nichtsdestoweniger reist er gemeinsam mit japanischen Wissenschaftlern zu Dialektstudien durchs Land
und hält seine linguistischen Vorlesungen an der Universität auf Japanisch; man kann also sagen, daß er auf Japanisch perfekt kommunizieren kann. Ich möchte nun einen Abschnitt aus seinem Buch
zitieren, der zeigt, wie Durchschnittsjapaner auf das Japanisch dieses
typischen „blauäugigen, langnasigen" Ausländers reagieren.

„Eines Tages fuhr ich zum Tôhô-Theater im Tôkyôter Stadt-
teil Hibiya, um mir eine Eintrittskarte für die Tôhô meijinkai
– eine Veranstaltung mit Meistern traditioneller japanischer
Vortrags- und Unterhaltungskünste, organisiert von der
Filmgesellschaft Tôhô (A. d. Ü.) – zu sichern. Am Schalter
sagte ich:
„Ich hätte gern eine Karte für die Freitagsvorstellung."
Die Schalterdame machte mit dem Kopf ein Zeichen.
„Am Schalter nebenan, bitte."
Direkt nebenan liegt der Schalter für das Scala-Filmtheater,
das ausschließlich ausländische Filme zeigt. An jenen
Schalter verwies sie mich. Ich protestierte mit ein wenig
erhobener Stimme: „Bekomme ich die Karte für die Tôhô
meijinkai denn nicht bei Ihnen?"
Mit hochrotem Kopf wiederholte sie darauf mehrmals:
„Ach, ich dachte, Sie wollten eine Karte fürs Kino."
Am Freitag darauf genoß ich die Vorstellung, für die ich
mir die Karte gekauft hatte. (Es handelte sich dabei um
Yose, eine Art japanisches Variété und Kabarett, bei dem
vor allem traditionelle witzig-humorige Erzählungen zum
Vortrag kommen, A. d. Ü.) Neben mir saß ein junger Mann,
der mir nach einem Firmenangestellten aussah; nach etwa
einer Stunde stand er auf und wollte an mir vorbei nach

draußen. Zu meiner Verblüffung sagte er dabei auf Englisch: „Please excuse me!" Wieso mußte er mit mir Englisch sprechen, wo er doch wußte, daß ich mich die ganze Zeit über japanische Witze, von Japanern auf Japanisch erzählt, laut lachend amüsiert hatte? Ich begreife das nicht. Ich war nicht nur verblüfft, ich empfand auch eine Art Zorn." (ebenda, S. 41–42)

Die Schalterdame war, obwohl Sr. Grootaers korrektes Japanisch sprach, fest davon überzeugt, daß er sich aus Versehen falsch angestellt hatte und in Wirklichkeit Karten für den ausländischen Film kaufen wollte. Das Vorurteil, ein Ausländer könne unmöglich die traditionelle japanische Vortragskunst verstehen, machte sie dafür blind (?), daß der vor ihr stehende Ausländer perfektes Japanisch sprach.

Mir scheint, daß auch der junge Mann, der neben ihm saß, sich entsprechend der stereotypen Vorstellung verhielt, ein Ausländer könne Japanisch einfach nicht verstehen. Grootaers schreibt, er begreife nicht, daß man eine Stunde lang gemeinsam japanische Erzählkunst genießen und ihn danach trotzdem auf Englisch ansprechen könne. Doch wie ich später ausführen werde, hängt das damit zusammen, daß man nur von jemandem, der japanisch aussieht und sich japanisch verhält, das heißt, von einem Japaner, erwartet, daß er Japanisch spricht. Wenn aber jemand Japanisch spricht, der auch nur leicht von diesen Voraussetzungen abweicht, verspüren wir normalen Japaner ein starkes Befremden und fühlen uns verunsichert.

Aussage Nr. 2
Alan Turney: „Ausländer in Japan" (Nihon no naka no gaikokujin, Tôkyô: Sanseidô 1970)

> „Wenn Ausländer über Japaner schreiben oder reden, gebrauchen sie oft das Adjektiv ‚mysteriös', doch ich selbst hatte nie das Gefühl, Japaner seien mysteriöser als andere Völker. Allerdings kommt mir das Verhalten der Japaner gegenüber Ausländern, die Japanisch sprechen, noch am ehesten mysteriös vor.
>
> Wenn jemand ein wenig Japanisch kann und sich bemüht, es auch zu sprechen, freuen sich Japaner normalerweise,

denn sie fassen es als Zeichen dafür auf, daß dieser Ausländer Japan mag und sich sehr für das Land interessiert. Wenn man sich aber ziemlich fließend unterhalten kann, bekommt man oft Kommentare zu hören wie ‚komischer Ausländer‘ oder ‚unheimlich‘. Ich muß hinzufügen, daß darin keine Verachtung mitschwingt. Aber je geläufiger einem das Japanische wird, desto ‚unheimlicher‘ scheint es einigen Japanern vorzukommen. (...) Wenn der betreffende Ausländer nun nicht unbedingt angeben will, sondern wirklich gut Japanisch beherrscht, weiß ich nicht, wie ich diese japanische Haltung eigentlich interpretieren soll.“ (ebenda, S. 108 f.)

Turney führt weiter aus, daß man sich interessanterweise nur in großen Städten wie Tôkyô, wo man eher mit Ausländern zu tun hat, nicht vorstellen kann, daß Ausländer Japanisch beherrschen, und schreibt weiter:

„Wenn ein Ausländer in Tôkyô im Begriff ist, jemanden anzusprechen, so scheint, noch bevor er ein Wort gesagt hat, für den anderen festzustehen, daß er nichts davon wird verstehen können. Er ist überzeugt, er wird Englisch zu hören bekommen; auf Japanisch ist er nicht eingestellt. Ich nenne nur ein eklatantes Beispiel: Ein Freund von mir fragte einmal in ziemlich gut verständlichem Japanisch einen Polizisten an der Ecke nach dem Weg zu einem bestimmten Restaurant. Der Polizist überlegte eine Weile und versuchte dann, ihm den Weg auf Englisch zu erklären. Auf halbem Wege merkte er, daß er mit seinem Englisch nicht weiterkommt, und fragte meinen Freund auf Englisch: ‚Sprechen Sie Japanisch?‘“ (ebenda, S. 112 f.)

Diese japanische Mentalität, sich zu freuen, wenn ein Ausländer schlechtes Japanisch spricht, fließendes Japanisch bei ihm aber unheimlich zu finden, von welcher der englische Sôseki-Forscher[1] Turney sagt, er verstünde sie nicht, interpretiere ich folgendermaßen: Wenn ein kleines Kind seine ersten unbeholfenen Schritte macht, loben wir es in den höchsten Tönen. Aber wenn dasselbe Kind sich so

---

1 Natsume Sôseki (1867–1916), ein berühmter Schriftsteller und Anglist der Meiji-Zeit.

sicher und schnell wie ein Erwachsener bewegen würde, wären wir beunruhigt und fänden das unheimlich, denn ein kleines Kind kann nun einmal nicht wie ein Erwachsener gehen.

Wir sind fest davon überzeugt, daß ein Ausländer nicht perfekt (das heißt, wie ein Japaner) Japanisch sprechen kann, und wenn wir nun einem begegnen, der sich fließend ausdrücken kann, so finden wir das unheimlich. Stößt man auf etwas, das nicht so ist, wie es sein soll, so verursacht dies normalerweise eine innere Verunsicherung, und zwar deshalb, weil man die Phänomene, mit denen man konfrontiert ist, nicht verständlich einzuordnen und zu interpretieren vermag. Wenn nun ein Ausländer eigens besonders gut Japanisch spricht, so glaubt man entweder, das müsse Englisch sein, oder man findet es unheimlich.

Aussage Nr. 3

Donald Keene: „Ein blauäugiger Tarô kaja"[1] (Aoi me no tarô kaja, Tôkyô: Chûô kôron, neu ausgestattete Auflage 1973)

„Es gibt ein sehr merkwürdiges japanisches Vorurteil gegenüber japanischsprechenden Ausländern. Bislang war die Zahl der Ausländer, die Japanisch beherrschen, gering, und auch jetzt ist sie nicht sehr groß, doch da sie ständig wächst, ist die Zeit gekommen, das Vorurteil zu überdenken. Ich nenne einen Fall, den ich selbst erlebt habe: Ich war einmal bei einem Bekannten eingeladen, und wir unterhielten uns angeregt. Im Verlaufe des Gesprächs fragte mich dieser Bekannte: „Reiten Sie?", doch da in diesem Augenblick draußen ein Hund bellte, konnte ich die Frage nicht genau verstehen. Als ich „Wie bitte?" fragte, verlor mein Gegenüber den Glauben an meine Japanischkenntnisse. Hätte ein Japaner in diesem Fall „Wie bitte?" gefragt, so hätte er mit Sicherheit seine Frage „Reiten Sie?" wiederholt, doch da ich nun mal Ausländer bin, erklärte er mir geduldig und

---

1 *kaja*, eine Figur aus den Kyôgen, traditionellen einaktigen Possenspielen, ist ein Diener eines Fürsten. *Tarô*, der Rufname für einen ältesten Sohn, bezeichnet hier den obersten Diener oder Butler – *Tarô kaja* somit als typisch japanische Erscheinung.

ausgiebig, wobei er gestikulierend ein Pferd nachahmte, „Pferd, Pferd, Reiten, hü-hott!" Das versetzte meinem Stolz als Japanischsprecher einen tiefen Schlag. Es gibt auch Japaner, die mit Ausländern im Telegrammstil reden: „Du – gehen? Ich (deutet auf sich selbst) – gehen." Das mag zuvorkommend sein, wenn jemand überhaupt kein Japanisch versteht, für mich aber ist ein solches Gespräch nicht sehr erfreulich.

Hinsichtlich der Schrift sind die Vorurteile japanischerseits noch größer, als wenn es um das Sprechen geht. Auch Personen, die wissen, daß mein Fachgebiet die japanische Literatur ist, entschuldigen sich zum Beispiel, wenn sie mir ihre Visitenkarte überreichen, mit: „Es tut mir leid. Es steht leider nur Japanisch darauf." Das würde ich noch verstehen, wenn es sich um einen besonders schwierigen Namen handelte, aber so verbreitete Namen wie „Yamamoto" oder „Satô" kann jeder lesen. Selbstverständlich gibt es nur sehr wenige Ausländer, die Japanisch lesen können, aber jemand, dessen Fach die ‚Nationalliteratur' (kokubungaku) ist, müßte doch wenigstens die Fähigkeiten eines Mittelschülers besitzen." (ebenda, S. 12 f.)

Keene ist Ordinarius an der Columbia-Universität und einer der wenigen hervorragenden ausländischen Japanologen. Er schildert dies zwar in ruhigem Tonfall, aber der Leser kann sich umso deutlicher vorstellen, wie ihm zumute gewesen sein muß, als er in Bezug auf sein Japanisch wie ein Kind behandelt wurde. Ob ein japanischer Anglistik-Professor es gleichmütig hinnehmen könnte, wenn jemand in England zu ihm sagte: „Wie können Sie mit Ihren schwarzen Augen Shakespeare (oder was auch immer) lesen?"

In der Sektion „Japanische Sprache und japanische Kultur" bei der internationalen Konferenz, die das japanische PEN-Zentrum im Herbst 1972 veranstaltete, geschah einem anderen ausländischen Japanologen etwas ganz Ähnliches, wie es Keene schildert. Diesmal traf es den uns schon bekannten Herrn, Hochwürden Grootaers. An einer Podiumsdiskussion nahmen wir beide teil; als Grootaers in seinem Diskussionsbeitrag ein Wort mit sehr schwieriger Kanji-Schreibung (es war, soweit ich mich erinnere, das Wort „yûutsu"

– „Melancholie") gebrauchte, forderte der Diskussionsleiter – wahrscheinlich in der wohlwollenden Absicht, Grootaers eine Gelegenheit zu geben, seine weitreichenden Kanji-Kenntnisse zu demonstrieren – ihn auf, die Zeichen an die Tafel zu schreiben. Dort malte sie Grootaers, der sich auch im Chinesischen sehr gut auskennt, in bildschöner, flüssiger Schrift auf. Woraufhin das Publikum spontan applaudierte.

Sofort meldete ich mich zu Wort und erklärte, daß der Applaus sicherlich als Lob für Herrn Grootaers gemeint gewesen sei, meiner Meinung nach liefe er aber eher auf eine Demütigung hinaus. Es sei, wie wenn ein Kind im Kindergarten ein schwieriges Kanji an die Tafel schriebe und man es dafür mit „Gut gemacht!" lobe, denn dahinter stünde das Vorurteil, ein Ausländer könne unmöglich Kanji schreiben. Wie viele schwierige griechische oder lateinische Wörter ich in einer amerikanischen Universität auch schon an die Tafel geschrieben haben mag, es hat noch niemand applaudiert! Daß ein ausländischer Japanologe Japanisch versteht und Kanji schreiben kann, ist selbstverständlich, und dies als etwas Besonderes, Seltsames aufzufassen, sei nichts anderes als eine Beleidigung, sagte ich ein wenig erregt.

Aussage Nr. 4

Der Engländer Trevor Leggett ist ein Japankenner, der schon in der Vorkriegszeit als Diplomat in Japan weilte und nach dem Krieg fünfundzwanzig Jahre lang als Leiter der Abteilung Japan für die BBC arbeitete. Vor zwei Jahren brachte er ein interessantes Buch mit dem Titel „Die Art des Gentleman und die Art des Samurai" (Shinshidô to bushidô, Tôkyô: Saimaru shuppankai 1973) heraus. Darin erzählt er eine alte, humorvolle Geschichte aus England, in der ein gelangweilter Schäfer seinem Hund das Sprechen beibringt und dann unerwartet viel Geld damit verdienen kann, und im Anschluß daran klagt er, daß Ausländer in Japan, die ein wenig Japanisch sprechen könnten, dieser Kategorie des sprechenden Hundes zugeordnet würden. Man bräuchte nichts Kluges zu sagen, es reichte vielmehr, wenn man überhaupt etwas auf Japanisch äußerte, um dickes Lob einzuheimsen.

Leggett beschreibt andererseits auch sehr witzig, wie Japaner, die beim Empfang einer Firma sitzen, zuweilen in einen außerordentlichen Spannungszustand geraten, sobald sie sehen, daß sich ein Ausländer nähert, denn sie glauben, er werde sie sogleich auf Englisch ansprechen. Auch wenn der Ausländer sie in korrektem, vorher zurechtgelegtem Japanisch anredet, glauben sie infolgedessen, es müsse Englisch sein und verstehen es nicht:

„Als ich mich dem ‚Empfang' nähere, fängt eine der Empfangsdamen plötzlich an, im Schrank herumzuwühlen. Sie scheint etwas zu suchen, aber sie wird es garantiert nicht finden, bevor ich weggehe. Die anderen beiden rutschen verlegen auf ihren Stühlen herum. Also spreche ich sie auf *Japanisch* an: „Kann ich Präsident Hasegawa sprechen? Ich bin mit ihm um zehn Uhr verabredet." Absolutes Schweigen. Sogar die Schranksucherin hält einen Augenblick inne. Ihre schlimmste Befürchtung hat sich jetzt bestätigt: Sie können mein *Englisch* überhaupt nicht verstehen. Eine der Damen sagt auf Englisch: „Excuse me ..." Ich wiederhole das Ganze noch einmal auf Japanisch und füge hinzu: „Mein Name ist Leggett." Wie eine Schallplatte mit Sprung wiederholt die Dame auf Englisch: „I am sorry. I do not understand ..." Ich sage ganz langsam auf Japanisch: „Sie – können – doch – Japanisch, – nicht wahr?" Sie antwortet immer noch auf Englisch: „Yes I do, but ..." (...)
Wir Japanologen haben fast alle schon solche demütigenden Erfahrungen gemacht. Passiert einem dies in Begleitung neu angekommener Ausländer, so ist es besonders peinlich. Unser schnelles (und korrektes) Japanisch wird aufgenommen, als sei es unverständliches, gebrochenes Englisch."
(ebenda, S. 162 f.)

Der Grund, daß ich diese sich inhaltlich teilweise überschneidenden Aussagen der vier Ausländer hier gleichwohl zitierte, war der, daß sich an diesen Beobachtungen besonders gut ablesen läßt, wie Japaner im allgemeinen über das Japanische denken.
Faßt man die wichtigsten Punkte zusammen, in denen alle vier Aussagen übereinstimmen, so ergibt sich erstens, daß sich die meisten Japaner noch nicht von ihrer Fremdenfurcht (Xenophobie) befreit haben. Mein so hartnäckiges Insistieren auf den seltsamen Begriffen „Homogenität" oder „internationaler Isolation" (Inselcharakter) der

japanischen Gesellschaft, die ich zuvor als ihre Charakteristika hervorhob, ist auch vor diesem Hintergrund zu verstehen. Obwohl fast drei Millionen Japaner jährlich ins Ausland reisen und die Möglichkeiten zum Kontakt mit Ausländern auch in Japan selbst im Vergleich zu früher unvorstellbar gestiegen sind, kommt man, entgegen diesem Augenschein, nicht umhin festzustellen, daß wir uns psychologisch von dieser Fremdenfurcht immer noch nicht befreit haben.

Der Ausdruck „Phobie" oder „Furcht" könnte zu Mißverständnissen führen, daher sollte man es vielleicht eher „Befremden" nennen. Wenn man Ausländern gegenübersteht, gerät man aus dem seelischen Gleichgewicht, man wird verwirrt, die normale Denkfähigkeit wird außer Kraft gesetzt, und man kann sich nicht mehr vernunftgemäß verhalten. Steht man zum erstenmal auf der Bühne, so hat man Lampenfieber, und es scheint, als ob Durchschnittsjapaner gegenüber Ausländern tatsächlich unter einem solchen Lampenfieber (stage fright) leiden. Wenn ein Ausländer einen Japaner eigens in verständlichem Japanisch anredet und dieser darauf in schlechtem Englisch antwortet und dann noch etwas sagt wie „Do you speak Japanese?", dann zeigt dies deutlich, daß der Betreffende in diesem Moment geistig nicht voll zurechnungsfähig ist.

Es ist allgemein bekannt, daß die höher entwickelten Tiere ihr eigenes Territorium besitzen und gegenüber Eindringlingen auf eigenem Territorium in jeder Hinsicht überlegen sind. Wenn etwa Vögel oder Hunde in das Gebiet eines anderen eindringen, so fühlen sie sich unterlegen, auch wenn sie physisch stärker sind, und so ist es üblich, daß sie sich als der Schwächere verhalten.

Es kommt häufig vor, daß eine Baseball-Mannschaft bei Heimspielen stark ist, auswärts aber verliert, was seine Ursache auch in dem Gefühl hat, vom Gegner psychisch verschlungen zu werden, da man das eigene Territorium verlassen hat.

Hält man sich dies vor Augen, so ist das Unterlegenheitsgefühl von Japanern, besonders von Städtern, gegenüber Ausländern ein wirklich seltsames und interessantes Phänomen. Denn die Ausländer sind es ja, die von Übersee in ein fremdes Land gekommen sind und weder Sprache noch Alltagsgewohnheiten kennen. Bei ihnen kommen genug Voraussetzungen für die Rolle des psychologisch Schwächeren zusammen. Die Japaner, die den Ausländern auf ihrem eigenen Boden begegnen, müßten sich dagegen eigentlich selbstbewußt und frei verhalten, doch das genaue Gegenteil ist der Fall. Auf diesen Punkt werde ich später noch einmal zurückkommen.

Der zweite Punkt, der sich deutlich aus allen vier Aussagen herauslesen läßt, ist der, daß die Japaner fest davon überzeugt sind, Ausländer könnten kein Japanisch verstehen. Sie freuen sich deshalb, wenn ein Ausländer gebrochenes Japanisch spricht, wenn er aber fließend spricht, empfinden sie aufgrund ihrer enttäuschten Erwartung Befremden; außerdem fühlen sie sich unwohl und hegen ihm gegenüber sogar Mißtrauen. An jener Episode, daß selbst diejenigen, die wissen, daß Donald Keene ein berühmter Japanologe ist, sich entschuldigen, weil sie ihm „aus Versehen" eine japanische Visitenkarte gaben, zeigt sich die fast einem religiösen Glauben gleichkommende Vorstellung, das Japanische sei nur für Japaner bestimmt.

Warum legen wir Japaner Ausländern gegenüber ein für sie so unverständliches, äußerst unangenehmes Verhalten an den Tag, und wie kommt es, daß wir ihrem Japanisch mit solchen Vorurteilen begegnen?

Die Antwort auf die erste Frage liegt auf der Hand: Japan ist nicht nur eine Insel, die keinerlei gemeinsame Grenzen mit anderen Ländern besitzt (Frankreich grenzt z. B. an sechs Länder), sondern auch innerhalb der Landesgrenzen gibt es keine größere fremde Bevölkerungsgruppe. Außerdem wurde im Zusammenhang mit der indirekten Kulturrezeption bereits festgestellt, daß Japan historisch gesehen nie eine direkte Invasion fremder Völker erfuhr. Nur wenige Japaner haben ausländische Freunde oder Bekannte, und man findet kaum jemanden, der in seiner nahen Verwandtschaft, geschweige denn unter seinen fernen Vorfahren, einen Ausländer aufweisen kann. In Amerika, aber auch bei den großen Völkern auf dem eurasischen Kontinent sieht dies ganz anders aus. Dort ist es überhaupt nicht selten, daß Großvater oder Tante Ausländer sind. Das englische Königshaus beispielsweise ist mit Königs- und Adelsfamilien in fast allen europäischen Ländern verwandt. So gesehen ist unsere Ausländerphobie eine viel zu tief verwurzelte ethnokulturelle Besonderheit, als daß sie von heute auf morgen verschwinden könnte. Das zweite Problem – die Überzeugung, Ausländer könnten kein Japanisch verstehen –, hängt natürlich mit dem ersten zusammen.

Je umfangreicher der direkte Kontakt zwischen Japanern und Ausländern wird, desto größer wird natürlich auch die Zahl der Ausländer, die Japanisch sprechen. Damit sinkt auch der Seltenheitswert japanischsprechender Ausländer, und so dürfte die Reaktion des Befremdens sich langsam von selbst geben. Gegenwärtig aber sind Ausländer, die das Japanische gut beherrschen, noch eine Ausnahme, und diese wenigen sind deshalb als „sprechende Hunde" demütigenden Erfahrungen ausgesetzt.

Im dritten Kapitel mit dem Titel „Die Stellung des Japanischen in der Welt" war bereits davon die Rede, daß das Japanische in Korrelation zum Land Japan steht und eine feste Einheit mit dem japanischen Volk und seiner Kultur bildet. Mir scheint, daß die japanische Einstellung zur eigenen Sprache sehr stark von einer Art Nationalitätsprinzip geprägt ist. Der Begriff „Nationalitätsprinzip" bildet einen Gegensatz zum „Territorialprinzip", nach dem die Staatsangehörigkeit eines Neugeborenen gesetzlich danach bestimmt wird, in welchem Lande es zur Welt kam. Für uns steht außer Zweifel, daß ein Kind mit japanischen Eltern automatisch Japaner ist. Dies scheint Japanern absolut selbstverständlich, und so haben wir normalerweise noch nicht einmal darüber nachgedacht, daß es bei der Interpretation der Staatsangehörigkeit von Kindern, die im Ausland geboren wurden, Probleme geben könnte. In den USA aber wird die Nationalität eines Kindes zum Beispiel nicht durch die Nationalität der Eltern bestimmt, sondern nach dem Ort, an dem es geboren wurde. Folglich ist ein in Amerika geborenes Kind japanischer Eltern grundsätzlich amerikanischer Staatsbürger. Für Japaner ist das Japanersein letztlich eine Frage der Rasse, keine Frage des Gesetzes oder sonstiger Festlegungen.

Von dieser Auffassung über das Japanersein ausgehend, läßt sich zweierlei erklären. Das erste ist, daß man, um *Japaner* zu sein, als Japaner *geboren* sein muß. Ein Ausländer kann kein Japaner werden. Daher wird ein Ausländer, auch bei korrekt erfolgter legaler Einbürgerung, nie als wirklicher Japaner akzeptiert werden können.

Das zweite ist, daß wir die Amerikaner und Brasilianer japanischer Herkunft nach wie vor einfach für Japaner halten.

Da wir die Unterscheidung zwischen Nationalität, Bürgerrechten und ethnischer Zugehörigkeit nicht kennen, gelingt es uns nicht, jene, die japanisches Blut in ihren Adern haben, distanziert zu sehen, obgleich sie weit von uns entfernte Ausländer mit einer eigenen Identität sind.

Sie sind zwar japanischer Abstammung, bewußtseinsmäßig aber und vom Gesetz her vollwertige Amerikaner und Brasilianer. Kommen wir mit ihnen in Kontakt, so kommunizieren wir ständig aneinander vorbei.

Einfach gesagt, betrachten wir sie immer noch einseitig als Japaner. Und so geschieht es mitunter, daß sie von Japanern zu hören bekommen, sie sollten sich wie ein Japaner verhalten oder es sei eine Schande, daß sie als Japaner das Japanische vergessen hätten. Das heißt, sie sind für uns Japaner zweiter Klasse. Die Frustration und der Zorn, den japanischstämmige Hawaianer oder Brasilianer angesichts der Bevormundung durch Japaner empfinden, hat sehr oft damit zu tun, daß wichtige Elemente, die die Existenz des Menschen grundlegend bestimmen, wie Nationalität, Rasse, Kultur, Religion und Sprache, von Japanern charakteristischerweise ausschließlich nach dem Nationalitäts- bzw. ethnischen Prinzip[1] aufgefaßt werden. Kehren wir nun zum Japanisch der Ausländer zurück. Auf dem Hintergrund dessen, was bisher erklärt wurde, dürfte auch die Auffassung verständlich werden, daß Japanisch erst Japanisch ist, wenn es von einem Japaner gesprochen wird, während das Japanisch von Ausländern, wie gut es auch sei, in gewisser Weise komisch wirkt, und zwar nicht etwa, weil die Sprache selbst komisch wäre, sondern weil wir das Gefühl haben, Sprache und Sprecher harmonierten nicht. Das Japanische existiert in fester Kombination mit verschiedenen japanischen Merkmalen wie etwa schwarze Haare, eine gelbliche Hautfarbe, japanisches Gemüt, Sitten und Wertvorstellungen. Wir Japaner sind noch nicht bereit, das Japanische als eine Sprache unter anderen, losgelöst von sonstigen menschlichen Aspekten, zu betrachten.

---

1 Spätestens hier wird deutlich, daß der Begriff Nationalitätsprinzip (i. Ggs. zum Territorialprinzip) im Japanischen eher im Sinne eines „ethnischen Prinzips" verstanden wird. Hier spiegelt sich auf der Ebene der Terminologie noch einmal die mangelnde Unterscheidung zwischen Nationalität, Bürgerrechten und ethnischer Zugehörigkeit, von der im Text selbst die Rede ist.

Nun mag es zwar graduelle Unterschiede geben, doch daß eine Sprache in anderen Ländern so verstanden wird, ist selten. Englisch ist wohl das andere Extrem; hier ist die Koppelung mit der Nationalität bereits weitgehend aufgehoben. In Japan sieht man oft junge Frauen, die kichern, wenn Ausländer Japanisch sprechen. Im Gegensatz dazu lachen Engländer oder Amerikaner erstaunlicherweise nie, auch wenn ein Japaner noch so dürftiges Englisch spricht. Manche bemerken diesen Unterschied und machen die Andersartigkeit der Etikette dafür verantwortlich, doch ich denke, wie ich bereits erklärte, das Problem ist nicht so einfach. Das Japanische war zumindest bisher für uns untrennbar mit dem japanischen Volk verbunden, so daß man von einer Schicksalsgemeinschaft sprechen kann.

Unter den Lesern dieses Buches mag es einige geben, die es komisch finden, daß ich nur die Europäer, die Weißen, meine, wenn ich von Ausländern rede. Sie haben recht. Doch es ist eine Tatsache, daß Freude und Belustigung der Japaner am größten sind, wenn ein typischer Weißer mit blondem Haar und blauen Augen Japanisch spricht. Gegenüber japanischsprechenden Koreanern oder Chinesen reagieren wir ganz anders. Selbst wenn sie sehr gut sprechen, finden wir das weder unheimlich noch komisch. Und wenn jemand nur wenig Japanisch kann, zeigen wir deutlich Verachtung. Bei ihnen finden wir gebrochenes Japanisch oder einen starken Akzent alles andere als liebenswert.

Dies wird deutlich, wenn man einmal den Einsatz von Ausländern in der Rundfunk- und Fernsehwerbung betrachtet. Heutzutage tauchen Weiße in japanischer Reklame jeder Art auf, sei es für Parfüm, Schokolade, Papiertücher, Kameras, Alkohol u. a. m. Und alle sprechen gebrochenes Japanisch mit außerordentlich starkem Akzent. Nein, sie werden sogar dazu aufgefordert, so zu sprechen, weil dies wirkungsvoller ist. Doch Ausländer mit chinesischem oder koreanischem Akzent treten garantiert nie auf. Es scheint, daß ihre Aussprache dem japanischen Publikum diesen wohligen Kitzel nicht vermitteln kann.

Es ist sicherlich nicht falsch zu vermuten, daß die Unterschiede in der japanischen Reaktion auf das Japanisch von Weißen und Nicht-Weißen zu einem großen Teil auf die tief in uns sitzende Ehrfurcht vor dem Westen und einen Europäer-Komplex zurückzuführen sind. Darüberhinaus ist jedoch meines Erachtens nicht zu übersehen, daß uns unsere Nachbarvölker in physiologischer Hinsicht, besonders, was die Physiognomie mit Haar-, Augen- und Hautfarbe betrifft, sehr ähnlich sind. Einige könnten von ihrer Erscheinung her sogar ohne weiteres für Japaner gehalten werden. Wir empfinden daher bei ihnen im Unterschied zu den Weißen kein so starkes Befremden und sind auch psychisch nicht so irritiert. Und dies ist es auch, weshalb wir das Japanisch dieser Ausländer im wesentlichen nach den gleichen Kriterien wie das von Einheimischen beurteilen können.

Ein Beispiel soll diese meine Interpretation stützen. Neulich traf ich auf einer internationalen Konferenz in Kyôto nach Jahren eine indische Studentin wieder, die zuvor an meiner Universität Japanisch studiert hatte. Sie kann sehr gut Japanisch, allerdings ist es nicht immer ganz korrekt. Ihr Gesichtsschnitt ist typisch arisch, auch wenn ihre Hautfarbe etwas dunkler ist. Sie beklagte sich bei mir und einigen anderen japanischen Linguisten, daß die Japaner ihr Japanisch immer nur lobten und sie nie auf Fehler aufmerksam machten. Auf diese Weise komme sie über einen bestimmten Stand nie hinaus. Ich erklärte mir dies so, daß sie zwar im weiten Sinne eine Asiatin ist, doch ihr Gesicht weist sie eindeutig sofort als Ausländerin aus, so daß hier wieder das japanische Gefühl der Befremdung einsetzt.

6. Partnerbezogene Selbstdefinition

Als ich vor Jahren an einer amerikanischen Universität lehrte, versorgte mich ein Freund in Japan regelmäßig mit Zeitungsausschnitten, die mich interessieren könnten. Darunter war ein Artikel, in dem es um die Gründe für den Selbstmord Jugendlicher ging; für einen hohen Prozentsatz wurde angegeben: „die Not, niemanden zu haben, dem man seine Innerstes anvertrauen und mit dem man über alles reden kann". Die Lehrer in der Schule seien nicht bereit, sich damit zu befassen. Die Schulkameraden seien alle Rivalen für die Aufnahmeprüfungen, und so käme es nicht in Frage, sich bei ihnen auszusprechen. Die Eltern sagten immer nur, man solle weiterlernen, mit ihnen könne man auch nicht reden. Diese Einsamkeit sei nicht zu ertragen.

Da meine Vorlesung für das Postgraduiertenstudium die Beziehung zwischen japanischer Ego-Struktur und sprachlichem Ausdruck zum Thema hatte, legte ich den Artikel sogleich den Studenten vor und fragte sie nach ihrer Meinung. Zu meinem Erstaunen fanden ihn mehrere Studenten so komisch, daß sie in lautes Lachen ausbrachen. Als ich nach dem Grund fragte, erhielt ich von einem von ihnen die folgende Antwort.

Wirklich Wichtiges habe er weder mit seinen Freunden noch mit seinen Eltern besprochen. Er diskutiere zwar intensiv mit seinen Lehrern und anderen, doch nur, um Anregungen zu bekommen, damit er seine persönlichen Probleme selbständig angehen könne, doch er würde nie die Probleme selbst schildern und vor allem von anderen auch nicht deren Lösung gesagt bekommen wollen. Das wirklich Einmalige an einem Individuum sei zugleich der Teil, den man einem anderen nicht mitteilen könne, und täte man dies doch, so würde man die eigene Existenz damit gefährden. Es sei daher der Gipfel der Dummheit, Selbstmord zu begehen, nur weil man niemanden hätte, dem man sich anvertrauen könne. So etwa lautete die Antwort.

Ich war ziemlich verblüfft und fragte danach auch die anderen. Eine Studentin sagte, sie dächte im großen und ganzen auch so, und sie habe auch ihrem Mann noch nie das anvertraut, was für sie wirklich wichtig sei. Die tiefsten eigenen Gefühle könne niemand außer einem selbst verstehen, fügte sie hinzu.

Dies ist zwar nur eine kleine Episode, aber sie eignet sich wie kaum etwas anderes zur Einleitung dessen, wovon nun die Rede sein soll: Was ist für einen Japaner das Ich und was ist das Gegenüber?

Wir Japaner scheinen ständig auf der Suche nach jemandem, dem wir unsere tiefinnersten Gefühle, die Gedanken, die uns am meisten bewegen, mitteilen können. Das Verlangen nach Zustimmung, Übereinstimmung und Gleichgestimmtheit mit anderen zeigt sich in unserem zwischenmenschlichen Verhalten auf die mannigfaltigsten Weisen. Es läßt sich etwa ablesen an der Einstellung, sich alles von der Seele reden zu müssen, um sich erleichtert zu fühlen, an der Tatsache, daß die Geständnisquote japanischer Krimineller erstaunlich hoch liegt, und an den Schwierigkeiten, die Japaner haben, Staatsgeheimnisse und sonstiges streng Vertrauliche für sich zu behalten, was auf der diplomatischen Bühne oft zu Problemen führt. All dies zeigt, daß wir Japaner ein ziemlich schwach ausgeprägtes Ego besitzen, das nicht dazu geeignet ist, dem Druck dieser Belastungen allein standzuhalten.

Die japanische Ego-Struktur, wie sie soeben grob umrissen wurde, hängt meiner Ansicht nach eng damit zusammen, wie wir die zwischenmenschlichen Beziehungen auffassen. Das liegt daran, daß Japaner dazu tendieren, ihr Ich in Abhängigkeit vom Gegenüber zu identifizieren. Dabei verfährt man entweder so, daß das Ich, ausgehend vom anderen, auf diesen projiziert wird, um dadurch eine Harmonisierung von Ich und anderem zu erreichen, oder man definiert sich selbst dadurch, daß man den eigenen Ort im interpersonalen Koordinatensystem auf der Basis der konkreten Beziehung zum jeweiligen Partner festlegt. Beide Arten stimmen darin überein, daß die Identifizierung des Ichs vom Gegenüber abhängt.

Dies sei nun anhand konkreter Beispiele erläutert. Ich habe mich seit einigen Jahren genauer damit befaßt, aus welcher Perspektive und mit welchen Wörtern Japaner im Gespräch sich selbst und den anderen bezeichnen. Die linguistischen Fakten, die aus dieser Untersuchung hervorgingen, verglich ich kontrastiv mit entsprechenden Phänomenen im Englischen und in anderen Sprachen und erläuterte daran die Unterschiede in den sprachlichen Strukturen und in der Art, wie interpersonale Beziehungen in der entsprechenden Kultur jeweils aufgefaßt werden. Ich habe dies bereits bei verschiedenen Gelegenheiten ausführlich in Form wissenschaftlicher Aufsätze dargestellt und bin auch in meinem Buch „Kultur und Sprache" darauf eingegangen. Hier werde ich mich daher kurz fassen.

Es ist bekannt, daß das heutige Standardjapanisch jeweils mehrere personale Demonstrativa für die erste und für die zweite Person besitzt. Als ich jedoch einmal untersuchte, welche Bezeichnungen eine bestimmte Person im täglichen Leben für sich selbst und den jeweiligen Partner verwendet, kam ich zu einem überraschenden Ergebnis.

Erstens ist der Bereich, in dem personale Demonstrativa gebraucht werden, unerwartet eng begrenzt. Es ergab sich, daß statt dessen Wörter Verwendung finden, die im weiten Sinne den Status oder die Stellung der eigenen Person und des Gegenübers bezeichnen.

Ein Mann, der Oberhaupt einer Familie ist, bezeichnet sich selbst im Gespräch mit seinen Kindern zum Beispiel entweder als *otôsan* (Vater) oder *papa*. Ein älterer Bruder, der seinen Kugelschreiber sucht, sagt zu seinen jüngeren Geschwistern: „Wo habt ihr den Kugelschreiber von *o-nîchan* (familiäre Anredeform für *o-nîsan* – „älterer Bruder") hingetan?" Doch ein jüngerer Bruder sagt zur älteren Schwester nicht: „Gib's *otôtochan*!" (familiäre Anredeform für *otôto* – „jüngerer Bruder"), wenn er von ihr etwas haben möchte. Ebenso sagt auch kein Sohn zu seiner Mutter: „*Musuko* (der Sohn) geht jetzt weg!" In solchen Fällen gebraucht man Demonstrativa wie *boku* („ich", nur von Männern gebraucht) oder *watashi* („ich", eher weiblich, bei Verwendung durch einen Mann höfliche Bezeichnung für „ich").

In der direkten Anrede werden nur Rufformen verwendet, die Verwandtschaftsbeziehungen zu Älteren bezeichnen wie z. B. *otôsan* (Vater), *okâsan* (Mutter), *ojisan* (Onkel), *obasan* (Tante), *nîsan* (älterer Bruder) oder *nêsan* (ältere Schwester). Wörter, die Verwandtschaftsbeziehungen zu jüngeren Familienmitgliedern bezeichnen wie etwa *otôto* (jüngerer Bruder), *imôto* (jüngere Schwester), *musuko* (Sohn), *musume* (Tochter), *mago* (Enkel), *oi* (Neffe) oder *mei* (Nichte) kann man dagegen in keinem Zusammenhang als Anrede verwenden. Statt solcher Verwandtschaftsbezeichnungen gebraucht man normalerweise den Namen oder ein personales Demonstrativum der zweiten Person. Allerdings ist es selten, daß man Eltern und ältere Geschwister mit einem personalen Demonstrativum anredet.

Auch in anderen sozialen Beziehungen außerhalb der Familie werden die Bezeichnungen für die eigene Person und das Gegenüber auf diese Weise verwendet. Ein Schullehrer spricht gegenüber den Schülern von sich selbst als *sensei* (Lehrer, Meister). Die Schüler nennen ihn *sensei*, sie sagen nicht etwa *anata* („Sie", höfliche Anrede). Auch in der Firma ist es üblich, verschiedenrangige Vorgesetzte mit ihrer Berufs- oder Positionsbezeichnung anzureden; ein personales Demonstrativum wird nicht verwendet.

Sehen wir uns nun, von diesen Regeln ausgehend, einmal an, wie viele verschiedene Bezeichnungen für die eigene Person ein einzelnes Individuum im täglichen Leben gebraucht.

Ein vierzigjähriger Grundschullehrer hat Frau und Sohn sowie einen Bruder, der noch Student ist. An nahen Verwandten besitzt er außerdem noch einen Vater und einen älteren Bruder, die beide auswärts wohnen. Dieser Lehrer bezeichnet seine Person auf mindestens sieben verschiedene Arten. Gegenüber seinem eigenen Kind nennt er sich *otôsan* (Vater), gegenüber dem jüngeren Bruder *nîsan* (älterer Bruder), im Gespräch mit seiner Frau nennt er sich *ore* (familiäre, ausschließlich männliche Bezeichnung für „ich", nur gegenüber sozial Gleich- oder Niedriggestellten verwendbar), gegenüber seinem Vater *boku* („ich", s. o.) und ebenso gegenüber seinem älteren Bruder. Zum Nachbarskind spricht er von sich als *ojisan* (Onkel), gegenüber seinen Schülern in der Schule nennt er sich *sensei* (Lehrer), gegenüber Kollegen *boku* („ich", s. o.) und gegenüber dem Schuldirektor *watashi* („ich", s. o.).

Das Individuum stellt zuerst fest, wer der Gesprächspartner ist, welchen Status er hat und in welchem Verhältnis er zu der eigenen Person steht, und wählt dann den dieser Situation angemessensten Terminus. Das heißt, die Eigenschaften des Gesprächspartners spiegeln sich direkt in der Perspektive, in der man die eigene Person sprachlich definiert. Man könnte sagen, die Frage „Wer bin ich?" hängt unmittelbar ab von der Frage „Wer ist mein Gegenüber?" Bemerkenswerterweise ist eine solche Relativität der sprachlichen Ich-Definition in westlichen Sprachen nicht anzutreffen.

In den europäischen Sprachen, etwa im Englischen, Deutschen, Französischen, ist die Perspektive, aus welcher der Sprecher sich sprachlich selbst bezeichnet, unveränderlich festgelegt; er verwendet dafür ausschließlich das Personalpronomen der ersten Person. Ich bezeichne diese Form als „absolute Selbstdefinition" im Gegensatz zur japanischen, die ich „relative Selbstdefinition" nennen möchte.

Man hat sich diese partnerbezogene Selbstdefinition so vorzustellen, daß man sich selbst aus der Perspektive des Gegenübers sieht. Damit sich etwa jemand als *otôsan* (Vater) bezeichnen kann, muß er sich aus dem Blickwinkel des eigenen Kindes betrachten. Und ein anderer muß sich vom Standpunkt der Schüler aus sehen, wenn er von sich als *sensei* (Lehrer) spricht.

Diesem sprachlichen Verhalten einer relativen Selbstdefinition entspricht ganz notwendigerweise das psychologische Muster einer

Selbstdefinition vom Standpunkt des Gegenübers und einer Herstellung der Selbstidentität mittels des Partners. Man könnte dies auch eine Assimilation der Standpunkte des Ich und des Partners nennen. Damit das Ich konkretes Ich werden kann, bedarf es eines Partners, denn nur auf dem Weg über den Partner kann das Ich sich definieren.

Erinnern wir uns an die zu Eingang dieses Abschnitts geschilderte kleine Episode. An dem Beispiel der japanischen Jugendlichen, die darunter leiden, daß sie niemanden haben, dem sie ihr Herz ausschütten können, der sie versteht und sich mit ihnen identifiziert, wird eine Ego-Struktur sichtbar, die Amerikaner nicht verstehen können. Sie hängt unmittelbar damit zusammen, wie Japaner interpersonale Beziehungen auffassen und wie sie diese sprachlich artikulieren.

Es liegt auf der Hand, daß dies wiederum in Verbindung mit dem japanischen Konformitätsstreben zu sehen ist, das Soziologen als Charakteristikum dieser Gesellschaft hervorgehoben haben: Solange man nicht weiß, wie sich der andere oder die anderen entscheiden, vermag man auch nicht festzulegen, was man selber will. Andererseits glaube ich aber nicht, daß ein solches Verhaltensmuster, nach dem man für sich allein keine Entscheidungen treffen kann, ausschließlich von Nachteil ist. Japaner sind aus eben diesem Grunde flexibler, um von Fall zu Fall die effektivste Lösungsmöglichkeit zu finden, statt konsequent einem abstrakten Prinzip zu folgen und dieses durchzusetzen; sie bilden hier einen interessanten Gegensatz zum abendländisch-westlichen Verhaltensmuster, an dem die Härte der Eigenmächtigkeit auffällt.

Von diesem Muster der relativen Selbstdefinition her läßt sich auch die im vorigen Abschnitt beschriebene psychische Instabilität der Japaner gegenüber Europäern erklären. Um sich selbst richtig einstufen zu können, muß man zuvor wissen, wer das Gegenüber ist und welchen Status er im Vergleich zur eigenen Person innehat. Doch die Ausländer vermitteln uns dazu keinerlei Anhaltspunkte. Solange der Partner jedoch nicht einzuordnen ist, können wir auch uns selbst nicht einordnen, und dies führt zu einem Zustand psychischer Instabilität. Wir Japaner sind auch bekannt dafür, daß wir uns Fremden gegenüber völlig anders verhalten als gegenüber Bekannten. Dahinter steckt ebenfalls nichts anderes als der Versuch, die eigene Verunsicherung aufgrund der Schwierigkeiten, den anderen einzuschätzen, dadurch zu vermeiden, daß man ihn einfach ignoriert. Es ist keine Übertreibung zu sagen, daß Japaner mit jemandem, dessen Identität unklar ist, keine normalen menschlichen Beziehungen aufzunehmen imstande sind.

Diese weiche, schwach konturierte Ego-Struktur der Japaner, die sich erst in der Harmonie mit dem Gegenüber stabilisiert, zeigt sich deutlich auch an folgendem Phänomen.

Wenn ein Japaner einem Ausländer Japanisch beibringt, geschieht es oft, daß er von dem gebrochenen Japanisch seines Gegenübers infiziert wird und plötzlich bemerkt, daß er auch so spricht. Das ungenaue Japanisch des Gegenübers zerstört unsere psychische Stabilität.

Europäer und Amerikaner, die sich nicht so weitgehend mit dem Partner identifizieren, werden von unserem gebrochenen Englisch kaum sprachlich angesteckt.

So gesehen gibt es im Japanischen zahlreiche Wörter oder Wendungen, in denen sich die allgemeine Praxis spiegelt, die Gefühle und Wünsche anderer zu erraten, noch bevor sie ausgesprochen werden. Ausdrücke wie *sasshi ga yoi/warui* (jemand mit guter/schlechter Einfühlungsgabe), *ki ga kiku/kikanai* (jemand ist aufmerksam, hat ein feines Gespür/ ist unsensibel) oder *omoiyari ga aru* (jemand fühlt sich ein, fühlt mit, ist rücksichtsvoll) lassen sich schwer in westliche Sprachen übersetzen, doch dies liegt in der Natur der Sache, denn in anderen Kulturen ist es einfach nicht üblich, sich in den anderen hineinzuversetzen, bevor dieser seine Gedanken und Wünsche sprachlich artikuliert. So komplizierte Gefühle, wie sie in dem Ausdruck *arigata meiwaku* (lästige Wohltat) mitschwingen, entstehen gerade durch diese einfühlende Vorwegnahme; würde man sich immer nur auf das beschränken, um das man ausdrücklich gebeten wurde, entstünden solche Probleme nicht.

In einem geistigen Klima wie dem japanischen, wo es üblich ist, vom Standpunkt des anderen her zu denken und wo die Tendenz besteht, sich mit dem Gegenüber zu identifizieren, um mit ihm zu harmonieren, ist das Bewußtsein eines Gegensatzes zwischen dem Ich und dem anderen natürlich nur schwach ausgeprägt. Es heißt oft, Japaner könnten keinen echten Dialog führen. Ein Dialog bedeutet urspünglich, daß Partner, die ein fest umrissenes, hartes Ego besitzen, im Widerstreit der Meinungen die jeweiligen Interessen in Einklang zu bringen versuchen. Eine solche Auseinandersetzung ist Japanern mit ihrer partnerorientierten Denkweise und einer Ich-Struktur, die zur Aufhebung der Grenzen zwischen Ich und anderem tendiert, absolut fremd.

7. Die Sprachauffassung der Japaner

Wie bereits in der ersten Hälfte dieses Kapitels ausführlich erläutert, war Japan, das Inselreich mit den idealen Voraussetzungen einer ethnisch homogenen Bevölkerung, zwar seit seinem Eintritt in die Geschichte stets einem starken kulturellen Einfluß aus dem Ausland unterworfen, doch hier konnte sich zugleich eine sonst nirgendwo in ähnlicher Weise anzutreffende Kultur von hoher Reinheit und Homogenität entfalten.

Bei detaillierterer Betrachtung könnte man natürlich auf zahlreiche Differenzen, etwa zwischen der Kultur in Ost- und in Westjapan, Berg- und Fischerdörfern oder zwischen Denkmustern von Bauern und von Stadtbevölkerung verweisen. Doch es ist eine unbestreitbare Tatsache, daß Spannungen wie etwa die kompromißlose Auseinandersetzung zwischen monotheistischer und polytheistischer Weltsicht oder der heftige Konflikt zwischen nomadischen Hirten- und ansässigen Bauernvölkern, die zu einem dualistischen Denken führten, in Japan nicht vorhanden sind.

Daß Japaner untereinander einen derart hohen Grad an Homogenität aufweisen, bedeutet, daß der Mitmensch für sie nicht fremdartig und unverständlich sein kann. Zumindest vermag man ihn ohne weiteres in das eigene Wertesystem einzuordnen.

Wenn Denkweisen und Wertvorstellungen identisch sind, bedarf es zum gegenseitigen Verständnis nur noch eines möglichst ausgedehnten Kontakts. Man braucht nur die konkreten Umstände, aus denen das Verhalten des Mitmenschen resultiert, genau zu kennen, so ergibt sich ein Verstehen weitgehend wie von selbst. Denn wie bereits erläutert, ist es möglich, sich in den anderen hineinzuversetzen.

175

In solchen interpersonalen Beziehungen kommt man natürlich weitgehend ohne Sprache aus. Die Sprache ist von ihrem Wesen her nicht in der Lage, die Realität, so wie sie ist, zu vermitteln. In diesem Sinne ist sie ausgesprochen unvollkommen und unzureichend. Wenn also auf der Ebene der Realität selbst eine Verständigung möglich ist, so ist die Sprache nicht nur überflüssig, sondern es ist auch nicht auszuschließen, daß durch den unnötigen Einsatz einer unvollkommenen Sprache das schon vorhandene Verständnis wieder verwässert wird. Nichts zu sagen, ist am angemessensten. Die traditionelle japanische Kommunikationsweise ist mehr Ahnen als Verstehen, mehr intuitives Erfassen als logisch-argumentatives Begreifen. Sie setzt gleichartige Partner voraus, die sich um gegenseitige Assimilation bemühen und denen dies gelingt.

Zwar gab es in Japan seit alters her vielerlei Gelehrsamkeit und Künste, doch eine Redekunst und Rhetorik, die den Gebrauch der Sprache übt und pflegt, entwickelte sich nie. Selbst in der Gegenwart wird sie nicht betrieben – ein Indiz für die tiefverwurzelte Tradition des Mißtrauens gegenüber der Sprache. In einer Gesellschaft wie der unseren, in der die Realität Vorrang hat und verläßlich ist, gibt es wenig Raum für die Sprache als Kommunikationsmittel, dessen Wesen stark von Fiktivität geprägt ist.

Die verschiedenen Völker auf dem eurasischen Kontinent, die hinsichtlich Rasse, Religion, Sprache, Sitten und Lebensformen so stark divergieren, daß man zuweilen geradezu von Gegensätzen sprechen muß, können keine gegenseitige Übereinstimmung im direkten Verständnis der Realität erwarten. Doch man kann andererseits nicht so leben, als ob der andere nicht existierte, und es ist auch nicht immer möglich, ihn mit Gewalt zu unterwerfen, um ihm die Übereinstimmung aufzuzwingen. Aus dieser fundamentalen Nicht-Übereinstimmung entsteht die Notwendigkeit, zumindest Kompromisse zu schließen. Als einziges Mittel zur Überwindung der Gegensätze und zur Verringerung des Abstands zwischen sich selbst und dem fremden Gegenüber bietet sich das Argumentieren, die sprachliche Selbstbehauptung an.

Nun weiß man zwar dort genauso gut wie hier in Japan, daß die Sprache von ihrem Wesen her unvollkommen und zuweilen sogar so gut wie wirkungslos ist. Doch aus ihrer Bedrängung und Gefährdung, wo diesen Völkern zur gegenseitigen Verständigung nichts als die Sprache blieb, erwuchs eine widersprüchliche Haltung, die auf den ersten Blick wie ein Urvertrauen in die Sprache erscheint, denn man legte nun besonderen Wert auf die Sprache und setzte alles darein, die sprachliche Kommunikation zu entwickeln.

Betrachtet man die Geschichte der abendländischen Gesellschaft seit den Griechen und Römern, der Chinesen oder der Inder, so erkennt man sehr schnell, in welchem Umfang sich die Menschen dort der Sprache bedienten, wie sehr sie die Sprache pflegten und welche große Bedeutung sprachlich formulierte Verträge für sie besaßen.

Institutionen wie Justiz, Politik, Erziehung und Diplomatie leben allesamt aus heftigem Widerstreit auf sprachlicher Ebene.

Eine solche Leidenschaft gegenüber der Sprache, die fast so weit geht, sprachlich nicht Benennbares für nicht existent zu halten, ist unserem japanischen Empfinden sehr fremd, denn wir gehen davon aus, daß, je wichtiger etwas ist, es sich umso weniger in Worten ausdrücken lasse.

Wenn wir diskutieren, halten wir dem Gesprächspartner oft vor, er rede ja „nur Theorie" (*sore wa rikutsu da*). Häufig verweigert man die Zustimmung mit dem Argument: „Theoretisch hast du recht, aber stimmt es wirklich?" Für uns ist die Wirklichkeit eindeutig wichtiger als die Theorie. Die unmittelbare Anschauung wiegt schwerer als jedes Argument. Doch in den westlichen Gesellschaften ist es oft umgekehrt. Dies kann man erst begreifen, wenn man weiß, daß dort die Existenz objektiver Tatsachen, die jeder akzeptieren muß, nicht vorausgesetzt werden kann, da sich diese Gesellschaften aus heterogenen sozialen Gruppierungen zusammensetzen.

Meine Universität bringt alle zwei Monate für die Angehörigen unserer Studenten ein kleines Heft heraus. Es brachte einmal eine Diskussionsrunde zum Thema „Die Studenten im Ausland", bei der fünf Professoren mit Auslandserfahrung über Studenten in verschiedenen Ländern berichteten. Ich nahm daran aufgrund meiner USA-Erfahrung und außerdem in der Funktion des Diskussionsleiters teil. Eine der Aussagen, die bei dieser Gelegenheit zu hören waren, regt besonders zum Nachdenken über die unterschiedlichen Auffassungen zum Stellenwert von Diskussion und Theorie an.

Der Ökonom Professor Matsuura Tamotsu war nicht nur zum Studium in Italien, sondern hat das Land auch danach als Wissenschaftler und als Vermittler der japanischen Wirtschaft häufig besucht. Zur Einstellung der italienischen Studenten zur Wissenschaft und zur Wahrheitssuche äußerte er sich wie folgt:

„Was mir noch aufgefallen ist – mir scheint, die Studenten haben rhetorische Techniken erlernt.

Man hat die Einstellung, das Wichtigste, das man an der Universität lernen muß, sind die Methoden, wie man andere von seiner eigenen Meinung überzeugt. Jemand wie die japanischen Studenten, die entweder keine eigene Meinung haben oder nicht in der Lage sind, sie auszudrücken, weil ihnen dazu die Methode fehlt, würde dort nicht als Student gelten.

In Japan habe ich gelernt, daß Wissenschaft die Suche nach Wahrheit ist. Aber mir scheint, die Italiener schieben die Wahrheitssuche beiseite und lernen eher, wie man die eigene Meinung behauptet, um in der Gesellschaft hohe Positionen zu erreichen. Wir Japaner haben von Europa gelernt, die Wahrheit als etwas Heiliges zu betrachten, und wir dachten, dies sei der Geist, der in den Universitäten lebt, doch aus meiner eigenen Lehrerfahrung in Italien sieht es mir eher so aus, als ginge es nur darum, wie der Student den Professor möglichst ausstechen kann, und der Professor ist bemüht, sich so gut wie möglich dagegen zu verteidigen."

(aus: „Juku", Band 10, Nr. 6, Tôkyô: Keiô gijuku Universität, Dezember 1972)

Während ich Matsuura bei diesen Ausführungen zuhörte, fiel mir ein, was mir mein ehemaliger Kollege, Dr. Ezawa Kennosuke, Linguist an der Universität Tübingen, über die Sprachauffassung der Deutschen berichtet hatte, als er vor etwa zwei Jahren anläßlich einer Konferenz nach Japan kam.

Ezawa zufolge legen die Deutschen offenbar größten Wert auf den argumentativen Aufbau des Gesagten, wobei ihnen manchmal weniger wichtig ist, ob die Behauptung der Realität entspricht – sie achten eher darauf, ob die Argumentation selbst widerspruchsfrei und sorgfältig aufgebaut ist. Die Tatsachen stellen demnach nur ungeordnetes, rohes

Material für das Denken dar, das erst dadurch Wert gewinnt, daß es aus einer bestimmten Perspektive logisch ausgewählt und zusammengestellt werde. Letztlich schreibe man, wie es scheint, einer logisch aufgebauten Argumentation höheren Wahrheitswert zu als der sogenannten Wirklichkeit. Dies war etwa, was er mir damals sagte, wenn ich mich recht erinnere.

An dieser Stelle sei noch auf einen weiteren auffälligen Aspekt der japanischen Einstellung zur Sprache aufmerksam gemacht. Man könnte ihn ein vorbewußtes Verhältnis zur Sprache nennen.

Im Zusammenhang mit dem Inselcharakter Japans war bereits von dem glücklichen Umstand die Rede, daß die Japaner ihre eigene Sprache nie durch eine fremde Invasion bedroht sahen. Außerdem gibt es im Lande selbst keine anderen Sprachen, die das Japanische relativierten. Der Kontakt mit fremden Kulturen erfolgte ausschließlich indirekt, nicht über die unmittelbare Begegnung mit Fremden. Als man etwa altes Chinesisch lernte, glich man die Aussprache und die Wortfolge dem Japanischen an und fügte japanische Lesehilfen hinzu, wodurch es gelang, einen fremdsprachigen Gegenstand quasi zum japanischen zu machen. Ein solcher Umgang mit einer Fremdsprache wie die japanische Behandlung chinesischer Texte, des sogenannten Kanbun, ist eine sehr interessante und ansonsten beispiellose Erscheinung, die jedoch nur deshalb möglich war, weil es keinen direkten Kontakt mit Chinesen gab.

Aus diesen Gründen verglichen Japaner ihre Sprache nie mit anderen, und sie erlebten sie auch nie in einer Art Konkurrenzsituation mit anderen Sprachen. Ihnen ist das Gefühl der Sorge, die Sprache könne einem entzogen werden, wenn man sie nicht festhält, ganz und gar fremd.

Das fünfte Kapitel in dem bereits erwähnten Buch „Ich möchte ein Japaner werden" von Pater Grootaers handelt vom Sprachenstreit der Belgier. Darin wird anschaulich geschildert, wie heftig die Auseinandersetzungen in diesem kleinen Land zwischen französisch- und flämischsprechenden Belgiern um den Gebrauch der jeweiligen Sprache in Schulen, der Armee, Gerichten und der allgemeinen Verwaltung bereits seit hundert Jahren sind. Grootaers' Vater war Flame, und so besuchte er die Schule auch in flämischem Gebiet, doch nicht nur wurde der Unterricht ausschließlich auf Französisch abgehalten, sondern man mußte auch in den Pausen Französisch sprechen. Wer seine Muttersprache Flämisch sprach, wurde dafür bestraft. So sah es zu Beginn dieses Jahrhunderts aus, doch der Sprachenstreit hat in Belgien bis auf den heutigen Tag nichts von seiner Schärfe verloren.

Für Japaner ist die Existenz des Japanischen als Landessprache dagegen selbstverständlich. So wenig, wie man die Luft, die man atmet, wahrnimmt, so wenig haben es die Japaner nötig, sich des Japanischen bewußt zu werden. Doch in anderen Ländern, wie etwa in Belgien, ist die Existenz der Sprache oftmals mehr oder weniger stark gefährdet. Selbst das Englische wurde durch die Herrschaft der Normannen stark in Mitleidenschaft gezogen und wandelte sich unter diesem Einfluß von Grund auf.

Die Sprachen der verschiedenen Völker in der UdSSR wurden in Abhängigkeit vom politischen Kurs unterdrückt oder auch gefördert. Bei einigen Sprachen wurde das Schriftsystem mehrmals geändert.

Der französische Schriftsteller Alphonse Daudet beschreibt in seiner kurzen traurigen Erzählung „Der letzte Unterricht" aus seiner Sammlung „Montagsgeschichten" auf rührende Weise, wie im Elsaß nach dem Sieg der Preußen der Unterricht in französischer Sprache verboten wurde. Als ein Knabe eines Morgens zu spät zur Schule kommt, schilt ihn der Klassenlehrer nicht wie sonst, sondern bedeutet ihm nur mit sanfter Stimme, er solle sich schnell auf seinen Platz setzen. Ihm kommt es vor, als sei die Atmosphäre im Klassenzimmer ganz anders als sonst, und da sagt auch der Lehrer, der feierlich gekleidet ist, heute sei der letzte Tag, an dem der Unterricht auf Französisch stattfinde. Er müsse die Schule verlassen. Diese Kurzgeschichte, die so beginnt, vermittelt sehr ergreifend die Trauer derjenigen, denen die eigene Sprache geraubt werden soll und die ihre Sprache so sehr lieben, daß sie alles dafür zu geben bereit sind.

In anderen Ländern ist das Verhältnis des Menschen zur Sprache, besonders zu seiner Muttersprache, sehr dynamisch und spannungsgeladen. Man ist sich dessen bewußt, daß man die Sprache verteidigen muß, damit sie nicht von anderen absorbiert wird. Wie bequem und spannungslos ist im Vergleich dazu doch das Verhältnis der Japaner zum Japanischen! Nicht nur, daß ihnen das Bewußtsein dafür fehlt, daß das Japanische untergeht, wenn man es nicht verteidigt, sondern man behauptet auch noch, das Japanische sei unpraktisch und schwierig, es eigne sich nicht für die internationale Kommunikation und sei rückständig, und mehr noch, sogar ein Erziehungsminister und ein berühmter Schriftsteller schlagen vor, das Japanische gegen eine praktischere, rationellere Sprache einzutauschen!

Auf dem eurasischen Kontinent mit seinem beständigen komplizierten Mit- und Gegeneinander von Völkern und Kulturen, Religionen und Sprachen wissen die Menschen, daß die Sprache eine Macht ist, die für sie wichtiger ist als alles andere.

In Japan geht man davon aus, daß zuallererst das Land Japan als etwas absolut Unantastbares vorhanden ist, und die Sprache existiert als Mittel oder Werkzeug für das Leben. Deshalb kommt man auf den Gedanken, sie einfach gegen eine bessere auszuwechseln. Betrachtet man die Dinge auf diese Weise, so kommt man zu dem Schluß, daß wir Japaner die Sprache nicht aus der Kraft unseres Willens an uns binden, sondern uns nur als Teil der natürlichen Umgebung mit ihr berühren.

Für Japaner hat die Sprache, metaphorisch gesprochen, den Charakter von Wasser. Das Wasser paßt sich der Form des Gefäßes an, doch wenn das Gefäß zerbricht, strömt es auseinander. Das gegenwärtige Erscheinungsbild des Japanischen ist ein Produkt seiner natürlichen Umgebung und der sozialen Voraussetzungen Japans, und wenn sich diese Verhältnisse ändern, richtet sich das Japanische sofort danach.

Im Gegensatz dazu gleichen die Sprachen der eurasischen Völker dem Quecksilber. Sie besitzen für sich genommen bereits eine starke innere Kohärenz, und gegenüber äußeren Veränderungen legen sie eine Selbstbehauptung an den Tag, die man nur äußerst bewußt und absichtsvoll nennen kann.

Zum Fremdsprachenunterricht in Japan

1. Ein Englischunterricht, der sein Ziel aus den Augen verloren hat

Es ist etwa zehn Jahre her, daß ich mich ein Jahr lang am Institut für Islamstudien der kanadischen McGill-Universität in Montreal aufhielt, um dort das Türkische zu erforschen.

Dieses Institut ist eine internationale Forschungseinrichtung, die Wissenschaftler aus Amerika, Europa und auch aus Japan einlädt. Der größte Teil der Doktoranden sind besonders begabte Studenten aus den islamischen Ländern wie Ägypten, Türkei, Indonesien, Pakistan und dem Iran.

Ich arbeitete täglich im Institut, und in der Teepause um drei Uhr nachmittags diskutierte ich oft mit den Studenten. Manchmal lud ich sie auch in meine Wohnung ein oder wir unternahmen gemeinsam Ausflüge. So genoß ich den Kontakt mit ihnen.

Was mir dabei jedesmal auffiel, war die Tatsache, daß alle diese Studenten ausgezeichnet Englisch konnten. Doch „ausgezeichnet" bedeutet keinesfalls, daß sie so authentisches Englisch wie Engländer oder Amerikaner sprachen.

Mit wenigen Ausnahmen hatten sie alle einen starken Akzent, und bei nicht wenigen brauchte ich sehr lange, bis ich mich an ihre Aussprache gewöhnt hatte und sie verstehen konnte. Da ich lange Zeit auch Englisch unterrichtet hatte, störten mich an ihrem Englisch oftmals auch grammatische Fehler.

Damit, daß ich gleichwohl behauptete, sie sprächen ausgezeichnet Englisch, war gemeint, daß sie ein Ausdrucksvermögen und sprachliche Verständnisfähigkeiten haben, die es ihnen gestatten, das, was sie sagen wollen, konsequent, ausführlich und ohne Stocken vorzubringen und mit englischsprachigen Studenten kontrovers zu diskutieren. Ich selbst konnte oft, wenn es um so große Themen wie die Frage ging, weshalb Japan sich erfolgreich modernisieren konnte, meine

Gedanken nicht gut ausdrücken und blieb stecken. Manchmal kam es sogar vor, wenn die Diskussion heftig wurde, daß ich nicht mehr unterscheiden konnte, wer eigentlich was behauptet hatte und ob mein Kontrahent und ich nicht womöglich das gleiche sagten. Schießlich war mir alles egal, und ich hatte Lust aufzuhören. Nicht selten dachte ich, wie schön es wäre, wenn ich so frei wie sie Englisch sprechen könnte.

Doch eines Tages fragte mich ein Student aus Bangladesch, in welcher Sprache an japanischen Schulen unterrichtet würde. Als ich antwortete: „Natürlich auf Japanisch", fragte er: „Seit wann?" Diese Frage überraschte mich so, daß ich regelrecht verwirrt war. Ich konnte darauf nur vage antworten, daß in der ersten Hälfte der Meiji-Zeit, als es ausländische Lehrer an japanischen Universitäten gab, sicherlich ein Teil des Unterrichts in fremden Sprachen abgehalten wurde, doch gegenwärtig gäbe es jedenfalls nur in dem sehr begrenzten Bereich ausländischer Philologien ausländische Lektoren, im schulischen Bereich jedoch habe es meines Erachtens nie einen Unterricht gegeben, der nicht auf Japanisch abgehalten worden wäre.

Als ich nachfragte, stellte sich heraus, daß die Studenten aus den islamischen Ländern fast alle eine englischsprachige höhere Schulbildung durchlaufen hatten, bevor sie ins Ausland gingen. Mehr noch, die Verhältnisse in den betreffenden Ländern sind oft so, daß man eine höhere Schulbidung überhaupt nur auf Englisch erhalten kann. Ein pakistanischer Student in diesem Institut sprach ausgesprochen schönes britisches Englisch. Auf meine Frage, wo er es gelernt habe, erzählte er, daß in seiner Familie seit seiner Kindheit Englisch gesprochen wurde und daß mehrere seiner Angehörigen in England studiert hatten. Kein Wunder also, daß er so gut Englisch kann.

Seit meinem Postgraduierten-Studium an der Universität Michigan hatte ich mehr als mir lieb war erfahren müssen, welche großen Sprachprobleme japanische Studenten oder Wissenschaftler im Ausland haben; besonders für die Studenten der Sozial- und Geisteswissenschaften ist die Überwindung der Sprachbarriere das größte Problem. Als mich daher der Student aus Bangladesch fragte, was in Japan Unterrichtssprache sei, löste dies bei mir erneut ernsthaftes

Nachdenken über den Fremdsprachenunterricht in Japan und das Verhältnis der Japaner zu Fremdsprachen aus.

Ich muß gestehen, daß ich bis dahin die Auffassung vertrat, die Probleme der Japaner mit den Fremdsprachen, um deretwillen sie nicht nur im Bereich der Wissenschaft, sondern auch bei internationalen Kongressen und in der Diplomatie oft benachteiligt sind, seien nur eine Schwäche Japans, die es so schnell wie möglich zu überwinden gelte. Und ich dachte, der Grund dafür läge im unzulänglichen japanischen Fremdsprachenunterricht.

Als ich aber erkannte, daß die gebildeten Schichten vieler Länder im Nahen und Mittleren Osten, in Afrika und Südostasien deshalb so gut Englisch oder Französisch sprechen, weil sie nur über die Sprache der ehemaligen Eroberer oder Kolonialmächte Zugang zu höherer Bildung haben und sich aufgrund der komplizierten sprachlichen Verhältnisse in ihrem Lande nur über das Englische oder Französische öffentliches Gehör verschaffen können, erkannte ich, daß unser Problem mit den Fremdsprachen vor dem Hintergrund verschiedener Aspekte betrachtet werden muß, etwa der wirtschaftlichen Stellung Japans in der Welt von heute, dem besonderen Muster des intellektuellen Austauschs mit dem Ausland und mit dem japanischen Bildungssystem. (Außerdem spielt hier natürlich auch die besondere psychologische Struktur interpersonaler Beziehungen eine Rolle, doch davon war bereits zuvor die Rede.)

Im folgenden sei anhand des Englischen noch einmal über das äußerst seltsame japanische Verhältnis zu den Fremdsprachen nachgedacht. Dabei soll es nicht um bloße technische Mängel des Fremdsprachenunterrichts, sondern um verschiedene tiefer liegende Probleme gehen, die eng damit zusammenhängen.

Wenn gebildete Japaner in irgendeiner Form mit dem Ausland in direkten Kontakt treten, dann haben sie so gut wie alle bereits ein Universitätsstudium in Japan hinter sich gebracht. Das bedeutet, daß Japan heute ein Erziehungs- und Bildungssystem besitzt, das es ermöglicht, sich alle Wissenschaften und Techniken zunächst einmal im Lande selbst, dazu noch in japanischer Sprache, anzueignen. Unter dem Aspekt des Gebrauchs von Fremdsprachen gesehen, bedeutet das, daß ein Mensch, der auf der Basis seiner Muttersprache ein hohes Wissensniveau erreicht hat, sein Wissen anschließend erneut in einer Fremdsprache artikulieren muß.

Natürlich gibt es auch in Japan noch Fächer und Bereiche, die nicht ausreichend entwickelt sind, und in nicht wenigen Fächern ist vom Postgraduierten-Stadium aufwärts an ein Auslandsaufenthalt erforderlich.

Aber es gibt kein Fach, das man nicht von Anfang an in Japan studieren könnte, ohne ins Ausland zu gehen. Ob es sich um Mathematik oder Chemie, den Satz des Pythagoras oder Die Boyle-Charlesschen Gesetze handelt, nichts dergleichen ist uns nicht auf Japanisch zugänglich. Das hat zur Folge, daß auch Japaner, die sich recht fließend über allgemeine Themen auf Englisch oder Französisch unterhalten können, nach Worten ringen, wenn sie aufgefordert werden, etwas so Einfaches wie die Kongruenz von Dreiecken oder die Entstehung von Sauerstoff durch Beigabe von Mangandioxyd zu chlorsaurem Kali zu beschreiben, obgleich sie Tatbestände und Vorgänge genau kennen.

Daß gebildete Japaner, die nicht nur im Alltagsleben, sondern auch in ihrer Ausbildung ausschließlich Japanisch gebrauchen, im allgemeinen bei internationalen Kontakten nur mühsam Fremdsprachen gebrauchen können, ist in gewisser Hinsicht nur allzu natürlich.

Bedenkt man, daß in einem Land wie den Philippinen, an keiner einzigen der über zweihundert Universitäten die Lehre ausschließlich in der Nationalsprache Tagalog abgehalten wird, so daß man seine Bildung auf Englisch erwerben muß, ist im Kontrast dazu nicht zu übersehen, daß die Unfähigkeit der Japaner bei Fremdsprachen eine ironische Spiegelung der günstigen sprachlichen Voraussetzungen im Inland darstellt. Das heißt, man muß zunächst einmal erkennen, daß Japan aufgrund seiner wachsenden Stärke der Fremdsprachen nicht mehr in gleichem Maße wie früher bedarf.

Sehr interessant ist, daß bereits vor siebzig Jahren der Schriftsteller Natsume Sôseki darauf hinwies, daß eine enge Beziehung zwischen dem Status eines Landes und den Fremdsprachenkenntnissen seiner Bewohner besteht.

„Seit längerer Zeit hört man sagen, die Sprachkenntnisse der Studenten hätten nachgelassen, und ich habe dies in meinem Unterricht selbst auch bisweilen so empfunden.

Wenn dies so ist, woran könnte es liegen? Ohne die Ursache dafür zu erforschen, lassen sich keine Lehr- und Lernkonzepte entwickeln, doch gibt es genug Spezialisten, um sich damit zu befassen. Ich habe keine systematischen Gedanken dazu vorzuweisen, doch will ich das, was mir auffiel, den Lehrenden und den Studenten grob umreißen. – Meiner Meinung nach ist ein Nachlassen der Englischkenntnisse eine Folge dessen, daß die japanische Erziehung und Bildung sich angemessen entwickelt hat, und insofern ist es einerseits nur natürlich. Zur Zeit, als wir studierten, wurde die gesamte Allgemeinbildung auf Englisch vermittelt, und in Fächern wie Geographie, Geschichte, Mathematik und Biologie und anderen mußte man aus fremdsprachigen Lehrbüchern lernen. Die Generation, die kurz vor uns studierte, hatte oft sogar die schriftlichen Prüfungsaufgaben auf Englisch zu beantworten. Auch zu unserer Zeit kam es vor, daß ein japanischer Lehrer Mathematikunterricht auf Englisch erteilte. Zu jener Zeit war es eine Art Mode, ostentativ – wie wenn man eine goldene Taschenuhr, westliche Kleidung oder einen Bart trägt – Englisch zu gebrauchen, und auch wo es gar nicht nötig war, sprach man Englisch. Aber zugleich geschah dies auch, weil wir noch nicht so weit waren, die japanische Erziehung und Bildung in japanischer Sprache zu vermitteln. Es entspricht daher eher der damaligen Realität festzustellen, daß wir unsere gesamte Bildung über das Englische erhielten, als lediglich aufzuzählen, wie viele Stunden Englischunterricht es gab. Da es ja außer dem Englischunterricht selbst noch viele weitere Stunden gab, in denen wir uns, allgemeiner gesprochen, mit dem Englischen befaßten, entwickelten wir auf eine recht selbstverständliche Weise Lese-, Schreib- und Sprechfähigkeit.

Mit japanischem Blick gesehen und vom Standpunkt staatlicher Unabhängigkeit her gedacht, bedeutet eine solche Bildung jedoch eine Art Demütigung, und man fühlt sich an das Verhältnis zwischen England und seiner Kolonie Indien erinnert. Jeder wird die Wichtigkeit der *nationality*

(Englisch im Original, A. d. Ü.) Japans anerkennen. Man kann sie nicht einfach gegen etwas wie Englischkenntnisse austauschen. In dem Maße, in dem unsere Nation erstarkt, verliert daher auch die soeben beschriebene Bildung auf Englisch an Einfluß, und in der Tat ging ihre Bedeutung immer mehr zurück. Daß man in so vielen Fächern englische Lehrbücher benutzte, lag daran, daß es in Japan niemanden gab, der diese Fächer betrieb. Doch Wissenschaft ist etwas Allgemeingültiges, also müßten japanische Gelehrte auch ohne weiteres in der Lage sein, mit ihrem japanischen Kopf und in japanischer Sprache zu lehren, ohne unbedingt ausländische Bücher zu benutzen. Auch im Hinblick auf die Verbreitung des Wissens gibt es nichts Besseres, als Japanisch zu verwenden, die Sprache, mit der man aufgewachsen ist (in wichtigen kleinen Bereichen kann auch weiterhin auf Englisch gelehrt werden). Übersetzungen sind immer noch besser, als auf das Original in einer westlichen Sprache angewiesen zu sein."

Dies ist der erste Teil eines Artikels mit dem Titel „Methoden der Spracherziehung" (Gogaku yôseihô), den Sôseki im Januar 1911 in der Zeitschrift *Gakusei* („Der Student") veröffentlichte. Zwar dachte man bereits damals über die Ursachen nachlassender Fremdsprachenkenntnisse nach, doch wenn man die Universitätsausbildung gegen Ende der Meiji-Zeit mit den Verhältnissen im Japan der frühen siebziger Jahre vergleicht, so erinnert das japanische Beispiel vom Anfang dieses Jahrhunderts sehr stark an die gesellschaftliche Situation der Entwicklungsländer, wo der Fremdsprachenerwerb gleichbedeutend ist mit dem Erwerb von Bildung.
Wie sehr man in ganz Japan in den frühen Jahren der Meiji-Zeit auf dem Gebiet des Wissens von Fremdsprachen abhängig war, sei im folgenden beleuchtet.
Mikazuki Akira, Professor an der Universität Tôkyô, schrieb einen soziolinguistisch sehr interessanten Aufsatz mit dem Titel „Eine Betrachtung zur Beziehung zwischen Jurisdiktion und Sprache" (Hô to gengo no kankei ni tsuite no ichikôsatsu). Darin beschreibt er, wie die neue Meiji-Regierung sich mit aller Kraft bemühte, die zwischen der Tokugawa-Regierung und dem Ausland geschlossenen ungleichen

Verträge[1] rückgängig zu machen und zu diesem Zweck das riesige kulturgeschichtliche Experiment unternahm, das westliche Rechtssystem nach Japan zu verpflanzen.

„Nun war eine dringende Aufgabe, sich mindestens der Form nach den Anschein eines Rechtsstaates nach dem Beispiel der westlichen Länder zu geben, und die einfachste und zugleich nach außen attraktivste Methode dazu war, die ausländischen Gesetze ins Japanische zu übersetzen und sie offiziell als japanisches Recht zu proklamieren. Als Episode aus jener Zeit ist überliefert, daß Etô Shinpei[2] die Übersetzer mit dem Ausspruch anfeuerte: ,Auf Fehler kommt es nicht an, übersetzt nur schnell!' Doch die Gesetze eines jeden Landes hängen mit der geschichtlichen Tradition der jeweiligen Nation zusammen, und man durchschaute bald, daß es nicht genügte, sich nur auf bereits vorhandene ausländische Gesetze zu stützen. Man befürwortete daher mit Nachdruck den Vorschlag, Spezialisten aus dem Ausland, z. B. aus Frankreich, nach Japan zu rufen, die im Auftrag der Regierung ein auf Japan zugeschittenes Gesetzeswerk entwerfen sollten, und ein Repräsentant dieser Ausländer im japanischen Staatsdienst war Boissonade[3], Professor an der Universität Paris. Berühmte Wissenschaftler wie er wurden von der Regierung beauftragt, Kodizes wie das Strafrecht, die Strafprozeßordnung (...) *auf Französisch*

---

1 Ähnlich wie zuvor China seit dem Opiumkrieg (1839–42) war auch Japan unter machtpolitschem Druck zur Unterzeichnung „ungleicher Verträge" mit den Industrienationen gezwungen. Die Verträge mit den USA (1854), Großbritannien (1854) und Rußland (1855) sicherten u. a. Ausländern das Recht, sich in bestimmten Regionen Japans frei zu bewegen, Handel zu treiben und extraterritoriale Konsularjurisdiktion zu beanspruchen. Diplomatische Vertretungen und religiöse Missionen mußten zugelassen und Häfen für den auswärtigen Handel geöffnet werden, desgleichen wurde Japans Recht zur Festsetzung seiner Importzölle beschnitten.
2 Etô Shinpei (1834–1874), damaliger Justizminister.
3 Gustave Emile Boissonade (1825–1910), französischer Jurist, von 1873 bis 1895 im japanischen Staatsdienst.

zu entwerfen, dann ließ man diese übersetzen und proklamieren. Auch ein Bürgerliches Gesetzbuch ließ man anfer-
tigen, das ins Japanische übersetzt wurde und fast bis zur
Proklamation gedieh. Andererseits wurde parallel dazu von
einem Deutschen auf ähnliche Weise ein Entwurf für die
Gebiete des Handelsrechts und der Zivilprozeßordnung *auf
Deutsch* angefertigt, und auch diese wurden eins nach dem
anderen ins Japanische übersetzt."
(aus: „Sprache und Kultur Japans und Englands" (Nichi-Ei no kotoba to bunka), Tôkyô: Sanseidô 1972, S. 268 f.)

Liest man diesen Aufsatz von Professor Mikazuki, so steht einem
deutlich das Bild der damaligen Beamten und Gelehrten vor Augen,
wie sie, dicke Lexika neben sich – gute Französisch-Japanische
oder Deutsch-Japanische Wörterbücher dürfte es damals noch nicht
gegeben haben –, sich mit verschiedenen Problemen und schwierigen Wörtern herumquälten, um Tag und Nacht im Wettlauf mit
der Zeit, doch ohne Rücksicht auf Fehlübersetzungen, die Arbeit
fertigzustellen. In einer Fußnote schreibt Mikazuki: „Von diesem
Entwurf einer Zivilprozeßordnung, der von einem Deutschen auf
Deutsch verfaßt wurde, heißt es, ‚die japanische Übersetzung (sei)
angesichts der Eile, mit der die Korrektur der ungleichen Verträge
derzeit vorbereitet werde, unmittelbar im Anschluß an die Fertig-
stellung jedes einzelnen Kapitels angefertigt' worden. Auf diese
Weise entstand das Gerüst der heute gültigen Zivilprozeßordnung.
Interessanterweise steht auf dem Titelblatt des von einem Deutschen
auf Deutsch verfaßten Textes als Titel: ‚Entwurf einer Zivilprozeßordnung für Japan (*Übersetzung*)'. Man konnte einfach nicht zugeben, daß diese Version das Original war und stellte es daher so
dar, als gäbe es unabhängig davon ein japanisches Original, von
dem die deutschsprachige Version nur die Übersetzung sei. Mir
kommt es vor, daß hier deutlich sichtbar wird, welche Anstrengung
die Japaner damals aufwanden, um als ernstzunehmendes Gegenüber zu erscheinen." (ebenda, Anmerkung auf S. 269)

So betrachtet waren Fremdsprachen in der Meiji-Zeit weder ein
Bildungsgut, das irgendwann einmal nützlich werden könnte, noch
ein Spezialgebiet, das selbst einen Forschungsgegenstand abgab,
sondern vielmehr ein absolutes Mittel, ohne das Japan als moderner

Staat mit den westlichen Ländern nicht hätte konkurrieren können. Zugleich waren sie eine unabdingbare Voraussetzung für die Höhere Bildung, denn ohne sie hätte man keinen Zugang zu dem neuen Wissen gehabt. Dies alles wird einem durch Mikazuki sehr hautnah vermittelt.

Wenn ich zuvor davon sprach, die mangelnde Effektivität des heutigen Fremdsprachenunterrichts oder die Probleme der Japaner mit Fremdsprachen würden nicht korrekt aufgefaßt, wenn man sie nur als negatives Phänomen deutete, so sollte damit auf die nicht zu leugnende Tatsache hingewiesen werden, daß die japanische Gesellschaft aufgrund der Veränderungen im Lande selbst nicht mehr in dem Maße wie früher von Fremdsprachen abhängig ist.

Doch die Behauptung, das Japan von heute bedürfe der Fremdsprachen nicht mehr, könnte zu unnötigen Mißverständnissen führen. Ich sollte besser sagen, die Notwendigkeit hat sich stark gewandelt. Um dies zu verstehen, sollten wir uns kurz mit dem Stellenwert und den Lehrmethoden des Fremdsprachen-, vor allem des Englischunterrichts im gegenwärtigen japanischen Erziehungssystem befassen.

Wenden wir uns zunächst dem gegenwärtigen Zustand der allgemeinen Höheren Bildung zu. Laut einer kürzlich veröffentlichten Statistik des Erziehungsministeriums betrug die Gesamtzahl der Institutionen für Höhere Bildung einschließlich Universitäten und Junior Colleges (*tanki daigaku*) mehr als neunhundert; die Zahl der Studierenden belief sich auf fast 1,9 Millionen.

Im Jahre 1970, vor nicht mehr als drei Jahren, besuchte ein Fünftel einer Altersstufe Institutionen der Höheren Bildung, doch binnen kürzester Zeit stieg diese Zahl auf ein Drittel an, so daß wir uns mit der unglaublich erscheinenden Tatsache konfrontiert sehen, daß einer von drei jungen Menschen die Universität bzw. entsprechende Institutionen besucht.

Hunderttausende junger Menschen, die jedes Jahr diese Institutionen verlassen, haben in der Mittel- und der Oberschule[1] jeweils

---

1 Das japanische Schulsystem sieht 6 Jahre in der Grund- *(shôgakkô)* und drei Jahre in der Mittelschule *(chûgakkô)* als Pflichterziehung vor. Über neunzig Prozent eines Jahrgangs besuchen anschließend die dreijährige Oberschule *(kôtôgakkô)*.

drei Jahre und in der Universität zwei Jahre[1], insgesamt also acht
Jahre lang in etwa 1000 bis 1100 Stunden Englischunterricht erhalten. Wählen sie an der Universität die Englische Sprache oder
Literatur als Hauptfach, so beschäftigen sie sich zusätzlich mehrere
hundert Stunden lang mit dem Englischen.

Doch daß dem Englischunterricht, der im Rahmen der japanischen
Erziehung und Bildung einen so wichtigen Platz einnimmt, unver-
ständlicherweise nur dürftiger Erfolg beschieden ist, darin herrscht
trotz unterschiedlicher Standpunkte und Ansichten zum Problem
fast völlige Übereinstimmung. Kurz gesagt, das erlernte Englisch
ist in der Praxis nicht zu gebrauchen.

Daß es „nicht zu gebrauchen" ist, bezieht sich nicht nur auf so Neben-
sächliches wie die Tatsache, daß man nach einem abgeschlossenen
Universitätsstudium nicht in der Lage ist, einen Brief in vernünftigem
Englisch abzufassen oder eine englischsprachige Zeitung richtig zu
lesen. Obgleich Englisch mit so viel Nachdruck gelehrt wurde, ist die
Zahl derjenigen, die Englisch beherrschen, wenn sie die Universität
verlassen, einfach viel zu gering. Unter denen, die fast zehn Jahre lang
Englisch betrieben haben, müßte eine viel größere Anzahl in der Lage
sein, entsprechend den eigenen Interessen oder Bedürfnissen etwas
mit dem Englischen anzufangen.

Ist es denkbar, daß jemand fast zehn Jahre lang Klavierspielen lernt
und nicht irgendein Stück, sei es nun Jazz, Chopin oder Mozart,
spielen kann? Ist es nicht üblich, daß man nach zehnjährigen Kursen
für Teezeremonie oder Blumenstecken ein gewisses Format erreicht? Weshalb ist das Englische dann eine Ausnahme?

Jemand, der sich mündlich allgemein nicht gut ausdrücken kann,
ist natürlich auch im Englischen nicht gut. Aber kann er statt dessen
seine eigenen Gedanken schriftlich korrekt auf Englisch formulieren? Es gibt Leute, die es selbst auf Japanisch ablehnen, etwas
niederzuschreiben. Von ihnen wird man nicht verlangen können,
daß sie etwas schriftlich auf Englisch äußern. Doch könnten sie
statt dessen ein englisches Hörspiel verstehen? Nun mag einer sa-

---

1 In den ersten beiden der vier Studienjahre an der Universität wird ein
  Studium generale absolviert, zu dem mindestens eine Fremdsprache
  gehört.

gen, er fände Radio nicht interessant. Kann er aber dann mit Gewinn englische Romane oder Zeitschriften lesen?

Beherrschung des Englischen bedeutet für mich, daß jemand sich auf einem der beschriebenen Gebiete mühelos betätigen und daraus Genuß, Freude oder auch praktischen Nutzen ziehen kann. Doch auf wieviel Prozent der mehreren Hunderttausend, die jährlich die japanischen Universitäten absolvieren, mag das zutreffen? Die Antwort dürfte ziemlich pessimistisch ausfallen.

Ich kann gut verstehen, daß man der Ansicht ist, dies sei pädagogisch nicht zu verantworten und man dürfe dem auch unter dem Gesichtspunkt wirtschaftlicher Verluste nicht länger schweigend zusehen. So ruft man nach einer Verbesserung des Fremdsprachenunterrichts in den Universitäten, macht verschiedene Vorschläge und gründet einen Untersuchungsausschuß nach dem anderen.

Doch meine Sorge ist, ob die Englischkenntisse der japanischen Studenten im Vergleich zu früher wirklich sprunghaft ansteigen werden, wenn man die Hochschuldidaktik auf den neuesten Stand bringt, mit moderner Elektronik ausgestattet, audiovisuelle Sprachlabore einrichtet oder die Stundenzahl für Konversation oder praktisches Englisch erhöht. Ich kann nicht umhin, die Zukunft auch dann nicht optimistisch einzuschätzen.

Der Grund dafür ist, wie ich schon erwähnte, daß die Studenten selbst halb intuitiv wissen, daß Englischkenntnisse nicht zwangsläufig eine Erfüllung individuellen Wissensdurstes oder gesellschaftlichen Erfolg mit sich bringen.

Zweifellos ist es auch in der gegenwärtigen Gesellschaft ein großer Vorteil, Fremdsprachen wirklich zu beherrschen. An vorderster Front der Gesellschaft, insbesondere in dem Bereich, wo es um direkte Kontakte mit dem Ausland geht, sind ausgezeichnete Fremdsprachenkenntnisse mehr als früher erforderlich.

Doch was ich sagen möchte, ist, daß Fremdsprachenkenntnisse für die meisten der Millionen junger Menschen, von denen jeder dritte eine Höhere Bildung durchläuft, keinen entscheidenden Einfluß auf die intellektuelle Weiterentwicklung oder gesellschaftlichen Erfolg nehmen.

Auch heutzutage ist Englisch eine wichtige Voraussetzung für die Aufnahme in die Universität. Aber was bei der Aufnahmeprüfung abgefragt wird, ist nur ein Nachweis und eine Bestätigung dessen, daß man bisher Englisch, vor allem das spezielle Englisch, wie es in den Aufnahmeprüfungen verlangt wird, gelernt hat. Nicht geprüft wird, ob man das Englische wirklich beherrscht und praktisch anwenden kann.

Man mag die Einrichtungen und die Atmosphäre für Fremdsprachenunterricht in den Universitäten auch noch so verbessern, und die Lehrenden mögen die neuesten didaktischen Erkenntnisse auch noch so engagiert anwenden – solange die meisten Studenten instinktiv wissen, daß es die Mühe nicht lohnt, wird der Fremdsprachenunterricht nicht effektiver werden.

Man sollte sich noch einmal fragen, zu welchem Zweck man Millionen junger Leute im japanischen Erziehungs- und Bildungssystem acht Jahre lang Englisch lernen läßt. Dazu muß man zunächst einmal klar erkennen, daß das Problem nicht auf einer bloß technischen Ebene des Fremdsprachenunterrichts zu lösen ist.

Jeder, der darüber nachdenkt, wird zu dem Schluß kommen, daß der erste wichtige Schritt zur Lösung darin bestehen muß, die Zahl der Englischlernenden in großem Umfang zu senken. Ich halte dies besonders im Rahmen des Universitätsstudiums für notwendig. (Aus Gründen, die später erläutern werde, halte ich es für praktisch, daß diejenigen, die in der Mittel- und Oberschule ohne ein bestimmtes Ziel eine Fremdsprache erlernen wollen, Englisch wählen.)

Jeden ohne Ansehen der Person zum Englischlernen zu zwingen, ist eine große Verschwendung, wie wenn man Gesunde wie Kranke gleichermaßen ständig Multivitamintabletten schlucken ließe. Die stark verringerte Zahl, die dann noch übrigbliebe, müßte allerdings einen unvergleichlich kompakteren, gründlicheren Fremdsprachenunterricht als bisher erhalten. Das bisher auf Englisch, Französisch und Deutsch konzentrierte Lehrangebot sollte man nicht nur auf Russisch, Chinesisch und Spanisch, sondern auch auf die Sprachen der asiatischen Länder, des Nahen und Mittleren Ostens und Afrikas ausweiten. Es wäre ratsam, wenn sich hier an einzelnen Universitäten Schwerpunkte bildeten.

Es war ein großer Fehler des Fremdsprachenerziehungssystems in Japan, daß man dies beim Übergang von den am Westen orientierten, auf eine Elite ausgerichteten Universitäten der Vorkriegszeit, aus der sich die Beamtenschaft rekrutierte, zu den weltoffenen Massenuniversitäten mit dem Ideal der Bildung für alle nicht bedacht hatte.

Doch wenn man auf diese Weise die Bildungsinvestitionen, die bisher auf einen breitgestreuten und oberflächlichen Englischunterricht beschränkt waren, auf andere Sprachen verteilt, sind damit die Probleme für den noch verbleibenden Englischunterricht keinesfalls aus dem Wege geräumt. Im Gegenteil – mit der Verringerung der Zahl der Lernenden wird lediglich der Boden bereitet, doch das eigentliche Problem ist, welches Gebäude man darauf errichtet.

Mein zweiter Vorschlag lautet daher, den Englischunterricht an den Universitäten im Rahmen des Studium generale – also nicht den Unterricht im Hauptfachstudium Englische Linguistik oder Literatur – aus dem Verantwortungsbereich der Anglisten zu nehmen.

Im allgemeinen wird der Sprachunterricht als Teil des obligatorischen Grundstudiums für alle Fächer heutzutage von den Lehrenden der philologischen Fächer betreut. Aber meiner Ansicht nach ist das Problem des Fremdsprachen-, insbesondere des Englischunterrichts, so weit gediehen, daß es nicht mehr von den Spezialisten für Englische Linguistik und Literaturwissenschaft bewältigt werden kann. Daß man es trotzdem weiterhin für ihren Verantwortungsbereich hält, erscheint mir äußerst problematisch.

2. Englisch ist nicht mehr „Englisch"

Im vorigen Abschnitt machte ich darauf aufmerksam, daß aufgrund der gesellschaftlichen und wirtschaftlichen Entwicklung Japans sowie der qualitativen und quantitativen Veränderungen im Bildungswesen die Notwendigkeit von Englischkenntnissen im herkömmlichen Sinne beträchtlich abgenommen hat, daß man daraus aber gleichwohl im japanischen Erziehungs- und Bildungssystem noch keine Konsequenzen zog.

Man kann jedoch nicht daran vorbeisehen, daß der Lerngegenstand Englisch als solcher sich stark gewandelt hat und daß dies ein weiterer wichtiger Grund für die gegenwärtig zu beobachtende Verwirrung auf dem Gebiet des Englischunterrichts in Japan ist.

Das orthodoxe Englisch der Meiji- und der Taishô-Zeit[1] war die Nationalsprache bestimmter Länder, vor allem Großbritanniens (und der Vereinigten Staaten). Englischlernen bedeutete für Japaner damals zugleich, die überlegene Kultur und Zivilisation jener Länder aufzunehmen und ihre fortschrittliche Technologie nach Japan einzuführen.

Doch das Englische sprengte allmählich, besonders rapide seit dem Zweiten Weltkrieg, den engen Rahmen einer bloßen Nationalsprache bestimmter Länder und nahm in der Praxis immer den Charakter einer internationalen Verkehrssprache an.

Als ich davon sprach, die japanische Gesellschaft bedürfe der Fremdsprachen, besonders des Englischen, nicht mehr in dem Maße wie früher, meinte ich damit „Englisch" als einzige, orthodoxe Sprache Großbritanniens und der Vereinigten Staaten, nicht das Englische als internationale Sprache.

Aus einer etwas anderen Perspektive erläutert, bedeutet dies, daß es falsch ist anzunehmen, es gäbe eine Sprache namens Englisch, die als solche in der Funktion einer Weltsprache in verschiedenen Ländern und Situationen in Gebrauch wäre; vielmehr muß man unterscheiden zwischen dem Englischen als Weltsprache und dem Englischen als der Sprache bestimmter Länder.

Zu diesem Thema habe ich mich erstmals in einem Aufsatz mit dem Titel „Vom ‚English' zum ‚Englic'" (‚*English' kara ‚Englic' e*) in der Zeitschrift *Eigo kyôiku* (Der Englischunterricht) vom Januar 1971 (Band 19, Nr. 10) geäußert. Dort schrieb ich folgendes:

> „Im letzten Jahr las ich mit dem Ziel, Material für ein linguistisches Problem zu sammeln, etwa hundert auf Englisch verfaßte Romane durch und machte mir dazu Notizen. Dabei fiel mir auf, daß das Englisch der amerikanischen Autoren leichter zu verstehen ist. Der Wortgebrauch der britischen Autoren ist keinesfalls schwierig; sie verwenden recht einfache Wörter, doch es gibt trotzdem Stellen, wo man nicht genau weiß, was gemeint ist. Natürlich ist der Hauptgrund mein mangelhaftes Sprachvermögen, aber ganz un-

---

1 Meiji-Zeit: 1868–1912; Taishô-Zeit: 1912–1926.

abhängig vom gedanklichen Gehalt oder literarischen Wert, gibt es bei den amerikanischen Autoren nur sehr wenige Stellen, deren wörtlichen Sinn man nicht erfassen könnte. Bei Werken dagegen wie Graham Greenes „England Made Me", Evelyn Waughs „Black Mischief" oder E. M. Forsters „A Passage to India" war ich oft ratlos. Interessanterweise machte ich mit wissenschaftlichen Texten die gleiche Erfahrung wie mit literarischen.

Aus beruflichen Gründen lese ich oft anthropologische, ethnologische und linguistische Fachzeitschriften aus Amerika, doch unabhängig von inhaltlichen Schwierigkeiten gibt es kaum einen Fall, daß ich sie rein sprachlich nicht verstehen könnte. In britischen Artikeln dagegen gibt es häufiger Stellen im diskursiven, erläuternden Teil, die man nicht richtig erfassen kann.

Leider kann ich dies hier nicht ausreichend erläutern und belegen, doch ich interpretiere es folgermaßen: Daß ich das britische Englisch als schwierig empfinde, liegt daran, daß ich mit seinem spezifischen gedanklichen Bezugsrahmen (*frame of reference*) noch nicht genügend vertraut bin. Und Schwierigkeiten dieser Art ergeben sich bei allen Sprachen mit einer großen zivilisatorischen Tradition im Hintergrund. Daß auch Griechisch und Latein für uns so schwierig sind, hat dieselbe Ursache. Sie stellen für Außenstehende eine verschlossene geistige Welt dar. Im Vergleich dazu ist das amerikanische Englisch offen. Anders als das britische Englisch weist es viel allgemeinere Denkstrukturen auf. Dies hat sicher etwas mit der Entstehungsweise der amerikanischen Nation und ihrer Zivilisation zu tun. Das Englisch der Briten ist, in einem Wort gesagt, provinziell. Vielleicht könnte man es auch regional nennen."

Diese meine Ansicht steht in diametralem Widerspruch zur allgemeinen Auffassung der japanischen Spezialisten, die sich mit der englischen Sprache befassen. Argumentiert man von der historischen Entwicklung der Sprache her, geht man natürlich davon aus, daß das Englische aus England stammt und sich allmählich in Übersee ausgebreitet hat, und so gesehen ist das britische Englisch Standardenglisch, während das Englisch in Amerika oder anderen Ländern eine Art Dialekt ist.

Ich betrachte das britische Englisch aber umgekehrt von der Tatsache aus, daß Englisch gegenwärtig in den USA, Kanada, Australien, Neuseeland und Südafrika Nationalsprache ist und in mehr als dreißig Ländern wie in Indien aus unterschiedlichen Gründen den Status einer offiziellen Sprache besitzt. Doch nicht nur das, ich versuche, das britische Englisch auch von der Situation einer riesigen Zahl von Nicht-Muttersprachlern zu betrachten, die das Englische zwar nicht im normalen Alltagsleben ihrer Heimat gebrauchen, die auf diese Fremdsprache aber im Beruf und in der Ausbildung angewiesen sind. Von dieser umgekehrten Perspektive aus gesehen muß man feststellen, daß das britische Englisch in der Tat provinziell und regional ist. Denn von seiner gedanklichen Struktur und seiner speziellen Idiomatik her ist das britische Englisch unauflösbar mit der besonderen Kultur Englands verbunden.

Jene in den leitenden Positionen Japans, die die Notwendigkeit des Englischen unmittelbar am eigenen Leibe verspüren und die das Erlernen der Sprache befürworten, meinen mit Englisch nicht jene Sprache, die untrennbar mit einer spezifischen Kultur und Zivilisation, besonders der britischen, verbunden ist. Erstens besteht für Japan heutzutage nicht mehr die Notwendigkeit, sich in großem, nationalem Maßstab auf das Studium des einen Landes Großbritannien zu konzentrieren. Unser Gegenüber, das es zu erforschen gilt, ist nun die ganze Welt, und die effektivste Sprache dazu ist „Englisch als internationale Hilfssprache".

Dieses Englisch ist andererseits nicht identisch mit dem Amerikanischen. Doch es steht dem anvisierten insofern näher, als es stärker hybrid ist. Ein Englisch, das möglichst unabhängig ist von der spezifischen Denkweise und der Kultur (sowie den Besonderheiten der Idiomatik und Aussprache) englischsprachiger Völker, nannte ich „Englic", und ich schlug vor, dieses „Englic" vom „English" zu unterscheiden, auf dem das britische und das amerikanische Englisch basiert.

Da diese Unterscheidung nicht verstanden wird, richtet man von Jahr zu Jahr mehr Anglistische Fakultäten an japanischen Universitäten mit der Begründung ein, der Bedarf an Englisch würde stets größer, aber nie geringer werden. Man sagt, die Englischkenntnisse der Universitätsabsolventen seien unzureichend und erhöht die Zahl der Englischstunden. Doch da sich der erwartete Effekt nicht einstellt, überlegen jene in den Führungspositionen der Gesellschaft, daß es so nicht weitergehen dürfe. Und so wird ein Reformplan nach dem anderen aufgestellt, sei es, daß er sich, wie bereits erwähnt, mit didaktischen Mängeln oder mit mangelhaften Lehreinrichtungen befaßt. Letztendlich läuft es darauf hinaus, daß man stärker praxisorientiertes Englisch anbieten solle, und es wiederholt sich der unergiebige Sprachlehrstreit zwischen dem philologisch und dem pragmatisch orientierten Lager.

English und Englic sind historisch und entstehungsgeschichtlich natürlich eng verwandt, aber sie haben sich heute linguistisch und funktionell so weit auseinanderentwickelt, daß man sie als zwei verschiedene Gegenstände betrachten kann. Da die Sprache, die die meisten Japaner erlernen möchten (ich spreche hier nicht von den wenigen Anglisten und Anglistik-Studenten) Englisch heißt oder für Englisch gehalten wird, denkt man, die einzige Möglichkeit zur Vervollkommnung bestünde im Auswendiglernen detaillierter, pedantischer, trockener Regeln nach dem Schema: In England spricht man das aber anders aus, oder: In Amerika sagt man das aber nicht so. So wird man ständig von einem Gefühl der Unvollkommenheit verfolgt.

Doch das Englisch, dem wir heutzutage auf internationaler Ebene begegnen, ist derart vielgestaltig, daß es unsere Vorstellung bei weitem übersteigt. Nehmen wir ein konkretes Beispiel:

Im letzten Jahr führte ich für eine Zeitschrift ein Gespräch über interkulturelle Kommunikation mit Professor Shibata Takeshi, Linguist an der Universität Tôkyô. Es ging darin u. a. auch um das australische Englisch, das sich vom britischen oder amerikanischen weit stärker unterscheidet, als sich die meisten Japaner vorstellen können:

„Shibata: Ich war überrascht zu erfahren, daß man in Australien damit Geld machen kann, Bücher zu übersetzen, die in den USA publiziert wurden. ‚Geld machen‘ ist vielleicht nicht das richtige Wort, aber jedenfalls gibt es dort einen Bedarf an Übersetzungen. Einer meiner dortigen Studenten hat sich auf diesem Gebiet betätigt, bevor er nach Japan kam. Er hat ein Buch über Computer übersetzt.

Suzuki: Das heißt, es ist ein Spezialgebiet, das mit dem spezifisch Australischen an der Universität oder im täglichen Leben nicht viel zu tun hat, nicht wahr?

Shibata: So ist es; es hat keinen komplexen kulturellen Hintergrund. Es ist eher ein Buch mit vielen Formeln. Und trotzdem muß es übersetzt werden. Als ich fragte weshalb, sagte man mir, das größte Problem bestünde darin, daß im amerikanischen Englisch neue Wortkomposita entstehen, indem man mehrere Nomina einfach hintereinander schaltet, doch diese seien für die Australier sehr schwer zu verstehen. Die Leser eines solchen Buches über Computer sind zwar Fachleute, aber recht praktisch orientiert und mit verhältnismäßig engem Horizont; sie wollen den Text schnell lesen, aber ohne Mißverständnisse – daher werden solche Übersetzungen angefertigt. Welch eine Verschwendung! dachte ich mir. – Aber andererseits habe ich auch erlebt, wie ein australischer Japanologe, der sich mit japanischer Geschichte befaßt, ein Buch über die Geschichte der Edo-Zeit schrieb, das in den USA publiziert werden sollte. Auf den Fahnenabzügen, die er aus Amerika geschickt bekam, war sehr viel an seinem Englisch verbessert. Nun ist seine Muttersprache ja Englisch. Sein Buch hat ein sehr spezielles Thema, nämlich die japanischen Daimyate in der Edo-Zeit, und da wurde sein Englisch in Amerika korrigiert. Doch für ihn war sein eigenes Englisch das richtige, also machte er die amerikanischen Korrekturen rückgängig. Das ließ man in Amerika nicht durchgehen, und so ging es eine Weile hin und her, bis er schießlich nachgab. Als ich fragte, um was für Stellen es sich dabei handele, sagte er, das ließe sich schlecht beschreiben, es seien alle möglichen Details. Er ist jetzt Assistenzprofessor an einer australischen Universität, zählt also zur intellektuellen Elite seiner Gesellschaft. Ich würde daher sagen, es wäre sicher, davon auszugehen, daß in Großbritannien, den USA, Australien, Kanada usw. jeweils verschiedenes Englisch gesprochen wird."

(aus: „Jiji eigo kenkyû" (Forschungen zum praktischen Englisch), Tôkyô: Kenkyûsha Juli 1973)

Besser als manch ein Buch, das sich mit den Differenzen zwischen dem australischen, britischen und amerikanischen Englisch befaßt, zeigt dieser Bericht von Professor Shibata, welche sprachlichen Schwierigkeiten sich zuweilen zwischen englischsprachigen Völkern ergeben.

Selbst bei denen, die mit Englisch aufgewachsen sind, gibt es also solche Unterschiede, doch wenn jemand Englisch spricht, für den es eine Fremdsprache darstellt, traut man manchmal seinen Ohren nicht, ob es sich wirklich um Englisch handelt. Viele sprechen das „th" nicht [θ], sondern [t] aus. Trotzdem funktioniert die Verständigung einwandfrei. Menschen aus den Philippinen, Indonesien, Bangladesch und Indien sprechen Englisch mit einem jeweils starken Akzent in ihrer Aussprache und Intonation, aber sie drücken sich sehr frei, selbstbewußt und ohne Scheu aus. Genauso verhalten sich Menschen aus arabischen Ländern.

Wenn Japaner sich mit Menschen aus diesen Ländern unterhalten wollen, können sie das gegenwärtig leider nicht auf Japanisch tun. Andererseits können wir auch kein Tagalog oder Hindi. In diesem Fall erreicht man das Ziel, miteinander zu kommunizieren, wenn man Englisch als internationale Hilfssprache (das heißt Englic) gebraucht. Dabei ist es, wie gesagt, nicht notwendig, die spezifische Gedankenführung, die Idiomatik und die Aussprache des britischen oder auch des amerikanischen Englisch zu verwenden. Mehr noch, man könnte sogar sagen, es sei besser, dies nicht zu tun.

Das hat zwei Gründe. Zum einen ist es lächerlich, wenn zwei Nicht-Engländer glauben, sich nur mittels englischer Objekte verständigen zu können. Nehmen wir an, ein Japaner bemühte sich mit aller Kraft darum, sich ein „reines", auf der englischen Denkweise basierendes Englisch anzueignen und habe seine Aussprache und Ausdrucksweise so weit wie möglich vervollkommnet. Auf der anderen Seite versucht ein Filipino dasselbe. Daß sich beide dann endlich im Rahmen dieser britischen Sprechweise verständigen können – ist das nicht komisch und unsinnig?

Wollte man dies in einem Vergleich ausdrücken, so ist es, wie wenn ein Mensch in Kyôto einen Menschen in Kanazawa treffen will und sich beide in den Zug nach Tôkyô setzen, um dort endlich zu erreichen, was sie wollen. Es gibt aber eine Direktverbindung zwischen

Kanazawa und Kyôto, die zwar nicht so gut ausgebaut und nicht so schön sein mag wie die Hauptstrecken nach Tôkyô, doch direkter ist sie allemal. Diese Direktverbindung entspricht dem Englic, über das ein Japaner unmittelbar, ohne Interferenz britischer oder amerikanischer Elemente, mit einem Filipino kommunizieren kann.

Der zweite Grund liegt auf einer geistig-kulturellen Ebene und läßt sich nicht ökonomisch messen. Wenn sich Japaner darum bemühen, britisches (oder amerikanisches) Englisch zu sprechen, so hat dies eine partielle Aufgabe japanischer Eigenart zur Folge, da man sich in einen britischen Rahmen zwängen muß. Selbst wenn dies gelingen sollte, wäre es nichts Eigenständiges, denn der Maßstab für die Angemessenheit liegt in Händen der Engländer. Das heißt, man kämpft im fremden Ring und kann daher nicht frei und unbekümmert ausdrücken, was man fühlt und denkt. Andererseits ist für die Engländer nichts so bequem wie dies! Die anderen lernen unter Aufwand von Zeit und Geld mit großer Anstrengung die eigene Sprache und benutzen sie in ständiger Sorge, Fehler zu machen, während sie selbst entspannt zusehen und sagen können: Macht ruhig so weiter!

Natürlich ist es für uns ein viel größerer Aufwand, Englic zu gebrauchen als Japanisch. Aber dadurch, daß wir nicht Englisch, sondern Englic sprechen, werden die englischsprachigen Völker gezwungen, aus ihrem eigenen Terrain herauszutreten – darin liegt der besondere Sinn. Für sie ist es weder erfreulich noch leicht, ein Englisch, das nicht nach Englisch klingt, anzuhören und sich zu bemühen, es zu verstehen. Aber sie können nicht mehr sagen, es sei falsch, weil es nämlich kein Englisch mehr ist.

Nun ist Englic als internationale Hilfssprache zwar kein Englisch mehr, aber für Japaner ist es nach wie vor eine Fremdsprache. Natürlich fällt es uns nicht so mühelos zu wie das Japanische. Da es aber für Englischsprechende in gewissem Sinne genauso eine Fremdsprache ist, wird damit das Ungleichgewicht einigermaßen ausgeglichen.

Man sollte sich Englic jedoch nicht als eine künstliche Hilfssprache wie etwa *Basic English* vorstellen, die eine besondere Grammatik, einen vereinfachten, speziellen Wortschatz sowie klare Eigenschaften und Abgrenzungen besitzt. Ein Sprecher, der mit dem Englischen nicht von Anfang an vertraut ist, spricht es, ohne dabei das Gefühl zu haben, es gehöre ihm eigentlich nicht, er setzt es vollkommen aktiv und selbstbewußt ein, und wie von selbst drückt sich darin sowohl der Einfluß der Muttersprache des Sprechers wie auch seine persönliche Individualität voll aus – eine Sprache, die Englisch ist und es nicht ist.

Das wesensmäßige Schicksal natürlicher Sprachen ist es, untrennbar mit Kultur, Denken und Weltanschauung derjenigen, die sie geschaffen haben, verbunden zu sein. Wenn ein Ausländer Englisch spricht, so wird er unweigerlich vom Geist englischsprechender Nationen eingesogen, je mehr er sich um die Beherrschung der Sprache bemüht. Aber wenn dies so ist, kann ein Ausländer nur ein Ableger, also allenfalls ein zweitklassiger Engländer oder Amerikaner sein. Denn die eigene Kultur und das eigene Denken sind nicht englisch.

Englic entsteht aus dem paradoxen Kräftespiel einer Situation, wo man mit der Muttersprache nicht kommunizieren kann und auf Fremdsprachen angewiesen ist, in der man die Fremdsprache aber möglichst weit zu sich herüberziehen und halten will. Je stärker folglich der eigene Standpunkt ist und je mehr man dem Partner zu geben hat, desto stärker kann man auch die Fremdsprache an sich binden.

So gesehen ist das, was mit Englic umschrieben wurde, nicht nur im Verhältnis zur englischen Sprache denkbar. Aber die Sprache ist ein Kommunikationsmittel, bei dem es nicht nur um den Sprecher, sondern auch um das Gegenüber geht. Haben wir es mit einer Sprache zu tun, die nur in einem eng begrenzten Gebiet gesprochen wird und die folglich stark normiert ist, so wird ein Ausländer, der sich dieser Sprache bedienen muß, von den strengen sprachlichen Regeln stark in seiner Ausdrucksfreiheit gehindert.

Das Englische aber, das eine weltweite Expansion erlebte, mußte, wie bereits erwähnt, dafür eine Diversifizierung und Dezentralisierung in Kauf nehmen. Damit wird die Normierung schwächer, und die Toleranz mußte wachsen. Weltsprache zu sein, heißt gleichzeitig, auf die Reinheit einer regional begrenzten Sprache verzichten zu müssen.

Schaut man sich auf das Gesagte hin noch einmal um, so wird man feststellen, daß das Englische als Fremdsprache von jenen, die auf internationaler Ebene eine aktive Rolle spielen, genau jenes Englic ist, von dem ich sprach.

In dieser Hinsicht war ich sehr beeindruckt von dem Vortrag des weltbekannten Linguisten Roman Jakobson, der vor kurzem Japan besuchte. Das Englisch, das aus dem Munde dieses großartigen Linguisten kam, war stark durchsetzt von dem Tonfall und der Aussprache seiner Muttersprache Russisch. Da er bereits mehr als dreißig Jahre in Amerika lebte, muß es vermutlich früher noch extremer gewesen sein. Auch grammatikalisch war sein Englisch, wie sich nach Abhören des Tonbands feststellen ließ, recht fehlerhaft. Aber als ich seinem Vortrag lauschte, vergaß ich allmählich das anfängliche Befremden und die Verständnisschwierigkeiten und wurde vollkommen von dem hervorragenden Inhalt der Rede und seiner großen Menschlichkeit gefangengenommen. Als er Japan verließ, blieb uns ein unvergeßlicher Eindruck.

Wenn man sagt, das Englisch der Inder und Araber sei wegen des eigenartigen Zungenschlages schwer zu verstehen oder das Englisch der Spanischsprechenden unterscheide nicht zwischen „s" und „z", so basiert diese Kritik ausschließlich auf der Normierung des Englischen im engen Sinne. Es gibt Japaner, die selbstironisch sagen, unser Englisch sei „Japlish". Ich meine, daß wir Englisch auf unsere Art beherrschen sollten und daß es international bekannt werden müßte, welche Eigenarten und besonderen Aussprachemerkmale das japanische Englisch hat. Denn wenn sich Japaner wirklich frei des Englischen bedienen wollen, muß dabei „Japlish", also eine Sprache mit hörbar japanischem Einschlag, herauskommen. Das Englisch der Inder ist bereits eine Sprache für sich, die man „Indish" nennen könnte. Dort verwendet man mit großer Selbstverständlichkeit Wörter, die es im Englischen gar nicht gibt wie z. B. „freeship" in der Bedeutung „Befreiung vom Unterrichtsgeld".

Internationale Kommunikation ist in unserer heutigen Welt notwendiger denn je. Da dem Englischen aufgrund der historischen Entwicklung die Rolle einer internationalen Hilfssprache zufiel, sollten wir uns dieser Sprache im Sinne des von mir beschriebenen Englic bedienen. Ein solcher Unterricht im Rahmen des Studium generale sollte folglich auch nicht mehr von anglistischen Philologen betreut werden. Und schließlich sollte man sich dessen bewußt werden, daß Englisch nicht mehr die ausschließliche Domäne englischsprachiger Völker ist.

3. Einige Bemerkungen zur Praxis des „Englic"

Englic ist, wie bereits klar geworden sein dürfte, keine fertige künstliche Sprache, es kommt vielmehr dadurch zustande, daß der Sprecher dem Englischen mit seinen ohnehin großen dialektalen und regionalen Unterschieden voller Selbstbehauptung entgegentritt und sich selektiv dazu verhält. Dazu, wie dies in der Praxis der Höheren Bildung verwirklicht werden kann, seien hier einige Vorschläge gemacht.

Da erstens einmal das Ziel des Unterrichts nicht das Studium englischer Sprache und Literatur ist, besteht keine Notwendigkeit, die Texte allzu genau und mit philologischer Akribie zu lesen. Das Hauptgewicht muß auf der sinngemäßen Erfassung des Textinhalts liegen, und der wichtigste Teil des Unterrichts sollte darin bestehen, daß die Studenten ihre Reaktionen und Meinungen zum Text ohne Rücksicht auf eventuelle Fehler auf Englisch diskutieren und auch schriftlich formulieren. Das heißt, man muß in steter Beschäftigung mit dem Gegenstand vom passiven zum aktiven Lernen übergehen.

Nehmen wir an, im Unterricht würde als Text ein Artikel aus einer englischsprachigen Zeitung über die Bestrebungen zum Verbot des japanischen Walfangs benutzt.

Der Artikel besagt, daß sich weltweit die Kritik am Walfang verstärkt und daß sich auf der 26. Konferenz der internationalen Walfangkommission Amerika mit Nachdruck dafür einsetzte, zum Schutze der natürlichen Ressourcen und aus Gründen des Tierschutzes ein absolutes Walfangverbot auszusprechen, so daß Japan international einen schweren Stand hat.

Ich persönlich bin auch ganz und gar gegen die Fangmethoden, aufgrund derer das größte Säugetier unserer Erde aussterben muß. Aber in der Diskussion muß den amerikanischen Vertretern auch gesagt werden, daß das Dosenfutter für Hunde und Katzen, das in den Supermärkten überall in den USA angeboten wird, zum größten Teil aus australischem Känguruhfleisch hergestellt wird, und wenn man schon von Tierschutz redet, dann ist es doch höchst merkwürdig, die Tötung und Verwertung von Känguruhs, deren Lebensraum Jahr für Jahr schrumpft, zu ignorieren und nur den japanischen Walfang als grausamen Akt an den Pranger zu stellen. Dies wäre eine echte kontroverse Diskussion. Aber soweit ich weiß, ist dies von Japanern noch nicht in die Diskussion eingebracht worden.

Wenn ich sage, man solle Englic lernen, so heißt das nicht, man solle sich mit zweitklassigem Englisch begnügen, sondern man sollte unter einer weltweit ausgerichteten Perspektive üben, sich in der internationalen Diskussion selbst zu behaupten. Das bedeutet, die Dinge mit eigenen Augen zu sehen, selbst Material zusammenzutragen und eigenständig zu verarbeiten und dies in der internationalen Verkehrssprache auszudrücken. Menschen, die nicht wissen, was sie sagen sollen, brauchen weder Englisch noch Englic zu lernen.

Als zweites sollten die Englischlehrer im Unterricht nur Englisch sprechen. Natürlich kann das Englisch japanischer Englischlehrer nicht perfekt sein. Bis auf wenige, die von ihrer Aussprache überzeugt waren, lasen die Englischlehrer bisher angeblich aus Furcht, ihre Schüler könnten ihre schlechte Aussprache imitieren, noch nicht einmal die Unterrichtstexte vor. Den neueren Englischtexten für Studenten sind daher oft Tonbandkassetten beigefügt, die von Ausländern besprochen wurden. (Als Folge davon versteifen sich die Lehrenden auf eine immer pedantischere, detailliertere Beschäftigung mit dem Text.) Doch der Lehrer sollte selbstbewußt auf Englic seine eigene Meinung sagen und die Ansichten der Studenten kommentieren.

Manch einer glaubt, man würde auf internationaler Bühne respektiert, wenn man eine echt englische oder amerikanische Aussprache hätte, aber das ist eine totale Fehleinschätzung. Man muß sich klarmachen, daß die beste Aussprache nichts nützt, ja eher verachtet wird, wenn man nichts Qualifiziertes zu sagen hat. Ich sage nicht, man solle absichtlich eine schlechte Aussprache pflegen. Natürlich ist es gut, wenn ein Begabter ohne viel Mühe eine gute Aussprache erwirbt, aber es gibt nichts Dümmeres, als sich eine korrekte und schöne Aussprache zum Ziel zu setzen. Englisch ist nicht Stimmbildung. Das Ziel des Englischunterrichts an heutigen Universitäten sollte sein, daß der Student über ein bestimmtes Thema sofort etwas Vernünftiges mündlich und schriftlich auf Englic äußern kann. Dies ist etwas ganz anders als die Konversationsübungen für praktisches Englisch.

So betrachtet ist es durchaus angebracht, auch Chinesen oder Studenten aus Malaysia als ausländische Lehrer anzustellen, sofern sie sich frei auf Englisch ausdrücken können und eine feste eigene Meinung haben. Sollten sie das „komische Englisch" der Nicht-Muttersprachler sprechen, so ist das nicht weiter schlimm. Im Gegenteil, es ist gut, wenn man sich früh an verschiedenartiges Englisch gewöhnt. Dieser Vorschlag mag für die jetzige Generation der Englischlehrer verrückt klingen, aber ich stehe voll dahinter. Ich weiß von einer Universität, die einen Australier als Englischlektor ablehnte, weil sein Englisch nicht Standardenglisch sei. Welch eine Farce!

Als drittes müssen literarische Texte aus den Lehrbüchern entfernt werden. Man sollte Texte über ein breites Themenspektrum wie Diplomatie, Politik und Wirtschaft, aber auch Geschichte, Kultur im allgemeinen und Religion auswählen, nicht aber literarische, denn die Sprache in literarischen Werken hat eine besondere Funktion: Sie ist nicht nur bloßes Mittel zur Vermittlung von Inhalten, sondern die Wörter, die Ausdrucksweisen, der Stil selbst sind Träger von Bedeutung. Man muß den Mythos zerstören, zur Vervollkommnung von Fremdsprachenkenntnissen sei es gut, viele literarische Werke zu lesen. Die Literatur sollte der Literaturwissenschaft überlassen werden. Es mag den Anschein haben, als wollte ich ungerechterweise den Sinn der wissenschaftlichen Beschäftigung mit fremdsprachiger Literatur unter allen Umständen geringschätzen, doch das Gegenteil ist der Fall. Es gibt einige, die behaupten, wenn man im Englischunterricht literarische Werke behandele, so hätte man zwei Vorteile zugleich, man lernte nämlich einerseits die Sprache und könne außerdem fremdes Denken und verschiedene Weltanschauungen kennenlernen. Es wäre schön, wenn man nach der bisher üblichen Art des Unterrichts, wo man im Laufe eines Jahres eine einzige Erzählung von hundert Seiten mit Anmerkungen schafft, Einblick in die großartigen Gedanken und die fremde Betrachtungsweise erhalten könnte! Man hat nicht zwei Fliegen mit einer Klappe geschlagen, sondern wiederholt nur die Dummheit, zwei Hasen hinterherzujagen. Literatur ist nicht so einfach. Literatur sollte in anderer Form, aber konsequent von wenigen Studenten ernsthaft aufgegriffen werden, doch es ist nicht notwendig, daß Millionen japanischer Studenten der englischen Literatur ihre Jugend opfern – nur darauf kam es mir an.

Im Sprachunterricht Literatur zu lehren, ist eine Zweckverfehlung, wie wenn man jemandem, der die Technik des japanischen Abakus erlernen will, Mengenlehre oder Determinanten erklärt. Und zu denken, es gäbe außer Literatur nur noch praktische englische Konversation, beruht auf reiner Trägheit der Lehrenden.

4. Warum lernt man Fremdsprachen?

Im ersten Abschnitt dieses Kapitels ging es um die Problematik, allen Studienanfängern, deren Zahl in diesem Jahr fast zwei Millionen erreicht, einen oberflächlichen Englischunterricht aufzuzwingen, und ich schlug vor, die Zahl der Englischlernenden zu verringern.

Im zweiten Abschnitt kam ich darauf zu sprechen, daß der Englischunterricht für diese kleinere Zahl an Studenten den selbständigen Gebrauch einer Sprache namens Englic zum Ziel haben sollte, das den veränderten Bedingungen des Englischen als einer internationalen Verkehrssprache Rechnung trägt. Dieser allgemeine Englischunterricht sollte nicht mehr in den Händen anglistischer Linguisten und Literaturwissenschaftler liegen.

Doch für den Erwerb von Fremdsprachen gibt es außer dem Zugang zu neuen, über die eigene Sprache nicht erreichbaren Kenntnissen und der Möglichkeit zu internationaler Kommunikation noch einen weiteren wichtigen Grund. Er besteht darin, daß den Studierenden die Augen für die erstaunliche Tatsache geöffnet werden, daß es Menschen gibt, die auf eine uns unvorstellbar fremde Weise denken und die die Welt, in der wir leben, mit völlig anderen Augen sehen. Das Erlernen von Fremdsprachen ist also nicht nur ein Mittel zum Zweck der Informationsaufnahme und der internationalen Kommunikation, sondern die Fremdsprache als solche wird auch zum Ausgangspunkt, um die Geheimnisse der fremden Kultur zu erschließen. Dabei geht es darum, den Schülern das Wissen zu vermitteln, daß viele Dinge, die für uns Japaner selbstverständlich sind, in Wirklichkeit durch die Sprache Japanisch bedingt werden.

Wie schon Goethe sagte, kennt man seine eigene Sprache nicht, solange man keine Fremdsprache kennt, und diese wunderbare Erfahrung sollten die meisten Schüler und Studenten im Fremdsprachenunterricht sich aneignen können. Hier läge die Bedeutung des Englischunterrichts im Sinne echter Bildung und intellektueller Schulung außerhalb praktischer Nutzanwendung.

Von Mittel- und Oberschulabgängern, die nicht vorhaben, in Zukunft ins Ausland zu gehen und die nach dem Schulabschluß direkt in die Berufswelt oder den Haushalt überwechseln, kann man nicht verlangen, daß sie angesichts allenfalls vager Möglichkeiten, irgendwann einmal aus Fremdsprachen Nutzen ziehen zu können, den Wert dieser Anstrengung erkennen sollen. Für sie bedeutet die Möglichkeit, aus fremdsprachigen Büchern technisches Wissen zu erwerben und nutzbringend einzusetzen, keinen Anreiz zum Lernen. Dasselbe gilt für viele Studenten.

Aber wenn die Fremdsprache, die man lernt, täglich neue Überraschung und Freude bringt, dann ist der Unterricht keine langweilige Angelegenheit, sondern eine aufregende Zeit. Und dies umso mehr, wenn dadurch das Japanische, das man ständig gebraucht, unwillkürlich in einem unerwarteten neuen Licht erscheint und wenn man dadurch Einblick gewinnt in das Geheimnis der menschlichen Sprache. Doch dazu bedarf es nicht unbedingt des Englischen. Aber wenn man in Japan heutzutage eine Fremdsprache wählen muß, dann hat Englisch den größten praktischen Nutzen. Selbst wenn man zunächst gar kein praktisches Ziel damit verfolgt, ist die Wahrscheinlichkeit doch am größten, daß man es irgendwann einmal wirklich gebrauchen kann. Wenn man in der Mittelschule Eskimo lernt, so kann man sicherlich viele interessante Entdeckungen machen, aber es hat den Nachteil, daß man später wenig damit anfangen kann. Daher bin ich dafür, daß in der Mittel- und Oberschule möglichst viele Englisch lernen.

Nun ist es nicht so, daß man das Erlernen von Fremdsprachen im Sinne einer allgemeinen Bildung oder die Wirkung von Fremdsprachenkenntnissen als Spiegel der eigenen Sprache nicht schon propagiert hätte. Aber wie dies in der Praxis aussehen könne, auf welche Weise man dies verwirklichen und welche Inhalte man vermitteln sollte, dazu war meines Wissens bisher keine klare Antwort zu hören. Man legte nur, ohne eigenes Konzept, den Studenten ein literarisches Werk vor und erwartete, daß sie eines Tages das Glück haben würden, von selbst auf die in der Fremdsprache verborgenen Schätze zu stoßen. Ist dies nicht die übliche Methode?

Ich möchte hier an einem Beispiel zeigen, wie man anhand alltäglicher und unscheinbarer Vokabeln und ihrer Verwendungsweise die Zusammenhänge zwischen Sprache und Kultur oder Sprache und Gesellschaft beleuchten kann. Auf diesem noch fast unerschlossenen Gebiet erwarten uns überraschende Entdeckungen:

Als ich mich an einem englischen Kreuzworträtsel versuchte, sollte in eine Spalte „the color of the sun" eingesetzt werden. Also wollte ich „rot" eintragen, doch nach den drei Buchstaben von „RED" waren noch drei weitere Kästchen frei. Das bedeutete, man müßte die Farbe der Sonne in einem Wort mit sechs Buchstaben angeben. Da fiel mir das Farbwort „yellow" ein, aber es paßte nicht mit meiner Vorstellung von der Farbe der Sonne, die ja rot ist, zusammen. Daher rief ich einen englischen Bekannten an und fragte, was die Farbe der Sonne sei. Zu meiner Überraschung sagte er, das sei natürlich gelb.

Auf Japanisch ist die Sonne selbstverständlich rot. Schon ein dreijähriges Kind sagt, sie sei rot, und wenn kleine Kinder mit Kreidestiften eine Sonne malen, ist es ein rot ausgefüllter Kreis mit roten Strahlen. Bis zu diesem Zeitpunkt zweifelte ich daher nie daran, daß man auch auf Englisch „The sun ist red" sagen würde. Als ich mir dann englische und amerikanische Kinderbücher ansah, stellte ich fest, daß die Sonne tatsächlich überall knallgelb gemalt war. Auch die neuen Bilderbücher, die ich mir daraufhin kaufte, hatten alle eine gelbe Sonne.

In meiner Verblüffung fragte ich mich dann, wie es wohl im Französischen aussehen würde und kaufte französische Kinderbücher. Auch hier war die Sonne in Gelb gemalt. In einem davon sah man eine zitronengelbe Sonne mit einem lächelnden Gesicht, und es stand freundlicherweise sogar der Satz dabei: „Le soleil est jaune." Auch im Deutschen soll die Sonne gelb sein.

Im Laufe der langen Jahre, in denen ich mich mit verschiedenen Sprachen befaßte, haben mich die Geheimnisse der Sprache oft betroffen gemacht, doch selten hatte ich ein solches Schockerlebnis wie mit den Farben der Sonne. Selbst so alltägliche Wörter wie „sun", „red" und „yellow", die jeder Mittelschüler kennt und bei denen niemand ein Problem ahnt, enthalten Hinweise darauf, wie sehr die Sprache kulturgebunden ist. Aber in meiner Vorstellung als Japaner war die sprachliche Kategorisierung „Die Sonne ist rot" bereits fest vorhanden, und obwohl ich eigens fremdsprachige Bilderbücher gekauft und angesehen hatte, nahm ich diesen Unterschied zunächst gar nicht wahr.

Für viele Japaner, die nie ins Ausland fahren oder mit Ausländern Kontakt haben werden, müßte der Sinn im Fremdsprachenlernen doch gerade darin liegen, zu erfahren, daß es in der Welt Menschen gibt, die die Sonne nicht für rot, sondern für gelb halten. Liegt hier nicht der Ausgangspunkt, um die Welt losgelöst von der eigenen Kultur mit den Augen des anderen zu sehen?

Noch ein weiteres Beispiel sei angeführt. Ich habe noch nie erlebt, daß in einem englischen oder amerikanischen Lexikon unter dem Stichwort „Regenbogen" die Zahl der Farben mit sieben angegeben worden wäre. Seien es nun verschiedene Oxford Dictionaries oder der Webster, nirgendwo taucht in den z. T. recht detaillierten Erläuterungen zum Regenbogen die Zahl sieben auf. Dagegen ist auch in den einfachsten japanischen Lexika überall zu lesen, daß der Regenbogen sieben Farben hat. Mehr noch, für uns Japaner ist dies so wesentlich, daß „Regenbogen" und „sieben Farben" Synonyme sind.

Für englischsprachige Völker steht die Zahl der Regenbogenfarben offenbar nicht wie für Japaner fest. In einem amerikanischen Buch fand ich ein Bild mit einem Regenbogen, wo dazu sechs Farben angegeben waren: „red, orange, yellow, green, blue, purple". Spricht man jemanden direkt darauf an, so bekommt man verschiedene Antworten. Bestimmt haben viele Japaner die Anfangszeilen von Wordsworths Gedicht: „My heart leaps up when I behold/ A rainbow in the sky" voller Sentiment gelesen. Doch wer mag dabei daran gedacht haben, wie der Regenbogen in den Augen der Engländer wohl aussieht?

Man könnte die Geschichte mit der gelben Sonne oder die Zahl der Regenbogenfarben zum Einstieg nehmen, um den Studenten dann auf fesselnde Weise anhand vieler weiterer interessanter Beispiele die komplizierten Zusammenhänge zwischen Farben, Sprache und Kultur nahezubringen. So kann man etwa berichten, daß die Farbwörter in der Homerschen Dichtung dem Verhältnis von

Farbe und Sachbezeichnung im Neuenglischen und Neuhochdeutschen nicht entsprachen, so daß man im Europa des neunzehnten Jahrhunderts ernsthaft darüber diskutierte, ob Homer farbenblind gewesen sei, ein Problem, das sich daraus ergab, daß man nicht genug über die Beziehung zwischen Sache und Farbe wußte; man könnte erklären, daß es nichts mit einem unterentwickelten Farbsinn der Japaner zu tun hat, wenn im Japanischen sowohl die Farbe des Himmels als auch die des Grases mit dem Farbwort „aoi" bezeichnet wird, sondern daß es vielmehr auf einer anderen Aufteilung des Farbspektrums beruht; man könnte darauf aufmerksam machen, was es damit auf sich hat, daß man eigentlich braune Gegenstände wie *akatsuchi* (rote Erde), *akaari* (rote Ameise) oder *akazatô* (roter Zucker) mit Rot belegt oder daß man, wenn man von „roten Schuhen" spricht, bei Männern braune und bei Frauen wirklich rote meint – dies alles könnte man stundenlang in stetem Wechsel zwischen Englisch und Japanisch darstellen und damit in die Geheimnisse der Sprache einführen.

Wer der Ansicht ist, es bleibe nichts mehr übrig, wenn man im Fremdsprachenunterricht an der Universität auf grammatische Erläuterungen, literarische Lektüre und praktische Konversation verzichtet, der steht in der Schatzkammer und sieht die Schätze nicht. Aus der bloßen Tatsache, daß man es mit einer Fremdsprache zu tun hat, ergeben sich unendlich viele interessante Probleme, sei es ein Nomen, ein Verb oder eine Verbindung von beiden betreffend. Doch warum hat man eine solche Betrachtungsweise bisher noch nicht zur zentralen Aufgabe des Fremdsprachenunterrichts im Sinne der Allgemeinbildung gemacht? Es bietet sich doch umso mehr an, als das Japanische völlig anders aufgebaut ist als etwa Englisch, Deutsch oder Französisch und einen sehr charakteristischen Wortschatz besitzt. Dafür sind verschiedene Gründe denkbar, und der Leser dieses Buches wird sich selbst schon einige vorstellen können. Doch als Resümee seien hier einige wichtige noch einmal vorgetragen:

Erstens betrachtete man die Fremdsprachen seit der Meiji-Zeit ausschließlich als Mittel und Werkzeuge, um die Zivilisation und die überlegene Technologie des Westens einzuführen, daher richtete sich das Interesse nur auf den Inhalt, nicht auf die Sprache selbst, etwa darauf, wie die Dinge geschildert wurden oder was als selbstverständlich vorausgesetzt und gar nicht eigens erwähnt wurde.

Zweitens, wenn man die Sprache überhaupt zum Forschungsgegenstand machte, so tendierte man dazu, sie als Objekt für exakte Wissenschaften zu behandeln, man konzentrierte sich also auf Grammatik oder Phonetik.

Da drittens die Auffassungen, die Wahl des Gegenstandsbereichs und die Methodik selbst, die Japaner beim Fremdsprachenunterricht zugrunde legen, auf den Erfahrungen basieren, die die Europäer vor allem beim Erlernen und Erforschen der eigenen Sprachen machten, konnte sich ein Problembewußtsein, wie es vom Standpunkt der Japaner her erforderlich ist, nicht herausbilden. Wie ich im zweiten Kapitel ausführlicher erläuterte und auch im vierten Kapitel erwähnte, sind die europäischen Länder in Bezug auf Religion, Kultur, Sprache und Weltanschauung untereinander verwandt. Die Japaner merkten nicht, daß die gemeinsamen Voraussetzungen, die dort gelten, nicht auch auf Japan übertragbar sind. Darin, daß die Sonne gelb ist, stimmen z. B. Englisch, Deutsch und Französisch überein, und so geht es beim Übersetzen lediglich darum, die einzelnen Lexeme *yellow*, *gelb* und *jaune* auszutauschen. Im Fall des Japanischen aber ist noch ein andersgearteter Hinweis erforderlich, die Information nämlich, daß hier die Sonne nicht gelb, sondern rot ist.

Wenn man also an japanischen Schulen und Universitäten Fremdsprachen lernt, so kann man dies nicht losgelöst vom Japanischen tun. Um zu begreifen, daß eine andere Sprache auch eine andere Erfassung der Phänomene impliziert, bedarf es eines ständigen Vergleichs mit der Muttersprache.

Es ist nicht einzusehen, weshalb die Fächer Englisch und Japanisch so ganz getrennt sind und weshalb die entsprechenden Lehrer eine völlig verschiedene Ausbildung erhalten. Japanisch ist nicht mit japanischer Literatur gleichzusetzen. Die eigentliche Bedeutung des Fremdsprachenunterrichts im Sinne von Bildung, ohne praktische Erwägungen, liegt darin, die fremde Sprache als Spiegel des Japanischen aufzufassen. Eine Fremdsprache lernen bedeutet in Wirklichkeit, die japanische Sprache kennenzulernen und auch, sich selbst kennenzulernen.

Nachwort

Man sagt, es gäbe nur wenige Völker, die sich so gern analysieren und die so oft das Bedürfnis verspüren, über sich zu reden, wie wir Japaner. Und in der Tat ist die Zahl der von Japanern verfaßten Abhandlungen über ihr Volk und ihre Kultur beträchtlich. Auch dieses Buch könnte man eine Abhandlung über die Japaner oder ihre Kultur aus dem Blickwinkel der Sprache nennen, und insofern bin auch ich einer dieser Japaner, die über sich selbst reden möchten. Zunächst hatte ich vorgehabt, die Einstellung der Japaner zu ihrer Sprache, ihre Vorstellung, das Japanische sei den europäischen Sprachen unterlegen und es sei die schwierigste Sprache der Welt, unter dem Titel „Das illusionäre Bild der Japaner von ihrer Sprache" zusammenzufassen.

Seit Eintritt in die Geschichte setzten sich die Japaner, deren Schicksal das einer Randkultur ist und die daher nicht mit eigenen Händen eine hohe Zivilisation aufgebaut haben, zum Ziel, die Hochkulturen des eurasischen Kontinents einzuholen und zu überflügeln. Ich wollte darlegen, daß dieses Ziel nichts als eine Illusion war. Gleichzeitig aber wollte ich darauf hinweisen, daß ohne diese Illusion das hochentwickelte Japan von heute nicht das wäre, was es ist.

Die Realitäten nicht zu kennen, hat Vor- und Nachteile. Daß Japan heute, wenn auch mit kleinen Einschränkungen, zu den wichtigen, großen Staaten der Welt gezählt werden kann, hat seine Ursache in dem positiv zu sehenden Faktum, daß Japan die abendländischen Nationen als Verkörperung allgemeingültiger Werte idealisierte, und, überzeugt davon, daß der einzige Weg zur Modernisierung über die Verwestlichung führe, dies mit aller Kraft in die Tat umzusetzen sich bemühte. Doch natürlich konnte Japan nicht westlich werden, da es nicht westlich *ist*. Man hatte sich ein bestimmtes Bild vom Westen gemacht, aber dies war in Wirklichkeit nur die Illusion der Japaner vom Westen. An diesem Punkte kommt der negative Aspekt zum Tragen. Denn die Japaner bemerken nicht, daß das, was sie für das Normale in der Welt halten, in Wirklichkeit das Abnormale und daß das für sie absolut Selbstverständliche in anderen Ländern die große Ausnahme ist. Ich meine, die Japaner von heute müßten sich dessen bewußt werden, daß nicht Amazonas oder Neuguinea, sondern unser Japan für die Welt ein unerschlossenes Gebiet darstellt.

Der Titel „Das illusionäre Bild der Japaner von ihrer Sprache" kam mir allerdings selbst etwas zu mysteriös vor, so daß ich ihn umformulierte in „Eine verschlossene Sprache – Die Welt des Japanischen", was den Inhalt noch genauer wiedergibt. Es ging mir nämlich darum, in diesem Buch zu zeigen, daß Japan die Epoche der Abschließung des Landes nach außen immer noch nicht überwunden hat, und die Beziehungen zwischen japanischer Sprache und japanischer Kultur, die den Charakter einer Schicksalsgemeinschaft tragen, zu erhellen. Und schließlich wollte ich die Vorstellung der Japaner, ihre Sprache sei an das eigene Volk gebunden, in diesem Zusammenhang aufzeigen.

In diesem Buch war auch von Ablehnung der Alphabetisierung des Japanischen die Rede, und die Kanji, die chinesischen Zeichen in unserem Schriftsystem mögen in verklärtem Lichte erschienen sein, doch jeder, der das Buch aufmerksam gelesen hat, wird wissen, daß hier nicht meine eigentliche Absicht lag. Es ging mir lediglich darum, das Japanische in einen internationalen Kontext zu stellen und aus einer solchen Perspektive zu betrachten. In diesem Sinne hoffe ich allerdings, daß das Buch gerade auch von jenen gelesen wird, die für die Abschaffung der Kanji und die Einführung des lateinischen Alphabets anstelle unseres Schriftsystems eintreten.

Fünfzig-Laute-Tafel

Die Fünfzig-Laute-Tafel enthält neben den Silbenschrift-Zeichen (oben Katakana, darunter Hiragana) die zugrundeliegenden chinesischen Zeichen.

Entnommen aus: Bruno Lewin: Abriß der japanischen Grammatik auf der Grundlage der klassischen Schriftsprache, Wiesbaden 1959, (^{2}1975), S. 26.

輪ワ 和わ **wa**	良ラ 良ら **ra**	也ヤ 也や **ya**	万マ 末ま **ma**	八ハ 波は **ha**	奈ナ 奈な **na**	多タ 太た **ta**	散サ 左さ **sa**	加カ 加か **ka**	阿ア 安あ **a**
井ヰ 爲ゐ **(w)i**	利リ 利り **ri**		三ミ 美み **mi**	比ヒ 比ひ **hi**	二ニ 仁に **ni**	千チ 知ち **chi**	之シ 之し **shi**	幾キ 幾き **ki**	伊イ 以い **i**
	流ル 留る **ru**	弓ユ 由ゆ **yu**	牟ム 武む **mu**	不フ 不ふ **fu**	奴ヌ 奴ぬ **nu**	川ツ 川つ **tsu**	須ス 寸す **su**	久ク 久く **ku**	宇ウ 宇う **u**
慧ヱ 惠ゑ **(w)e**	礼レ 礼れ **re**		女メ 女め **me**	部ヘ 部へ **he**	祢ネ 祢ね **ne**	天テ 天て **te**	世セ 世せ **se**	介ケ 計け **ke**	江エ 衣え **e**
乎ヲ 遠を **(w)o**	呂ロ 呂ろ **ro**	與ヨ 与よ **yo**	毛モ 毛も **mo**	保ホ 保ほ **ho**	乃ノ 乃の **no**	止ト 止と **to**	曾ソ 曾そ **so**	己コ 己こ **ko**	於オ 於お **o**